El cerebro del adolescente

DAVID BUENO

El cerebro del adolescente

Descubre cómo funciona para
entenderlos y acompañarlos

Grijalbo

Papel certificado por el Forest Stewardship Council®

Primera edición: febrero de 2022

© 2022, David Bueno i Torrens
© 2022, Penguin Random House Grupo Editorial, S. A. U.
Travessera de Gràcia, 47-49. 08021 Barcelona
Infografías de Ramón Lanza

Printed in Spain – Impreso en España

ISBN: 978-84-253-6135-7
Depósito legal: B-18.826-2021

Compuesto en Pleca Digital, S. L. U.

Impreso en Romanyà Valls, S. A.
Capellades (Barcelona)

GR 6 1 3 5 7

Índice

Introducción

Anabel se levantó de la cama llena de rabia. La tarde anterior había discutido con Juan, ese chico del instituto que le provocaba mariposas en el estómago y a quien al mismo tiempo consideraba insoportable. Pasó por delante de sus padres, que estaban preparando el desayuno, y, sin decir nada, salió de casa dando un portazo. Sus padres se miraron angustiados. «¿Qué le pasa a nuestra hija? Se lo damos todo, pero ella prefiere estar siempre con sus amigas en lugar de estudiar un poquito más y sacar mejores notas... ¿Qué será de ella si no sienta la cabeza? ¿Qué le pasa a la juventud actual, que parece haber perdido el norte?».

Cuando llegó al instituto se encontró con Rosi y Paquita, sus amigas «para toda la vida», y con Rafa, que siempre andaba con ellas porque entre chicas se sentía más a gusto. Justo en ese momento se cruzaron con Sebastián, que se puso colorado al ver a Paloma, otra de sus compañeras, una «motivada» que siempre llevaba los deberes hechos. Anabel se dio cuenta de la reacción de Sebastián y empezó a reírse a carcajadas. Solo paró cuando los auriculares se le cayeron de las orejas y los demás se dieron cuenta de que escuchaba baladas clásicas; lo que se estilaba en su grupo

era el rap callejero. Muerta de vergüenza, deseó no haber
salido de la cama aquella mañana.

Esta historia, ficticia como los personajes que la interpretan,
refleja algunos de los muchos comportamientos que asocia-
mos con una adolescencia «típica», suponiendo que esta etapa de la vida tenga algo de típico. Pocos momentos de la vida
nos llenan el cerebro con recuerdos tan intensos como la
adolescencia: grandes alegrías y profundas decepciones, ganas de triunfar y miedos que abren brechas aparentemente
insuperables, amor e ira, placer y angustia, empatía y rebeldía. Expresiones, palabras y sensaciones contrapuestas que
definen un periodo imprescindible e irrepetible de la vida.
Y aunque todos la hayamos vivido de una forma muy intensa,
a menudo nos cuesta entender la adolescencia de nuestros
hijos e hijas, o la de nuestros alumnos y alumnas. Generación
tras generación, existe una tendencia a repetir una serie de
lamentos a propósito de los adolescentes y los jóvenes: han
perdido los valores, no respetan a sus mayores, sus gustos se
han vuelto superficiales, son más impulsivos y hedonistas, se
esfuerzan menos que nosotros a su edad, son más inconscien-
tes y un largo etcétera de letanías parecidas. Por consiguiente,
a menudo hay quien piensa que, como sociedad, estamos
abocados al abismo. Muchos adultos parecen no entender a
los adolescentes y a los jóvenes, y los adolescentes y los jóvenes parece que hacen lo imposible para no entenderse con los
mayores.

Esta sensación, muy generalizada, no es nueva. Es una
tendencia histórica que se repite inexorablemente. Hace

más de dos mil años, Aristóteles, uno de los grandes pensadores de la Grecia clásica, decía que «los jóvenes de hoy no tienen control y están siempre de mal humor. Han perdido el respeto a los mayores, no saben lo que es la educación y carecen de toda moral». Platón, otro de los grandes filósofos clásicos, afirmaba: «¿Qué está ocurriendo con nuestros jóvenes? Faltan al respeto a sus mayores, desobedecen a sus padres. Desdeñan la ley. Se rebelan en las calles inflamados de ideas descabelladas. Su moral está decayendo. ¿Qué va a ser de ellos?». Incluso Sócrates dijo que «la juventud de hoy [...] es maleducada, desprecia la autoridad, no respeta a sus mayores y chismea mientras debería trabajar. [...] Contradicen a sus padres, fanfarronean en la sociedad, devoran en la mesa los postres, cruzan las piernas y tiranizan a sus maestros». ¿Te suenan estas opiniones? Parecen sacadas de una tertulia actual entre padres y madres de adolescentes, o entre sus maestros, que se compadecen entre ellos por las actitudes de sus hijos o sus alumnos.

Y no solo encontramos estas opiniones en los orígenes de la civilización occidental. Confucio, uno de los grandes filósofos chinos, dejó escrito: «Los jóvenes y los criados son los más difíciles de manejar. Si los tratáis con familiaridad, se tornan irrespetuosos; si los ponéis a distancia, se resienten». Por su parte, el filósofo, poeta y filólogo alemán Friedrich Nietzsche, cuya obra, escrita durante la segunda mitad del siglo XIX, ha ejercido una profunda influencia tanto en la historia como en la cultura occidental contemporánea, afirmó: «Los jóvenes son arrogantes, pues frecuentan a sus semejantes, todos los cuales, no siendo nada, quieren pasar por mucho».

Estas ideas sobre la adolescencia toman a veces caminos furibundos. Permitidme un ejemplo en clave personal. Desde hace casi una década y media dedico una parte considerable de mi investigación y docencia al tema de la neuroeducación, o neurociencia educativa, como también se la denomina. Consiste en aplicar los conocimientos en neurociencia y en neurociencia cognitiva —es decir, cómo es, cómo se forma y cómo funciona el cerebro— a comprender cómo respondemos ante los procesos educativos y cómo estos influyen en la construcción y maduración del cerebro. Dicho de otra manera, consiste en entender cómo aprendemos y de qué manera todo lo que aprendemos y cómo lo aprendemos termina influyendo en la construcción del cerebro y, por extensión, en cómo somos y en cómo nos percibimos. Durante el último trimestre del año 2020 disfruté de un permiso parcial de mi universidad para trabajar como asesor para el International Bureau of Education de la Unesco, periodo durante el cual realicé algo más de media docena de informes sobre neuroeducación. Esta estancia formaba parte de un programa conjunto con la International Brain Research Organization, que lo financiaba, con el objetivo de acercar estas dos disciplinas académicas —la neurociencia y la educación— en beneficio de los niños, adolescentes y jóvenes de todo el mundo. El último de estos informes, que sirvió de base para la conferencia plenaria que impartí en esta organización como acto de clausura del año 2020, trató de los efectos que estaban teniendo las restricciones sociales y el confinamiento debidos a la gestión de la pandemia de la COVID-19 en los adolescentes y los jóvenes. Lo realicé a partir de una cincuentena de artículos científicos que se habían publicado a propósito de esto entre julio y diciembre de ese año en revistas especializadas. En estos trabajos científicos, donde se examinaron a adolescentes y jóvenes de todos los continentes y de culturas y niveles socioeconómicos diversos, se evidenciaba un incremento generalizado, y en muchos casos alarmante, de ansiedad y estrés, que favorecía comportamientos de tipo depresivo en algunos y frustración e ira en otros.

A raíz de este informe, publiqué un artículo de opinión en un periódico catalán (*El Punt Avui*) en el que reflexionaba sobre la necesidad de estar pendientes de los estados emocionales de los adolescentes y los jóvenes para reducir la sensación de ansiedad y estrés, ya que ambos estados perjudican la maduración adecuada del cerebro y pueden tener consecuencias negativas a medio y largo plazo. Tras la publicación de este artículo de opinión —en el que lo único que hacía era argumentar y reflexionar sobre la importancia de los estados emocionales para la maduración equilibrada de los adolescentes—, recibí una serie de comentarios cuyos autores decían, por ejemplo: «Ya les va bien pasarlo mal, así se darán cuenta de que la vida no es una fiesta continua, que es lo único en lo que piensan todos», «Los jóvenes que han vivido una guerra han crecido mejor porque se han curtido en dificultades reales», «Lo que necesitan es mano dura» o «No sirve de nada intentar preguntarles y entender cómo se sienten porque nos mienten y nos engañan por naturaleza, y sus respuestas son malintencionadas». ¿Percibes el gran parecido global con las afirmaciones de los filósofos que he citado antes como ejemplo? Lo más alarmante para mí no fueron estas y otras opiniones parecidas, sino el número de *likes* que acumularon. ¿Tan alejados estamos de los adolescentes y los jóvenes para que tantas personas se cierren en banda y se nieguen a entenderlos? ¿Acaso no fuimos nosotros también adolescentes?

Si nos detenemos a pensarlo de una forma racional, llegaremos a la conclusión de que es imposible que los adolescentes de cada generación hayan sido «peores» que los de la anterior, porque en ese caso la humanidad hubiese desaparecido hace siglos. También es curioso ver que los adultos de todas las épocas pensamos que, como adolescentes, fuimos «mejores» que nuestros hijos o nuestros alumnos. Si eso fuese cierto, no quedarían seres humanos, nuestra especie se habría hundido en la degeneración hasta desaparecer. Pero no es así, aquí estamos, dando vueltas a los mismos temas de siempre.

Por consiguiente, si los adolescentes de todos los tiempos y de todas las tradiciones culturales han tenido y siguen teniendo comportamientos, reacciones e inquietudes similares —aunque se manifiesten de distinta manera según cada contexto histórico, social y cultural—, y si en general los adultos siempre hemos tenido pensamientos parecidos sobre ellos, a lo mejor es porque eso es lo que deben ser y hacer los adolescentes. Dicho de otro modo, si en todas las generaciones el patrón general es razonablemente parecido, tal vez haya un fundamento biológico que nos impulse a tener determinados comportamientos durante la adolescencia y a no reconocerlos en nosotros mismos cuando llegamos a la adultez.

Todas nuestras conductas y pensamientos surgen de la actividad de un órgano prodigioso, el cerebro. Es un órgano flexible y adaptable que cambia con la edad y va madurando de forma progresiva. Si los comportamientos y los pensamientos se generan y gestionan a través de la actividad del cerebro, y si su estructura cambia y madura con la edad, ¿no es lógico pensar que la adolescencia, con todas sus contradicciones, es un producto natural e inevitable de este proceso? ¿Y que también lo es la percepción que los adultos tenemos y hemos tenido de los adolescentes y los jóvenes a lo largo de la historia?

Vayamos un poco más allá. En caso de que la respuesta a las dos preguntas anteriores sea afirmativa (y ya avanzo que lo es), cabe preguntarnos para qué sirve la adolescencia, qué papel cumple en la vida humana y qué rol puede haber desempeñado durante la evolución de nuestra especie. Estos son los temas centrales de este libro: entender cómo es y cómo madura el cerebro de los adolescentes, y cómo, a través de este proceso, progresan y maduran los comportamientos y las inquietudes propios de esta época de la vida; reflexionar sobre por qué los adultos tendemos a pensar que «nuestra adolescencia fue mejor»; discutir a qué razón vital obedece la existencia de este periodo en la especie humana, y ver qué podemos hacer para que esta etapa sea fructífera, en el sentido de que sirva a nuestros jóvenes de trampolín para una adultez sana, digna y dignificante. De hecho, este es el lema de la Cátedra de Neuroeducación UB-EDU1st de la Universidad de Barcelona que dirijo: «Para una vida equilibrada y con propósito».

Como biólogo de formación, especialista en genética y neurociencia y en su relación con los procesos de aprendizaje —que incluyen muchos comportamientos diferentes—, mi aproximación se sustenta en los conocimientos científicos actuales sobre el tema en los campos de la biología, la neurociencia, la genética y la evolución. Por supuesto, a lo largo de estas páginas incorporaré muchas cuestiones sociológicas, psicológicas y educativas, todas ellas cruciales y entremezcladas de manera sinérgica con las primeras. De la integración de conocimientos surgen las ideas más innovadoras y útiles. Pero para comprender qué es y para qué sirve la adolescencia es necesario entender también las razones biológicas que hay detrás, y todas ellas pasan, de un modo u otro, por el cerebro. Hablaremos, por lo tanto, de cómo se construye el cerebro desde la concepción hasta la edad adulta, deteniéndonos de manera especial en lo que le sucede durante la adolescencia; de neuronas y redes neuronales; de plasticidad y podado neuronal; de genes que influyen en nuestros comportamientos y de su relación con el ambiente, incluidas las denominadas «marcas epigenéticas»; de emociones y su gestión consciente; de retos y recompensas, y de cómo los gestionan las funciones ejecutivas; de evolución, para ver cómo el pasado condiciona el presente y cómo a través del presente los adolescentes construyen su futuro; de por qué a los adultos nos cuesta entender a los adolescentes y de cómo reconstruimos en la mente lo que creemos que fue nuestra adolescencia; y también del cerebro infantil y del cerebro de los adultos, ya que la adolescencia está justo en medio. Empezaré todos los capítulos con un breve relato ficticio que se relacionará con la temática que se aborde, y lo usaré como base para iniciar mis argumentaciones y discusiones.

No se trata de abordar ni de solucionar todos los retos que puede encerrar la adolescencia. Cada adolescente es diferente, como también lo somos los padres, madres, maestros y maestras, por lo que no hay recetas válidas para todos. Mi intención es facilitar la comprensión razonada de este periodo vital que, como he avanzado e iremos desgranando, es crucial e imprescindible para nuestra especie. Tal como la conocemos, la adolescencia es típicamente humana y contribuye de manera decisiva a hacernos humanos. Al terminar, espero que entendamos algo mejor a los adolescentes, y también a nosotros mismos.

1

Los porqués de la adolescencia

Desde que vio la luz por primera vez, su principal preocupación había sido comer. Comía siempre que podía y crecía a un ritmo acelerado. Al principio era lenta y torpe, pero poco a poco se iba sintiendo más fuerte y sus movimientos eran cada vez más precisos y ágiles, ajena a lo que le esperaba. No le importaba demasiado el mundo que la rodeaba. Se sentía suficientemente segura para dedicarse a su labor principal: hacerse mayor. O tal vez era demasiado ingenua para preocuparse por los peligros del mundo exterior, que podían estar acechándola. De hecho, ni siquiera sabía que a su alrededor se podían producir situaciones que amenazasen su existencia. Duplicó, triplicó, cuadruplicó e incluso quintuplicó su tamaño inicial.

Sin embargo, un día, de repente, advirtió que algo le estaba sucediendo. Reconoció cambios en su interior y su percepción del mundo empezó a alterarse. Todo le daba vueltas y notaba vértigo en su estómago. Ya no se sentía tan segura, por lo que decidió encerrarse en sí misma. Quería aislarse de todo lo que la rodeaba para culminar los cambios que se avecinaban. Empezó a tejer una maraña impenetrable de hilos a su alrededor y se escondió por completo. Era imposible saber lo que sucedía dentro de esa especie de caparazón. Abrirlo a la fuerza hubiese sido un error, puesto que su desarrollo se hubiera visto alterado, tal vez de manera irreversible. Solo cabía esperar y confiar.

Aunque parecía que había pasado una eternidad, poco después el caparazón empezó a abrirse, y de dentro de este capullo tejido con cuidado, con un exquisito hilo de seda, surgió una sublime mariposa. La larva que fue había desaparecido para siempre. Agitó las alas y alzó el vuelo, majestuosa, dispuesta a iniciar una nueva vida. Encerrada dentro de su habitáculo de seda había experimentado una magnífica metamorfosis que le permitió transformar su morfología infantil en la típica de un adulto, de larva blanquecina a mariposa resplandeciente, y modificar su comportamiento. Estaba lista para volar y ver el mundo desde una perspectiva completamente diferente. Jamás nada volvería a ser igual.

Se suele decir que el ciclo vital de los animales viene definido por diversas fases, que se resumen de forma general en nacer, crecer, reproducirse y morir. Visto desde otra perspectiva, pasan por dos etapas muy definidas: una etapa infantil, que equivaldría a nacer y crecer, y otra de adultez, durante la cual se reproducen. Muchos animales, para pasar de la niñez a la adultez, experimentan una metamorfosis, como la mariposa del relato anterior. La metamorfosis es un proceso biológico de cambio intenso y acelerado en el que un animal experimenta grandes modificaciones estructurales y fisiológicas que le permiten pasar en un breve periodo de tiempo de la infancia a la edad adulta. Estos cambios también afectan a su cerebro, lo que altera su comportamiento.

Se dice que la metamorfosis es un rasgo ancestral en muchos animales, como los insectos, los moluscos, los crustáceos, etcétera, e incluso en animales vertebrados, como los anfibios. Por ejemplo, los insectos inician su vida como larvas preparadas para comer y crecer, pero carecen de las estructuras y los órganos que les permitirán completar su vida como adultos. Estos cambios tan radicales no se pueden producir de forma progresiva y lenta, pues les dejarían demasiado tiempo indefensos a merced del entorno y de los posibles depredadores. Por eso los insectos se encierran en un capullo que fabrican ellos mismos y en pocos días cambia no solo su cuerpo sino también las conexiones neuronales de su cerebro. Dicho de otro modo, su cerebro se «recablea». Este recableado, sin embargo, no implica que olviden sus experiencias pasadas. Los insectos adultos «recuerdan» experiencias de su vida larvaria, pero su comportamiento cambia de forma drástica. Entran como larvas infantiles y surgen como adultos hechos y derechos, por decirlo así. Algo parecido sucede con los anfibios, aunque en este caso no se encierran y la metamorfosis se produce a plena luz del día. Los renacuajos van cambiando de manera progresiva hasta convertirse en ranas, sapos, tritones o salamandras adultas. También en los anfibios se producen reorganizaciones muy importantes del cableado neuronal de su cerebro.

La adolescencia como metamorfosis del comportamiento

¿Qué tiene todo esto que ver con las personas? O dicho de otra manera, ¿en qué se parece la metamorfosis de un insecto a la de un anfibio? ¿Se puede establecer algún paralelismo con la especie humana? A nivel conceptual, la similitud está clara. Durante la metamorfosis, los individuos infantiles maduran y se convierten en adultos, con todos los pormenores que implica. Eso sucede de forma más o menos evidente en todos los animales. Es una etapa vital que en las personas tiene nombre propio. No lo llamamos metamorfosis, sino adolescencia. La adolescencia es esto: la etapa vital en la que se dejan atrás los comportamientos y la morfología corporal típicos de la infancia para adquirir los propios de la adultez. Se produce la maduración de los órganos sexuales y la aparición de los denominados caracteres sexuales secundarios, como los patrones de pilosidad corporal —distintos en las chicas y en los chicos—, el desarrollo de los senos en las chicas, etcétera, en función de cada sexo. Se desarrolla la musculatura en los chicos, y en las chicas se ensanchan las caderas para facilitar los posibles partos. Dejamos atrás los modos infantiles de actuar —que tienen muy en cuenta la protección de los progenitores— hasta alcanzar la autonomía suficiente para dirigir nuestra propia vida, en relación de igual a igual con el resto de los adultos. Esto implica adquirir toda una serie de comportamientos que incluyen desde la suficiente madurez emocional hasta la capacidad de tomar decisiones y asumir sus consecuencias, incluido el riesgo de equivocarnos, entre otros muchos aspectos que iremos desgranando.

De forma conceptual, la adolescencia sería como una metamorfosis durante la cual también se producen intensas e interesantes reorganizaciones neuronales, además de cambios físicos evidentes. En los anfibios, la metamorfosis se observa cuando a los renacuajos comienzan a crecerles las patas, y durante un tiempo presentan una mezcla heterogénea de características infantiles y adultas. Por ejemplo, los renacuajos respiran mediante branquias, como los peces, mientras que los adultos tienen pulmones similares a los nuestros. Pues bien, durante la metamorfosis conservan las branquias, que acabarán perdiendo, pero ya empiezan a tener también pulmones, que madurarán de forma progresiva. Les crecen las patas, pero aún conservan la forma típica de un renacuajo, con una cabeza enorme comparada con el resto del cuerpo (imagen 1). Durante un tiempo, no son renacuajos ni tampoco adultos. Son ambas cosas simultáneamente, o son algo nuevo, según cómo se mire. Pues bien, lo mismo sucede durante la adolescencia humana por lo que se refiere al comportamiento: ni son niños ni son adultos, aunque tienen características de ambos. Son algo nuevo, por lo que no hay que medirlos bajo los parámetros de la infancia ni tampoco de la adultez, sino como lo que son en ese momento: adolescentes. Por eso muestran una mezcla compleja y dinámica, muchas veces no armónica, de conductas infantiles y adultas que van madurando de manera asincrónica. Es decir, unas se consolidan antes que otras, lo que genera una mezcla heterogénea de respuestas infantiles salpicadas por razonamientos adultos, o de comportamientos adultos intercalados con conductas infantiles, que acentúa la percepción de «desajuste».

IMAGEN 1. Renacuajo durante el proceso de metamorfosis. Le están empezando a crecer las patas típicas de un anfibio adulto. Además, a ambos lados de la cabeza sobresalen unas estructuras filamentosas. Son las branquias infantiles, que están en proceso de desaparición. Conserva estructuras infantiles al tiempo que también empieza a tener las típicas de un adulto. Fotografía de Maria Tricas.

«Todo esto a nivel conceptual, claro», debes de estar pensando. Pues bien, resulta que, a nivel biológico, la similitud es más profunda de lo que parece. Estos paralelismos no solo se dan a nivel conceptual, como si fuese una metáfora. A nivel genético y molecular la adolescencia es, en su forma, equivalente a cualquier otro proceso de metamorfosis. Tal como suena. La adolescencia implica cambios tan profundos que constituyen una auténtica metamorfosis. En 2019, un equipo de investigadores del Instituto de Biología Evolutiva de Barcelona propuso en un trabajo científico que el gen que inicia la metamorfosis en los insectos —esto es, el gen que da la primera señal para que el cuerpo y el cerebro de las larvas empiecen a cambiar de forma drástica— es formalmente el mismo que da la señal para que se inicien los cambios asociados a la adolescencia en las personas (y también en los anfibios, por supuesto; figura 1). Todavía no ha llegado el momento de hablar de los genes, pero este dato creo que es importante. El inicio de la adolescencia es genético, no cultural. Solo como curiosidad, el gen que inicia la metamorfosis en los insectos se conoce como E93 y el que inicia la adolescencia en las personas, LCOR. Los nombres son diferentes, pero son genes homólogos, es decir, comparten tramos similares en su secuencia y provienen de un mismo gen ancestral, de un mismo pasado evolutivo. La adolescencia no es una etapa de la vida que nos hayamos inventado o que sea el reflejo de unas determinadas sociedades que «infantilizan a los jóvenes», como propuso el psicólogo norteamericano Robert Epstein, para quien esta etapa de la vida no sería más que una extensión artificial de la infancia producida durante el siglo xx. Distinto es que, culturalmente, la podamos alargar más allá de lo necesario desde la perspectiva biológica, que no dejemos que los adolescentes maduren como deberían o que, durante la infancia, algunos niños y niñas empiecen a imitar comportamientos adolescentes, pero sin sentirlos, todo ello por la cultura. Sin embargo, como etapa vital, sus raíces biológicas están claras.

Ya tenemos el porqué primigenio de la adolescencia: es un proceso inevitable e imprescindible que nos conduce de la infancia a la edad adulta. Pero, como veremos a continuación, no es el único motivo.

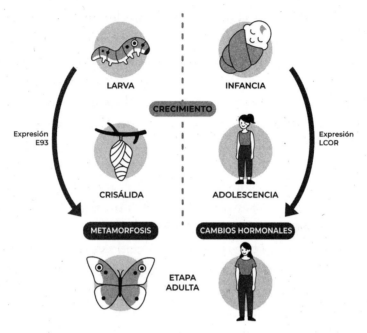

Figura 1. Comparación entre la metamorfosis de un insecto y la adolescencia humana. Se indica el inicio genético de ambos procesos. Fuente: <https://ellip se.prbb.org/ca/hem-redefinit-el-proces-de-la-metamorfosi/>.

UNA ETAPA INTERMEDIA ENTRE LA NIÑEZ Y LA ADULTEZ

No es fácil delimitar la adolescencia de forma precisa. La Unesco (Organización de las Naciones Unidas para la Educación, la Ciencia y la Cultura) la define como la «etapa que marca la transición entre la niñez y la edad adulta». El psicólogo, biólogo y filósofo suizo Jean Piaget —reconocido en todo el mundo por sus aportaciones al estudio de la infancia y por su teoría constructivista del desarrollo de la inteligencia, según la cual la capacidad cognitiva se encuentra muy ligada al medio social y físico donde se educa y vive una persona— la describió como el «periodo durante el cual las capacidades cognitivas de los individuos maduran por completo». A nivel neurocientífico, descubrimientos recientes han demostrado que la corteza prefrontal del cerebro —la zona que controla los procesos cognitivos más complejos, como la planificación, la metacognición, la abstracción, la reflexión y la gestión emocional, entre otros— cambia drásticamente durante esta etapa vital y se «recablea», aunque resulta complicado establecer los límites concretos de la edad en que se producen estos cambios, pues presentan ciertas variaciones entre distintas personas. Para decirlo de una forma más sencilla: la corteza prefrontal viene a ser como la torre de control de un aeropuerto, que monitoriza y controla todos los procesos que se producen en el cerebro (o en un aeropuerto).

Algo más concretas son las delimitaciones que establece la ONU, aunque las etapas que propone se solapan entre sí. La ONU define la niñez como la etapa vital comprendida desde el nacimiento hasta los dieciocho años; la adolescencia como la comprendida entre los diez y los diecinueve años; y la juventud como la incluida entre los quince y los veinticuatro años (figura 2). Bajo este prisma, se calcula que en la actuali-

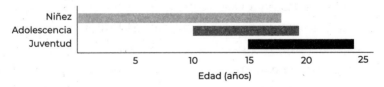

FIGURA 2. Intervalo de edades incluidas en la niñez, la adolescencia y la juventud según la ONU. Los distintos ritmos de maduración en cada persona y las diferencias culturales hacen que estas etapas vitales se solapen.

dad hay unos mil doscientos millones de adolescentes en el mundo, casi el 16 por ciento de la población mundial.

En 2016 el comité de trabajo sobre la Declaración de los Derechos de la Infancia de la ONU publicó un informe sobre la implementación de dichos derechos durante la adolescencia. En él se reconoce de forma explícita la adolescencia como «parte del curso de la vida», y se establece que «es un periodo valioso de la infancia por derecho propio [...] un periodo crítico de transición y una oportunidad para mejorar las opciones vitales». Me gustaría destacar dos palabras de esta frase que, como veremos, son cruciales: «crítico» y «oportunidad». En este informe se hace un llamamiento a los estados miembros de la ONU para que «[promuevan] la realización de sus derechos, [fortalezcan] su potencial contribución a la transformación social positiva y progresiva y [superen] los desafíos que deben afrontar [los adolescentes] en la transición de la niñez a la edad adulta».

Más aún, expone que «la adolescencia es una etapa de la vida que se caracteriza por el crecimiento de oportunidades, de capacidades, de aspiraciones, de energía y de creatividad, pero también por una vulnerabilidad significativa». Y prosigue: «Los adolescentes son agentes de cambio y un activo clave con el potencial de contribuir positivamente a sus familias, comunidades y países. [...] La pubertad ocurre a diferentes edades para niños y niñas, y las distintas funciones cerebrales maduran en diferentes momentos. El proceso de transición de la niñez a la edad adulta [también] está influenciado por el contexto y el entorno. [...] A medida que avanzan en su segunda década, los niños [y las niñas] comienzan a explorar y forjar sus propias identidades individuales y comunitarias sobre la base de una interacción compleja con su propia historia familiar y cultural, y experimentan la creación de un sentido emergente de sí mismos, a menudo expresado a través del lenguaje, las artes y la cultura, tanto como seres individuales como también a través de la asociación con sus semejantes». De nuevo me gustaría destacar dos palabras de este párrafo, que se encuentran justo al inicio: «crecimiento» (de oportunidades, de capacidades, de aspiraciones, de energía y de creatividad) y «vulnerabilidad».

Este informe de la ONU también enfatiza la necesidad de que «[los adolescentes] adquieran de forma progresiva las competencias, los conocimientos y los niveles de empoderamiento necesarios para asumir la responsabilidad y ejercer sus derechos», y de «protegerlos de la discriminación por razón de género, lengua y cultura, entre otros factores». La adolescencia, como la infancia, es una etapa crucial en la vida de todas las personas, una oportunidad para crecer de forma plena. No debemos, por lo tanto, tomar la adolescencia a la ligera. Esta adquisición de competencias, conocimientos y empoderamiento que permiten asumir las responsabilidades y los derechos de la vida adulta es otro de los porqués imprescindibles de la adolescencia. Ya tenemos dos. Pero todavía hay más.

La adolescencia nos hace humanos

La adolescencia es un periodo de la vida tan desconcertante como importante. Todas las culturas la han considerado siempre una etapa de grandes retos, tanto para los adolescentes como para los adultos que los rodean. De manera tradicional, muchas culturas han establecido durante esta época ritos iniciáticos que sirven para marcar socialmente el paso de la infancia a la edad adulta. Algunas tribus africanas y australianas, por ejemplo, les dejaban unos días solos para que demostrasen que eran capaces de sobrevivir sin ayuda. Hace algo más de dos décadas y media, mi esposa y yo, por aquel entonces todavía jóvenes de veintitantos años, coincidimos con un grupo de adolescentes africanos que estaban realizando uno de estos rituales iniciáticos (imagen 2). Fue durante un viaje por Kenia y Tanzania que hicimos con la mochila a la espalda, usando siempre que pudimos transporte público para compartir experiencias con sus habitantes. Muy sorprendente fue, por ejemplo, que durante uno de estos trayectos —entre las ciudades de Nairobi, en Kenia, y de Arusha, al norte de Tanzania—, en un autobús abarrotado de gente de esos lares, cuando llegamos a una de las paradas intermedias subieron un par de masáis lanza y escudo en mano (literalmente), que llevaban una jaula con un par de gallinas vivas que habían comprado en un mercado cercano. Otro día, estando en un hotel en una ladera del monte Kenia —popular entre los keniatas de clase media-alta, donde éramos casi los únicos occidentales—, un niño de unos tres años, al verme entrar por la puerta, se puso a gritar desesperado y se escondió entre las faldas de su madre. Al instante, una persona que se identificó como su tío vino a explicarnos el porqué. Por lo visto, en su pueblo natal, a los niños pequeños les cuentan que, si no hacen caso a sus padres, «vendrá un hombre de piel muy blanca y cabellos muy rubios y se los llevará», justo la descripción de mi aspecto físico por aquel entonces (ahora mi pelo es de color ceniza, aunque mi piel sigue siendo muy blanca). Vaya, que me tomó por una especie de «hombre del saco». En cambio, mi esposa no le dio ningún miedo, ya que es de tez morena y tiene el cabello negro.

IMAGEN 2. Adolescentes de una tribu keniata durante el rito de iniciación a la adultez. Esta fotografía fue tomada en 1994 durante un viaje por África que hicimos mi esposa y yo. Fotografía de Maria Tricas.

Este rito al que me refería consistía en dejar solos a varios adolescentes durante una semana para que demostrasen que eran capaces de sobrevivir por sus propios medios, apoyándose entre ellos, equipados solo con arcos y flechas que se habían construido. Por supuesto, a los pocos turistas que pasábamos por allí aprovechaban para explicarnos en qué consistía este rito iniciático y nos sugerían que les tomásemos algunas fotografías a cambio de unas monedas, con las que compraban comida. Los tiempos cambian y los adolescentes se adaptan a ellos, como debe ser.

En cambio otras culturas, como algunos pueblos amerindios, consideraban que el paso a la edad adulta finalizaba el primer día que entraban en combate, en lucha con otras tribus. Otras incluso los inducían a consumir sustancias alucinógenas porque creían que los sueños que les producían (o pesadillas, según cómo se mire) les desvelarían su futuro. En algunas tradiciones occidentales, las reuniones sociales y las fiestas de «puesta de largo» simbolizan también este paso a la edad adulta. Y se supone que determinados ritos religiosos como la circuncisión o la confirmación también tienen este origen ancestral.

Durante la adolescencia, la mente cambia la forma de recordar, razonar, pensar, tomar decisiones y cómo nos relacionamos con nosotros mismos y con los demás. De todos estos cambios hay cuatro que, asociados a las reestructuraciones cerebrales, caracterizan esta etapa y establecen nuevos porqués a la adolescencia: la búsqueda de novedades, la implicación social, el aumento de la intensidad emocional y la experimentación creativa. Todos ellos son imprescindibles para un buen desarrollo durante la adultez. Resumamos el porqué. En capítulos posteriores lo desarrollaremos y veremos formas de gestionarlo.

La búsqueda de novedades surge de un aumento de la necesidad de gratificación en los circuitos cerebrales que generan la motivación interior, lo que impulsa a los adolescentes a probar cosas nuevas y experimentar la vida con mayor plenitud. Este proceso los ayuda a romper con los límites de la infancia y a ver más allá de lo que conocen, integrando otras perspectivas a las que ya tienen. De este modo complementan su modo de ser y amplían su visión del mundo. Al mismo tiempo, establecen un compromiso mayor con su propia vida, lo que les permite fijar y reorientar sus objetivos vitales. Como contrapartida, este hecho conlleva un incremento de la impulsividad y la reactividad emocional, una mayor predisposición a asumir riesgos innecesarios y a querer experimentar con cualquier novedad, lo que desgraciadamente incluye las sustancias tóxicas.

A su vez, la implicación social, que provoca un aumento de la empatía aunque, paradójicamente, también suele ir asociada a una menor capacidad para reconocer los estados emocionales de los demás, les permite establecer nuevos vínculos con sus iguales, puesto que será con ellos con quienes construirán la sociedad del futuro, además de encontrar su sitio en el mundo de los adultos. Generan también relaciones de apoyo, que se ha demostrado que mejoran el bienestar y la felicidad. Estos son algunos de los aspectos que, en perspectiva, busca potenciar el rito iniciático de algunas de las tribus keniatas que he descrito, puesto que obliga a los adolescentes a apoyarse unos a otros en un objetivo común. Como contrapartida, este cambio en sus relaciones los puede exponer al rechazo de los adultos, lo que hace que se centren en su entorno adolescente y, a veces, que no adquieran suficientes modelos positivos de una adultez sana.

Con respecto al aumento de la intensidad emocional, les confiere una mayor vitalidad y entusiasmo, y al mismo tiempo los ayuda a protegerse de las posibles amenazas del entorno. Las emociones, como veremos en otros capítulos, implican patrones de respuesta impulsivos ante situaciones potencialmente amenazantes, lo que en cierto modo les sirve para compensar su falta de experiencia en el mundo de los adultos. Como contrapartida (que siempre la hay) implica un incremento a veces excesivo de impulsividad, de reactividad y de cambios de humor muy polarizados, lo que también redunda en una mayor exposición al rechazo de los adultos.

Finalmente, la exploración creativa implica un aumento de la capacidad de reflexión y de abstracción que los lleva a cuestionar el *statu quo*, a buscar estrategias fuera de lo establecido, a generar nuevas ideas y a aplicar innovaciones. Dicho de otro modo, la adolescencia es el principal motor de la evolución social y cultural humana, el caldo de cultivo donde se generan los progresos que se desarrollarán durante la juventud y la adultez. Como contrapartida, la búsqueda de significado a la vida puede conducirles a sufrir crisis de identidad, a una falta aparente de dirección y propósito y a una mayor vulnerabilidad frente a la presión de sus iguales y de los adultos. Cabe recordar aquí las palabras de algunos de los grandes filósofos clásicos al referirse a los adolescentes que he mencionado en la introducción. Seguro que ves las innegables relaciones con estos cuatro cambios trascendentales de la adolescencia: «Los jóvenes de hoy no tienen control y están siempre de mal humor» (Aristóteles); «Desdeñan la ley y se rebelan en las calles inflamados de ideas descabelladas» (Platón); «Contradicen a sus padres y fanfarronean en la sociedad» (Sócrates). En resumen, la adolescencia nos hace humanos, con todo lo que esto conlleva.

La búsqueda de identidad

Uno de los procesos mentales básicos de la adolescencia es la búsqueda de una identidad propia que les permita ser no solo los protagonistas de su vida —eso lo somos todos, cada uno es el protagonista de su vida y nadie nos puede usurpar ese derecho— sino ser también los directores. Durante la infancia, la identidad de niños y niñas depende, en gran medida, de su entorno, de la identidad global de la familia y de la sociedad. En la edad adulta, sin embargo, cada persona debe haber encontrado su propia identidad dentro de su entorno. Sin este descubrimiento, los adultos no podríamos ser directores plenos de nuestra vida porque, para dirigirnos, primero debemos conocernos. Pensemos en un director cinematográfico. Para dirigir una película, necesita conocer el argumento y el guion, planificar las escenas, valorar las posibilidades técnicas y humanas y ser bastante flexible para ir adaptando todo el proceso a los azares que vayan surgiendo, de modo que pueda aprovecharlos en beneficio del filme.

Durante la adolescencia, los chicos y las chicas necesitan, ante todo, definir su identidad. El cerebro del adolescente se llena de preguntas, pero sin duda las más importantes que deben responder son «¿Quién soy yo?» y «¿Quién soy en relación con mi entorno?». La identidad implica adquirir la conciencia de ser distintos de los demás, y durante este proceso suelen ir ensayando muchas identificaciones diferentes. Esto es, se van identificando de forma parcial con diversas personas de su entorno. Estas identificaciones les permiten adquirir una seguridad relativa, pero la identidad final no es, ni debe ser, la suma de todas las identificaciones parciales que van estableciendo, sino una forma nueva y, por lo habitual, imprevisible. Permitidme que regrese un momento a la comparación con la metamorfosis de los insectos. Cuando una larva se encierra dentro de un capullo para consumar su metamorfosis, la mayor parte de los tejidos de la larva se degradan. No es que toda la larva vaya cambiando de forma hasta alcanzar la morfología adulta. Literalmente, sus tejidos se deshacen. Esta degradación, que en terminología científica se denomina «autolisis», permite que la larva obtenga toda la energía necesaria para culminar el proceso de metamorfosis. Se deshace de todo lo que sobra para que pueda emerger la nueva forma. Dicho de manera metafórica, la infancia se consume para dar lugar al adulto. Pero el cambio ya estaba implícito en la larva, en algunos grupitos de células que se iban preparando en silencio para cuando llegase la ocasión.

De forma análoga, la adolescencia consume la infancia para que aflore el adulto, pero este proceso de cambio ya se va gestando durante la niñez. La infancia es clave para la adolescencia, pues sienta sus bases, de la misma manera que la adolescencia es clave para la vida adulta. Más adelante hablaremos sobre esta cuestión. Otra vez de manera metafórica, el adolescente busca la mariposa que hay encerrada en la larva, al adulto que hay en el niño, pero debe desarrollarlo para alcanzar la plenitud y volar libre. No es suficiente con que busque y forje su identidad, sino que debe generar visiones nuevas de sí mismo con las que se encuentre satisfecho. Además, no debe ser una identidad estática, sino flexible y adaptable dentro de su propia coherencia.

No resulta sencillo definir la identidad. Es el conjunto de

rasgos propios de un individuo que lo caracterizan frente a los demás. Implica, por consiguiente, la conciencia que tiene una persona de ser ella misma y distinta a las demás, e incluye todos los atributos personales. También implica la sensación de continuidad y de mismidad, esto es, la condición de ser uno mismo a lo largo del tiempo a pesar de los cambios. Sin duda, ningún lector es como era hace años, ni su visión del mundo y de sí mismo es idéntica. Pero seguimos siendo la misma persona. Es lo que en el párrafo anterior hemos llamado una «identidad flexible y adaptable dentro de su propia coherencia». Con el tiempo, vamos cambiando. Aprendemos cosas nuevas, vivimos experiencias que influyen en nuestra forma de ver el mundo y de relacionarnos con él, e incluso la percepción que tenemos de nosotros mismos. Pero siempre mantenemos una visión de continuidad, nos percibimos como el mismo individuo desde los primeros recuerdos de la niñez hasta la actualidad, a pesar de los muchos cambios que hayamos experimentado o vivido. El adulto debe reconocerse en el adolescente que fue, sin ser el mismo, y el adolescente, en el niño o la niña que fue, también sin ser el mismo. Hace algunos años, uno de mis hijos —ambos al inicio de la juventud— me preguntó mientras mirábamos fotografías de su infancia: «*Papa, jo era així? Recordo aquest moment, però no em sento el mateix*» («Papá, ¿yo era así? Recuerdo ese momento, pero no me siento el mismo»). Estábamos en un país lejano, dejándonos llevar por la intensidad del paisaje, cogidos de la mano, observando una imponente cascada, al pie de un lago de aguas azules, al final de un embarcadero de madera con algunas canoas antiguas amarradas.

Para establecer su identidad, los adolescentes necesitan

desarrollar su sistema de valores, es decir, qué consideran correcto y qué incorrecto, y hasta dónde consideran ético llegar para satisfacer sus intereses. También deben establecer sus opiniones e intereses, y no limitarse a repetir los de sus padres o los de su entorno. Nadie quiere ser copia de otra persona. Los adolescentes tienen que descubrir lo que pueden hacer y hasta dónde quieren llegar, lo que conlleva romper algunos límites y aferrarse a ideales y utopías. Y, por encima de todo, desean sentirse orgullosos de sus logros, lo que a menudo les genera cierta frustración, pues se mueven constantemente entre el ensayo y el error. Quieren ser respetados por lo que son, pero para eso primero deben saber quiénes son, forjar su identidad y analizar su coherencia interna.

Durante el proceso de búsqueda y construcción de la identidad, poco a poco los adolescentes dejan de idealizar su hogar y buscan relaciones con personas nuevas de las que aprenderán otras visiones de la vida y del entorno que los enriquecerán. Esto incluye especialmente, pero no solo, a personas de su edad con las que establecerán relaciones de confianza. De ahí la gran importancia de los amigos de adolescencia. Sin duda, todos conservamos algunos amigos o amigas de esa época que tienen un lugar muy especial reservado en nuestros recuerdos. Sin embargo, esta búsqueda y construcción de la identidad conlleva un gran trabajo mental: deben reasignar certezas y verdades, esto es, cuestionar todo lo que han aprendido hasta entonces, incluidas las formas de vida de su familia y todo lo que les han transmitido sus progenitores, y también tienen que reevaluar todas las experiencias cotidianas, lo que los llevará a experimentar con comportamientos que a menudo (tal vez demasiado) los adultos no comprendemos, a pesar de que también pasamos por ello. La explicación de este hecho, que desgranaremos al final del libro, subyace a la dinámica de búsqueda y construcción de la identidad durante la adultez, ya que este proceso nunca se detiene. La búsqueda de coherencia interna hace que olvidemos lo que podíamos haber sido y no fuimos, y contribuye a ofrecernos una sensación de continuidad en este proceso de autoconstrucción. Dicho de otra manera, reinterpretamos nuestro pasado, incluida la adolescencia, en función de nuestro presente, lo que elimina las contradicciones típicas y necesarias de esta época vital.

Estas reevaluaciones de las experiencias cotidianas a base de ensayo y error hacen que los adolescentes se pregunten si es normal lo que sienten y lo que les ocurre, pero no solo a nivel mental, sino también en relación con los cambios que experimenta su cuerpo. Maduran los caracteres sexuales secundarios y deben descubrir su sexualidad, que formará parte de su identidad. Desde la perspectiva biológica y evolutiva, la sexualidad tiene una importancia capital. A través de ella, se perpetúa la especie. Pero no solo eso, sino que es igual de importante tener en cuenta que es una de las fuerzas más poderosas para establecer vínculos personales y, por ende, sociales. Esta sexualidad implica no solo el género fisiológico y morfológico de cada persona, es decir, tener órganos reproductores masculinos o femeninos, sino también el sentimiento de pertenencia a un sexo u otro, que puede coincidir o no con el sexo morfológico, y la atracción sexual hacia otras personas, sean de otro género o del mismo (figura 3). Esta triple búsqueda forma parte indispensable de la construcción de la identidad, del reconocimiento del propio yo, y hay que respetarla para que culminen su autoconstrucción de manera sólida, es decir, para que generen una identidad que les permita llegar a la adultez y transitar por ella de forma coherente consigo mismos.

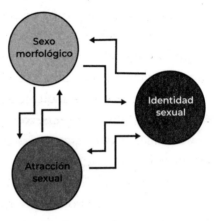

FIGURA 3. La complejidad de la sexualidad humana implica el sexo morfológico (hombre o mujer), el sentimiento de pertenencia a un sexo u otro (masculino, femenino o no binario) y la atracción sexual hacia otras personas (heterosexual, homosexual, bisexual...).

Los adolescentes se examinan y reexaminan, se evalúan y reevalúan constantemente, comparten y confrontan sus puntos de vista, sus opiniones y su particular manera de percibir e interpretar la realidad con sus iguales y con los adultos. Ello los lleva a interesarse por los valores, las creencias, los ideales y las expectativas de los adultos y contrastarlos con los de su niñez, lo que les ayuda a desarrollar su sistema de valores y creencias, que formarán el núcleo de su identidad. Todo ello les conduce a ensayar diversos puntos de vista, creencias y valores, oscilando a veces de un extremo a otro en poco tiempo y cometiendo errores que les servirán, o que deberían servirles, para seguir creciendo. Este es un punto importante que hay que tener en cuenta en la relación de los adultos con los adolescentes: deben experimentar varios puntos de vista para descubrir por sí mismos los errores, y debemos ayudarles a que los perciban como fuente de nuevos conocimientos para ir reasignando su identidad. Etiquetar a un adolescente por un error que ha cometido o por un ensayo que ha realizado es lo peor que podemos hacer, porque restringe su capacidad de cambio flexible. Algunos adolescentes, por ejemplo, en un momento de la adolescencia flirtean con ideas políticas extremistas, con ideologías racistas o clasistas, etcétera, lo que en la mayor parte de los casos no implica que, al cabo de poco tiempo, al ir madurando, no descubran lo erróneo de estas ideas y se resitúen. Quieren llegar a ser ellos mismos pero no saben cómo hacerlo, y por eso, en ocasiones, sus ensayos pueden ser mal vistos o malinterpretados por la familia y la sociedad. Sin embargo, estos ensayos y errores son necesarios para que consoliden una identidad coherente, pero flexible y adaptable.

En definitiva, otro de los porqués que hace de la adolescencia una etapa crucial e imprescindible de la vida, con todas sus contradicciones, es la búsqueda y la construcción de la propia identidad, una identidad coherente con sus capacidades y deseos. Dicho de otra forma, una identidad que les permita «vivir una vida vivible», como la definen en sus escritos las filósofas Marina Garcés y Judith Butler. Es decir, en condiciones de dignidad personal y social, de acuerdo con cómo piensan y cómo sienten, para que no terminen pensando según cómo viven. Este es un punto que considero importante, y por eso lo enfatizo: vivir según cómo pensamos y cómo sentimos, no pensar y sentir de acuerdo con cómo nos toca vivir. La adolescencia es la etapa para descubrir cómo queremos dirigir nuestra vida, no conformándonos con ser unos actores que reproducen un papel asignado.

EMPIEZA LA AVENTURA DE LA ADOLESCENCIA: LA PUBERTAD

La maduración del cerebro, que se produce en interacción constante con el ambiente, facilita la progresión de la adolescencia y el establecimiento de los patrones de conducta típicos de la adultez. Este proceso tiene un claro guiaje genético del que hablaremos en el próximo capítulo, y por supuesto también tiene una influencia ambiental crucial a través de las vivencias y experiencias y del entorno familiar y social donde los adolescentes viven. Estas experiencias e influencias ambientales les afectan desde el nacimiento, incluso antes, desde el desarrollo embrionario y fetal. De hecho, como también veremos en el próximo capítulo, hasta cierto punto incluso influyen algunos aspectos de la adolescencia de sus progenitores. Sí, tal como suena. Algunos aspectos de nuestra adolescencia empezaron a construirse cuando nuestros progenitores eran adolescentes. Por consiguiente, determinadas características de la adolescencia de nuestros hijos e hijas empezaron a construirse durante la nuestra. Del mismo modo, cómo viven la adolescencia los chicos y las chicas de hoy influirá en algunos aspectos de la adolescencia de sus futuros hijos e hijas.

Toda esta complejidad hace que las aproximaciones que se usan para estudiar y entender la adolescencia sean múltiples y diversas, de la genética a la sociología, de la neurociencia a la psicología, de la biología y la evolución a la filosofía, de la etología a la pedagogía. Cada una de estas disciplinas científicas y académicas usa sus propios sistemas de experimentación, todos ellos complementarios, y se enriquecen unos a otros de forma sinérgica. Sin embargo, no es infrecuente encontrarse con visiones que contraponen, de forma excluyente, estos distintos enfoques. No es esa mi opinión. Como científico especialista en neuroeducación, autor de numerosos artículos científicos y académicos y de otros textos de ensayo y divulgación, estoy convencido de que los grandes progresos de la humanidad han surgido de las fronteras entre distintas disciplinas académicas, y, de forma explícita y consciente, nos estamos moviendo en este territorio. La comprensión de la adolescencia debería permitirnos entender un poco mejor por qué los adolescentes hacen lo que hacen y dicen lo que dicen, y también por qué a los adultos nos suele costar tanto entenderlos. La importancia del asunto justifica este enfoque que podemos llamar «de frontera». Los ecólogos saben muy bien que la zona donde se encuentra una mayor diversidad de seres vivos es, precisamente, en los límites entre ambientes. También en los límites de estas disciplinas es mayor la riqueza de ideas.

Pero vayamos al principio. El primer episodio de la adolescencia es la pubertad. La comprensión de los porqués de este periodo vital —el tema central de este capítulo— no sería completa sin abordar qué sucede durante la pubertad. Pubertad y adolescencia no son dos procesos sinónimos. La pubertad implica los cambios biológicos, físicos y hormonales que inician la capacidad sexual y reproductora. Por su parte, la adolescencia se refiere a los cambios de comportamiento, estado de ánimo, autopercepción y construcción de la identidad que se dan durante esta época vital, que por supuesto se suman y en buena parte son consecuencia de los cambios biológicos de la pubertad.

La pubertad abarca el final de la infancia y el inicio de la adolescencia. Hay quien la considera la primera fase de la adolescencia, pero debemos incluir también parte de la infancia. El inicio de la pubertad implica una serie de procesos neuronales y hormonales distintos, aunque relacionados. Algunos son muy visibles y repentinos, como la menarquia (la primera menstruación) en las chicas y la espermaquia (la primera eyaculación) en los chicos, que se produce de un día para otro, o el cambio del tono de la voz en los chicos, que se torna grave casi de repente. Otros, sin embargo, son más progresivos y, por lo tanto, se perciben algo más tarde, como el desarrollo de la musculatura en los chicos y el ensanchamiento de las caderas en las chicas, por citar algunos ejemplos. En todos los casos, el inicio de la pubertad va asociado a la activación de una serie de hormonas, entre las que destaca la liberadora de gonadotropina. La producen unas neuronas del hipotálamo, una zona del cerebro implicada en diversas funciones, entre las que se incluyen no solo la producción de hormonas sino también la expresión fisiológica de las emociones y la regulación de la sed, la ingesta de alimentos, la temperatura corporal y el ritmo circadiano, entre otras. Y todo esto para decir de forma más sencilla que el inicio fisiológico de la pubertad se encuentra, por consiguiente, en el cerebro.

A su vez, la hormona liberadora de gonadotropina activa otras que dirigen los cambios morfológicos y fisiológicos de la pubertad. Entre ellas se pueden citar la hormona luteinizante, implicada en la regulación del ciclo menstrual femenino, y las hormonas gonadales, como los estrógenos y la testosterona, que activan una gran variedad de procesos fisiológicos que provocan los cambios puberales propios de cada sexo.

De forma paradójica, lo que todavía no se sabe a ciencia cierta es qué estimula la producción inicial de la hormona liberadora de gonadotropina, es decir, cuál es la causa inicial de la pubertad que conduce a la adolescencia. Según parece, no hay una causa única, sino que se debe a la suma sinérgica de varios factores de índole diversa, lo que enfatiza la importancia de abordar el tema de la adolescencia desde múltiples disciplinas académicas. Para empezar, hay factores metabólicos. Se ha visto que la pubertad se inicia cuando el cuerpo ha acumulado cierto nivel de reservas energéticas que le permiten realizar todos los cambios asociados a la adolescencia, incluyendo los retos de ir ganando progresivamente independencia de acción (lo que a su vez conlleva tener que aceptar un número creciente de retos y riesgos). Vendría a ser un factor «permisivo», es decir, que permite el paso de la niñez a la pubertad. Este factor explica por qué los cambios asociados a la pubertad se han avanzado ligeramente en muchas sociedades, dada la mejora de la alimentación y la sanidad, lo que provoca que este «umbral energético» se alcance antes. En este sentido, a lo largo de los últimos ciento sesenta años, la edad de la menarquia ha ido disminuyendo de forma progresiva, desde los dieciséis años de media en 1840 hasta algo menos de los trece años en el 2000 (figura 4).

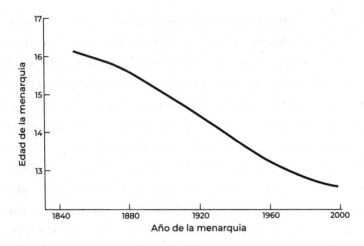

FIGURA 4. Disminución de la edad de menarquia desde mediados del siglo XIX.
Fuente: D. Bueno, *Neurociencia aplicada a la educación* (2019).

Pero no es el único factor permisivo. Se conocen también factores genéticos, como un gen que, de forma alegórica, se denomina *Kiss1* (*kiss* en inglés significa «beso»), que se activa al alcanzar cierta edad cronológica. Y también se han identificado factores psicosociales que incluyen no solo la dieta (que a su vez se relacionaría con el primer factor permisivo, el energético), sino también con la percepción social acerca de la propia adolescencia. Según diversos estudios, las sociedades que ensalzan los cánones de belleza adolescente, como sucede en las sociedades occidentales —por ejemplo, a través de la moda—, hacen que los cambios asociados a la pubertad se inicien un poco antes, por imitación prepuber.

No hay una edad típica para el inicio de la pubertad, aunque la preparación hormonal suele situarse antes de lo que mucha gente piensa, en torno a los seis u ocho años. A esa edad se activan las primeras hormonas asociadas con la pubertad, aunque los cambios morfológicos y de comportamiento no se iniciarán hasta unos años más tarde. Vendría a ser una fase preparatoria denominada «adrenarquia», en la que las glándulas que deben producir las hormonas asociadas a la pubertad comienzan a ensayar su funcionamiento. Los cambios puberales propiamente dichos se empiezan a hacer evidentes durante una etapa denominada «gonadarquia», que incluye la primera menstruación en las chicas y la primera eyaculación en los chicos. No hay una edad determinada, y aunque por lo habitual se produce algo antes en las chicas, hay mucha variabilidad, de los diez a los trece o catorce años.

A estas edades comienzan a producirse en la estructura cerebral los primeros cambios que inciden en el comportamiento. Para empezar, las hormonas que secreta el hipotálamo —del que ya hemos hablado y que retomaremos en el próximo capítulo— facilitan las conductas asociadas a la reproducción, inexistentes hasta ese momento. También empiezan a reorganizarse ciertas regiones del cerebro, como las áreas sensoriales, encargadas de interpretar la información que nos llega del exterior a través de los órganos de los sentidos, y las áreas de asociación, que permiten integrar toda esta información en una percepción única de la realidad (de todo ello hablaremos más adelante). Dicho de otra manera, cambia cómo se percibe y se interpreta el entorno. También se producen modificaciones en la amígdala, la zona del cerebro que genera las emociones, y en el hipocampo, cuya función es gestionar la memoria, lo que altera nuestras respuestas emocionales y nuestros recuerdos; en los circuitos de recompensa del cerebro, lo que incide en la motivación; y en la denominada corteza prefrontal, implicada en la capacidad de planificar, reflexionar, decidir y gestionar las emociones, entre otras funciones cognitivas. Dicho de otra manera, durante la pubertad no solo se inician cambios físicos y de conducta, sino que la percepción del mundo se ve muy alterada. Y con eso deben lidiar los adolescentes, que tienen una nueva concepción de sí mismos y del entorno que los adultos ya hemos integrado. Pero los adolescentes no. Por eso nos cuesta tanto entender a los adolescentes. Además, estos cambios cerebrales inciden de forma algo diferente en las chicas y en los chicos, lo que acentúa determinadas formas de comportamiento. Pero de todo ello hablaremos en los próximos capítulos. Sirvan estos párrafos como introducción a lo que vendrá después, a modo de aperitivo.

Solo como curiosidad, y para terminar este capítulo, a pesar de que la adolescencia tal y como la conocemos sea un proceso típicamente humano, también se producen procesos similares —aunque mucho más restringidos en el tiempo y en intensidad— en otras especies biológicas. Por ejemplo, se ha visto que los primates y los roedores, con quienes compartimos el 98 y el 95 por ciento de nuestro genoma respectivamente, también experimentan un breve periodo que, hasta cierto punto, se asemeja a una breve y liviana adolescencia humana. Esta gran similitud genética se debe a que los primates son nuestros hermanos evolutivos (de hecho, la especie humana también pertenece al grupo de los primates), y aunque a muchos tal vez les sorprenda, los roedores son nuestros primos evolutivos, la especie más cercana a nosotros detrás del resto de los primates. Pues bien, en los primates y en los roedores se ha visto que, durante el proceso de cambio de la infancia a la edad adulta, se produce un incremento en su deseo de socializar con otros individuos de su edad, un aumento de encontronazos con sus progenitores y una mayor predisposición a realizar actividades que les generen placer, a buscar novedades y a asumir riesgos innecesarios. Casi como en los adolescentes humanos, pero durante un periodo de tiempo más breve y con una intensidad muchísimo menor. La adolescencia como época de cambio está enraizada en la evolución, a través de metamorfosis reales en algunas especies y de cambios de comportamiento profundos en otras.

En resumen, la adolescencia es el periodo vital en el que las personas establecemos de forma consciente por primera vez el futuro de nuestra vida, y obedece a diversos porqués: la adquisición de competencias, de conocimientos y del empoderamiento necesario que permiten asumir las responsabilidades y los derechos de la vida adulta; la búsqueda de novedades, la implicación social, el aumento de la intensidad emocional y la experimentación creativa, imprescindibles para un buen desarrollo vital durante la adultez; y la búsqueda y la construcción de la propia identidad, que nos permita vivir según cómo pensamos y cómo sentimos. En definitiva, la adolescencia tal como la conocemos es lo que nos hace humanos. Y ahora viene la gran pregunta que seguramente se planteen todos los que tengan hijos adolescentes o los maestros y maestras que deben lidiar con ellos: ¿cuándo termina la adolescencia? Según parece, además de la necesaria maduración de todos estos sistemas biológicos del cerebro que hemos comentado, la terminación de los comportamientos asociados a la adolescencia tiene también elementos sociales y culturales: se considera que un adolescente deja de comportarse como tal —y por lo tanto ingresa en la juventud— cuando es reconocido y admitido como adulto en su comunidad por el resto de los adultos, incluidos, o en especial, sus progenitores, en igualdad de derechos y deberes con los demás. Y a veces nos resulta muy difícil hacerlo mientras siguen conviviendo con nosotros.

Resumen

La adolescencia es una época imprescindible de la vida humana, un periodo crítico de transición entre la infancia y la juventud, lo que la convierte en una oportunidad para mejorar las opciones vitales. Se encuentra enraizada en nuestra biología, en el hecho de ser seres humanos. Durante esta etapa —cuyos límites dependen de cada persona, de la cultura donde se desarrolle y de cómo tratemos o se sienta tratado ese individuo—, los adolescentes deben adquirir la consciencia necesaria si quieren convertirse en los directores de su vida. Para ello, deben generar visiones nuevas de sí mismos con las que se encuentren satisfechos, de forma flexible y adaptable dentro de su coherencia, por lo que tienen que experimentar situaciones e identificaciones nuevas y diversas. Los cambios de la adolescencia empiezan en la pubertad y terminan cuando los factores biológicos asociados a ellos han madurado lo suficiente, y su entorno los reconoce social y efectivamente como adultos en igualdad de derechos y responsabilidades.

2

Rebeldes con causa: cerebro, neuronas y genes para un cambio constante

Tras una noche fría y húmeda, el día empezó a despuntar. El sol, con sus rayos vivificadores, comenzó a iluminar la pradera, haciendo que se evaporasen los últimos restos de rocío. En el interior de sus hogares, los habitantes de la pradera empezaban a desperezarse y se agitaban con impaciencia. Sabían que no podían dejar la relativa comodidad que les proporcionaba su morada hasta que la temperatura exterior no fuese la adecuada, a riesgo de morir. Cuando llegó el momento, salieron a buscar comida con la que abastecer su despensa, como cada mañana. Andaban rápido gracias a sus seis patas, y agitaban las antenas para percibir los olores de la naturaleza. Poco a poco, todas las rastreadoras fueron abandonando el hormiguero.

Al principio, las diminutas hormigas se dispersaron por la pradera como las auténticas exploradoras que eran, encaminándose hacia donde les parecía percibir la presencia de algo comestible. Su intención era cubrir tanto terreno como fuese posible, hacia todas partes. Pero algunas tuvieron que dar media vuelta y desandar el camino al encontrarse con la orilla del riachuelo que cruzaba ese paraje. Eran incapaces de pasar al otro lado, por lo que la orilla opuesta les estaba vedada. Jamás sabrían lo que había allí, pero no les importaba demasiado. Se ceñían al vasto terreno que podían explorar, bajo la atenta mirada de las hormigas guardianas, que escudriñaban el horizonte por si acechaba algún peligro.

Cuando una de las rastreadoras encontraba comida, evaluaba la cantidad y la calidad de su hallazgo y regresaba presta al hormiguero dejando un rastro químico, una feromona, que indicaba el camino. Al percibir este característico olor, otras hormigas se sumaban a la comitiva, formándose una larga hilera de estos diligentes insectos, lo que les permitía transportar tanta comida como podían en el menor tiempo posible. Cuanta más comida hallaba la exploradora y cuanto mayor fuese su calidad nutritiva, más intenso era el rastro químico que dejaba tras de sí, lo que atraía a más y más hormigas para optimizar el proceso de transporte. La dispersión había dejado de ser aleatoria, y la mayoría se ceñía a su hilera, aunque siempre había algunas que continuaban explorando, por si descubrían un nuevo y exquisito manjar. La exploración no cejaba nunca. Les iba la supervivencia en ello.

Al anochecer, todas se encerraron de nuevo bajo tierra en busca del refugio y la comodidad que les proporcionaban los túneles y las estancias del hormiguero. Había llegado la hora del merecido descanso, que aprovecharían para terminar de ordenar toda la comida que habían recogido, para dejarla bien almacenada y dispuesta para cuando fuese menester. No se podían permitir el lujo de desperdi-

ciar nada, así que las horas de descanso eran tan importantes como las de actividad. A la mañana siguiente, cuando
el sol volvió a asomar por el horizonte, salieron de nuevo a
buscar más comida.

Las hormigas forman una familia de insectos sociales que
viven en colonias muy organizadas, estructuradas en castas
—hormigas obreras, soldados, reinas, etcétera—, cada una
con sus propias tareas especializadas. Sus sociedades se caracterizan por la división del trabajo y la gran comunicación
que se establece entre sus individuos, lo que les permite resolver problemas complejos de índole lógica y matemática para
coordinar sus acciones. Por ejemplo, son capaces de optimizar el flujo de entrada y salida de obreras en función del tamaño y la forma de la comida que trasladan, y de almacenarla de
la manera más compacta y accesible posible. Puede parecer
una tarea sencilla, pero encierra una gran complejidad. Muchos algoritmos matemáticos que se usan en ingeniería para
almacenar mercancías de forma y tamaño heterogéneo no
consiguen tanta eficiencia.

Aunque una colonia de hormigas esté formada por centenares o miles de individuos, a nivel global se comportan como
si fuesen un único superorganismo. Esta idea fue propuesta
inicialmente por el naturalista y entomólogo inglés Edward
O. Wilson. Fue el primero en describir el comportamiento
social de las hormigas y de otros insectos, y logró desentrañar
el lenguaje químico mediante el que estos insectos se comunican y construyen sus rutas de abastecimiento. También fundó
una nueva disciplina académica, la sociobiología, cuyo obje-

tivo es estudiar las bases biológicas del comportamiento social de los animales, incluidos los seres humanos.

Quizá te estés preguntando qué tienen que ver las hormigas con nuestro cerebro. En este capítulo hablaremos de cómo es y cómo funciona el cerebro, y de qué manera el ambiente influye en cómo se va formando y reformando el órgano que gestiona todos nuestros comportamientos. Es un proceso que se inicia antes de nacer y dura hasta el fin de nuestros días, pasando, como es lógico, por la adolescencia. Como veremos, la manera que tienen las neuronas de establecer conexiones nuevas y afianzar los aprendizajes y las experiencias es idéntica al episodio descrito en el relato con que hemos abierto este capítulo. Además, el cerebro también está estructurado en zonas con tareas específicas que se encuentran en comunicación constante entre ellas, pero sin la rigidez de las castas de estos insectos sociales. En cierto modo, las neuronas del cerebro funcionan como una sociedad de hormigas donde lo importante no es el trabajo de cada una de forma individual sino las tareas conjuntas, cómo coordinan sus acciones para colaborar por un objetivo común.

Como esos laboriosos artrópodos, las neuronas son células individuales muy coordinadas, lo que también permite que el cerebro resuelva nuevos problemas complejos. Del mismo modo que de noche las hormigas ordenan y reordenan todo lo que han recolectado de día, también nuestro cerebro, durante las horas de sueño, fija y consolida todo lo aprendido. Por cierto, solo como curiosidad, las hormigas también duermen, pero de forma distinta a como lo hacemos nosotros. Las reinas duermen unas noventa veces al día, pero solo seis minutos cada vez. Las obreras llegan a dormir hasta doscientas cincuenta veces, pero solo durante un minuto. Cuando duermen, las antenas —los órganos con los que perciben el entorno— les cuelgan flácidas, lo que equivale a cuando nosotros cerramos los ojos para echar una cabezada. Nuestro cerebro, sin embargo, no solo fija y consolida todo lo aprendido, como hacen las hormigas con toda la comida que han recolectado, sino que hace lo mismo con la forma como lo hemos aprendido. Esto es, incorpora en sus redes neuronales el estado emocional con que hemos vivido las experiencias diarias, lo que influirá, de un modo u otro, en nuestra vida mental futura. Y a todo ello también contribuyen los genes y los programas genéticos que permiten que las neuronas funcionen y establezcan conexiones nuevas, lo que de alguna manera influye en nuestros comportamientos. Pero no avancemos conocimientos, ya llegará el momento de desgranar estos aspectos que, como veremos, son clave durante la adolescencia.

LAS NEURONAS SON LAS «HORMIGAS» DEL CEREBRO: ESTABLECEN LAS CONEXIONES QUE GENERAN NUESTRA VIDA MENTAL

El cerebro está formado por distintos tipos de células, entre las que destacan las neuronas. Son las células cuya actividad genera la vida mental, y a través de ellas fluyen los pensamientos y se gestionan los comportamientos, surgen las emociones y se toman las decisiones, y se planifican y se resuelven los retos que nos propone la vida. Las demás células —que de forma genérica se denominan «de la glía»— tienen la función de dar soporte a las neuronas, protegerlas y cuidarlas, generando un ambiente propicio para la vida mental. En muchas zonas del cerebro hay más células de la glía que neuronas, por lo que en parte hace tiempo se propuso que «solo utilizamos el 10 por ciento del cerebro».

Esta frase, atribuida de forma apócrifa a muchos científicos famosos, incluido Albert Einstein, constituye uno de los neuromitos más extendidos. Los neuromitos son ideas no científicas sobre el cerebro que, a pesar de haberse demostrado ampliamente que son erróneas, se mantienen en la cultura popular, en foros de educación e incluso en la cultura médica. Por ejemplo, una encuesta realizada en 2019 en Alemania identificó que el 57 por ciento de los profesores de ciencias continúan pensando que esta afirmación es cierta. Otros de los neuromitos más extendidos y con repercusiones para comprender qué es y qué sucede durante la adolescencia son, por ejemplo, que el cerebro almacena la información en sitios determinados, como si fuese un gran archivador; que el hemisferio derecho es el creativo y el izquierdo, el lógico; que existen periodos críticos tras los cuales ya no se pueden aprender determinadas cosas; o que nuestra genética determina cómo aprendemos y la facilidad con que lo hacemos. Más adelante los iremos discutiendo todos. En el caso concreto del neuromito del «10 por ciento», usamos todo el cerebro, aunque solo vemos la actividad de las neuronas porque el resto de las células tienen otras funciones. Y no usamos todas las neuronas siempre, sino que en cada momento tenemos activas las que necesitamos para realizar la tarea en la que estamos involucrados.

Hablemos de las neuronas. Suelen ser alargadas, a veces

muy largas, capaces de cruzar el cerebro de una punta a otra. No todas son tan largas, por supuesto. Muchas miden menos de un milímetro de punta a punta. El cerebro humano está formado por muchos miles de millones de neuronas, entre 86.000 y 100.000 millones, pero la vida mental no depende del número exacto. Hay mucha variabilidad. Necesitamos, por supuesto, un número mínimo de neuronas para funcionar como seres humanos. Hay gusanos, por ejemplo, que a duras penas tienen algo más de ocho mil neuronas en su diminuto cerebro, como las llamadas «planarias», muchas de las cuales viven bajo las piedras, en los ríos. Pido disculpas por hablaros de estos gusanos, pero es que les tengo un gran aprecio; empecé mi carrera científica trabajando, entre otros temas, en la genética de su cerebro. Decía que el número exacto de neuronas no es relevante porque la vida mental —los pensamientos que tenemos y cómo los gestionamos— depende básicamente de las conexiones que establecen estas células entre sí. Nuestra vida mental es relacional. Como en un hormiguero.

Todas las neuronas están conectadas a otras. Algunas se conectan con unas pocas decenas, pero las hay que pueden llegar a establecer hasta mil conexiones. Imaginaos la complejidad de las redes neuronales que se pueden formar. Pero en ningún caso es un embrollo. De la misma manera que las hormigas de un hormiguero se coordinan y se comportan como un superorganismo, las neuronas del cerebro se mantienen conectadas, se intercambian información y actúan como una sola entidad, que somos nosotros. Hay quien dice que somos nuestro cerebro, pero somos mucho más que eso. Toda nuestra vida mental surge de las conexiones del cerebro, pero en interacción con el resto del cuerpo. Además, las conexiones que genera nuestra vida mental son plásticas y van cambiando con el tiempo. Se van estableciendo y restableciendo a medida que vamos acumulando experiencias. Por eso somos más que nuestro cerebro: también somos nuestro cuerpo y nuestro entorno, y cómo lo vivimos.

Se calcula que, en promedio, un cerebro humano adulto contiene unos doscientos billones de conexiones. Esto es, doscientos millones de millones de conexiones (200.000.000.000.000 o 2×10^{14}). Sin embargo, un cerebro cultivado y estimulado —no sobreestimulado, pues la sobreestimulación puede derivar en estrés y este, si se cronifica, se convierte en el enemigo número uno de las funciones cerebrales, como veremos más adelante—, un cerebro que piensa activamente y se divierte, que practica deporte y disfruta con los amigos, que aprende y planifica, que decide y ejecuta, etcétera, puede llegar a tener hasta mil billones de conexiones, lo que implica la posibilidad de disfrutar de una mayor vida mental. Y aquí debemos situar las diferencias más importantes entre un cerebro y otro. No está en el número de neuronas en sí mismo, sino en las conexiones que se establecen. Solo como curiosidad, se calcula que si se uniesen todas las conexiones de un cerebro humano para formar un solo hilo conductor, este superaría de largo los 150.000 kilómetros de longitud. Como comparación, según el Ministerio de Transportes, Movilidad y Agenda Urbana, la red de carreteras del Estado español tenía, a 31 de diciembre de 2018, 165.000 kilómetros. Tantos como las conexiones de un único cerebro humano.

El número de conexiones es relevante, pero también lo es qué áreas del cerebro se conectan de forma preferencial. No generará el mismo carácter un cerebro cuyas conexiones potencien, por ejemplo, respuestas y conductas basadas en el miedo, que otro que lo haga a través de la curiosidad, por mencionar dos de sus muchas posibilidades. Siguiendo con la comparación con una red de carreteras, no es lo mismo una red construida inicialmente de forma radial, como la española, que una red reticulada, como la de Alemania o la de los Países Bajos. La movilidad será, sin duda, diferente. Su construcción depende de la geografía y la historia, pero al mismo tiempo, una vez construida, condiciona las relaciones futuras, basadas en el transporte y la movilidad. De la misma manera, las conexiones neuronales dependen de los genes y las experiencias (la geografía y la historia, en esta comparación), lo que influye en el carácter y el comportamiento de la persona.

Pero ¿cómo se forman las conexiones neuronales? Además de la influencia genética, qué neuronas concretas acabarán conectadas depende en gran medida del ambiente en que se forma y vive esa persona, y de las experiencias y aprendizajes que se van a acumulando. Y lo hacen de manera similar a las hormigas. Ni más ni menos. Con el amanecer, empiezan a salir para ir a buscar comida. Inicialmente siguen un patrón de dispersión exploradora. Cuando las neuronas del cerebro reciben el impulso adecuado, comienzan a emitir prolongaciones —también de forma exploratoria—, buscando a qué otras neuronas conectarse. Este impulso procede, por un lado, de una serie de programas genéticos que estimulan la formación de conexiones en función de la etapa de desarrollo en que se encuentre esa persona —infancia, adolescencia, etcétera—, lo que permite que el cerebro madure de forma progresiva. Por otro lado, el simple hecho de utilizar las facultades mentales, de pensar y vivir experiencias y aprendizajes nuevos —es decir, de relacionarnos con nosotros mismos y con el entorno—, también estimula las neuronas implicadas en estas actividades para que realicen más conexiones. Por poner una comparación: igual que practicar un deporte fortalece la musculatura, utilizar el cerebro incrementa las conexiones neuronales y las fortalece. Pero no todas las neuronas pueden conectarse a cualquier otra neurona. Del mismo modo que las hormigas no pueden cruzar un río, también hay regiones del cerebro vedadas a neuronas de otras zonas. Estas zonas de exclusión aseguran que, en cada etapa vital, desde el desarrollo embrionario hasta la vejez, se conecten las zonas del cerebro necesarias para una buena maduración de las capacidades cognitivas y las funciones mentales.

Volvamos a las hormigas. Cuando una hormiga encuentra comida, evalúa la cantidad y la calidad nutritiva, y vuelve al hormiguero dejando un rastro químico cuya intensidad depende de la cantidad y la calidad de la comida que ha encontrado. Entonces, las demás lo detectan y se añaden a la comitiva, formándose las famosas hileras de estos insectos. Este sistema les permite optimizar el transporte de alimento hacia el hormiguero. De forma análoga, cuando la prolongación de una neurona encuentra el extremo de otra, intenta conectarse. Si la neurona encontrada no está activa, la ignora y busca otra, como la hormiga que no encuentra comida y sigue buscando. En cambio, si la neurona está activa, se establece una conexión temporal.

Sin embargo, para que esta conexión se consolide y se

mantenga en el tiempo, es necesario que resulte útil. Vendría a ser el equivalente a la evaluación que hacen las hormigas sobre la cantidad y la calidad de la comida que han encontrado. El hecho de ensayar la utilidad de las conexiones neuronales implica que un cerebro convenientemente estimulado, con más neuronas activas y que se sienta de algún modo recompensado por sus actividades, acabará desarrollando más conexiones que otro que no reciba suficiente estimulación. Y, según como sea esta estimulación, se priorizarán conexiones entre unas u otras zonas del cerebro. Dicho de otro modo, una estimulación basada, por ejemplo, en el miedo a un supuesto castigo o a hacer el ridículo favorecerá unas conexiones algo diferentes a una estimulación basada en la confianza mutua y en la curiosidad. Por citar un ejemplo, se ha demostrado que una educación demasiado estricta —esto es, cuando las normas se imponen de manera no razonada ni razonable y las amonestaciones y los castigos por infringirlas son demasiado severos, en el sentido de que no van acompañados de una implicación emocional positiva por parte de los progenitores— genera en los niños y las niñas sensaciones de indefensión y de falta de protección. Y este hecho hace que se alteren las conexiones neuronales de dos zonas muy concretas del cerebro: la amígdala, donde se generan las emociones; y la corteza prefrontal, donde se gestionan las emociones y se genera el pensamiento reflexivo. Estas alteraciones favorecen una mayor inseguridad y rebeldía cuando llegan a la adolescencia. También hacen que disminuyan la autoestima y la capacidad de gestionar el estrés, y que se incrementen la ansiedad, la impulsividad y la tendencia a la depresión.

Este es un tema fundamental para entender el cerebro de los adolescentes. Todas las conexiones neuronales que se han ido generando durante la infancia a través de los aprendizajes que se han realizado y de las experiencias que se han vivido —y de cómo se han realizado estos aprendizajes y se han vivido dichas experiencias (esto es, el estado emocional)— influirán en su adolescencia, en cómo se desarrollan y la viven mediante las respuestas conductuales y los pensamientos que vayan generando. Recuerdo una situación que nos sucedió un verano cuando pasamos las vacaciones de acampada en distintos parques naturales de Estados Unidos. Cierta mañana nos levantamos algo más tarde de lo que queríamos, y emprendimos la marcha por un sendero con cierto retraso sobre el horario previsto. Cuando llevábamos un rato andando, no demasiado, encontramos un letrero que advertía de la presencia de pumas por la zona. Los pumas no suelen ser una amenaza para los adultos, pero sí para los niños si se alejan de los adultos. En esa época, nuestros hijos tenían cinco y siete años. El menor nos pidió regresar un momento al coche, con cara de misterio. Íbamos con retraso, pero le hicimos caso y regresamos con él, para ver qué le estaba pasando por la cabeza. Al llegar, nos pidió que abriésemos su puerta del coche, se metió dentro y, al cabo de un par de minutos, volvió a salir con un silbato en la mano. Entonces recordamos que, semanas atrás, estando en casa mientras preparábamos el viaje, les advertimos que en algunos de los parques naturales que íbamos a visitar no se podían alejar de nosotros porque había pumas y osos. Estuvimos leyendo con ellos que la mejor manera de ahuyentar a un puma es hacer sonar con fuerza un silbato. Sin decir nada, había cogido un silbato de casa y lo había guardado entre sus pertenencias. Salió orgulloso del coche: «*Espantaré els pumes, si vénen, amb el meu xiulet*» («Si vienen los pumas, los asustaré con mi silbato»), nos dijo lleno de seguridad y confianza. Su autonomía y su confianza no han hecho más que aumentar desde entonces. La adolescencia es sin duda una etapa crucial de la vida de las personas, pero su desarrollo y su maduración, y con ellos sus posibles finales, se empiezan a fraguar desde la primera infancia.

Volvamos a las neuronas. ¿Qué se entiende por «utilidad» en las conexiones que establecen? Pongamos por caso las neuronas motoras, cuya función es controlar los movimientos voluntarios del cuerpo. Para ellas, la utilidad de las conexiones que establecen implica que se puedan realizar movimientos apropiados para la actividad normal de la persona, como por ejemplo caminar sin tropezarnos con la otra pierna. Por eso, a medida que las niñas y los niños aprenden a caminar, se van fijando las conexiones que les permiten hacerlo de forma estable. Pues bien, a nivel cognitivo se ha visto que, en cualquier aprendizaje o experiencia, lo que el cerebro valora como más útil es la percepción de que lo aprendido es reconocido y valorado por quienes forman parte de su entorno. El sentimiento de recompensa social que genera la aceptación de los demás —y la recompensa intrínseca que se puede generar al percibir de forma personal el interés vital de lo aprendido— es lo que el cerebro valora como más útil. Y también considera especialmente ventajoso cualquier aprendizaje con implicaciones emocionales. Estas valoraciones de utilidad hacen que las conexiones neuronales se consoliden y se mantengan.

Así, poco a poco, a lo largo de toda la vida, el cerebro va haciendo y rehaciendo sus conexiones y redes neuronales, y, con ellas, su vida mental. El pasado influye en cómo percibimos el presente del mismo modo que las experiencias del presente inciden en cómo nos vamos a relacionar con nosotros mismos, con los demás y con el entorno en el futuro. Lo mismo les sucede a los adolescentes: su infancia les influye, del mismo modo que la forma como se desarrolle su adolescencia repercutirá en ellos cuando lleguen a la edad adulta. Vivir en un ambiente que valora la inmediatez y la impulsividad, por ejemplo, formará personas más impulsivas y, por oposición, menos reflexivas, dado que las conexiones neuronales que se considerarán más «útiles» en ese entorno serán las que estimulen estos comportamientos. De ahí que la adolescencia sea una segunda oportunidad para generar conexiones neuronales eficientes para la vida adulta, y hay que aprovecharla desde el primer instante.

¿Cómo la podemos aprovechar? Muy sencillo. Siguiendo con el ejemplo anterior, de la misma manera que una persona debe ejercitar sus músculos para potenciarlos, si queremos que nuestros hijos o nuestros alumnos adolescentes sean capaces de razonar cuando cometen un error o se han comportado de forma inadecuada, debemos generar un ambiente proclive al razonamiento, es decir, alejado del estrés y en el que haya confianza mutua. Pero no nos preocupemos demasiado por estos temas. Los desarrollaremos con mayor profundidad en los siguientes capítulos, cuando nos adentremos en el hormigueante cerebro de los adolescentes.

Cómo se organiza el cerebro (o cómo lo hacen tantas conexiones para saber quién manda)

Una vez conectadas, las neuronas ya pueden transmitir información. Cuando una neurona envía un mensaje a otra, primero genera una pequeña corriente eléctrica, pero en muchas ocasiones este impulso nervioso no puede pasar a la siguiente neurona porque hay una separación física entre ambas. Para cruzar este espacio, la zona terminal libera unas moléculas químicas denominadas «neurotransmisores». Hay más de media docena de neurotransmisores diferentes, cada uno especializado en un tipo de mensaje, en función también de las zonas del cerebro que están activas y en combinación con otros neurotransmisores. Veamos un par de ejemplos que serán muy relevantes durante la adolescencia.

La dopamina es un neurotransmisor implicado en la atención y la capacidad de resolver problemas, en las sensaciones de motivación, recompensa y placer, en la búsqueda de novedades y en el optimismo, entre otras funciones. Esto implica que, en el cerebro, todos estos estados mentales se encuentran relacionados. Por eso, estimular uno incide en los demás: la motivación genera placer, del mismo modo que el placer crea optimismo, el optimismo contribuye a que encontremos mejores maneras de resolver los problemas, etcétera. De igual forma, mutilar uno de estos aspectos puede repercutir en los otros: desmotivar suprime el bienestar y eso afecta al optimismo, a la capacidad de buscar novedades y resolver problemas, etcétera.

Por citar otro ejemplo de neurotransmisor del que también hablaremos más adelante por su implicación con algunos comportamientos de los adolescentes, la serotonina influye en el estado de ánimo, el bienestar y el humor. El estado de ánimo es una actitud o disposición en la vida emocional de duración prolongada que influye en el resto de los aspectos cognitivos y mentales. Por eso las personas que muestran un estado de ánimo positivo suelen manifestar más satisfacción, bienestar y felicidad. La serotonina relaciona todos estos aspectos dentro del cerebro. Del mismo modo, un estado de ánimo negativo suele ir asociado a insatisfacción, malestar, tristeza e incluso depresión. No quiero extenderme más en los neurotransmisores; lo haré cuando haga falta citar casos concretos.

Veamos unas pinceladas de la anatomía del cerebro, las que se relacionan directamente con los cambios en la adolescencia. Para empezar, el cerebro está formado por dos hemisferios unidos entre sí por un grueso haz de fibras nerviosas denominado «cuerpo calloso». Su superficie está llena de surcos, lo que en conjunto le da un aspecto parecido a una nuez. Todas las estructuras del cerebro están duplicadas, ya que se encuentran en ambos hemisferios, excepto una, la glándula pineal, una glándula endocrina que produce diversas hormonas, entre las que destaca la melatonina, implicada en la conciliación del sueño. Todas las demás estructuras están duplicadas, aunque, por convenio, siempre que se habla de ellas se hace en singular. Por ejemplo, tenemos dos amígdalas encargadas de generar las emociones, una en el hemisferio derecho y otra en el izquierdo, pero cuando se habla de estas zonas se hace siempre en singular, la amígdala.

El hecho de que ambos hemisferios tengan las mismas regiones y estructuras hace que ambos contribuyan a todas las funciones mentales. No es cierto, como se había dicho en algunos foros, que el hemisferio derecho sea el creativo y el izquierdo el lógico. Este es otro de los neuromitos más extendidos. Ambos hemisferios son lógicos y también creativos. De hecho, se comunican de forma constante para coordinar sus actividades en cualquier aspecto de nuestra vida mental, a través del grueso haz nervioso que los une: el cuerpo calloso. Esto no quita que haya cierta especialización hemisférica, lo que significa que en algunas tareas se activa un poco más un hemisferio cerebral que otro. Pero estas diferencias dependen en gran medida de cada persona y de cómo se haya desarrollado su cerebro. Por ejemplo, se dice que el lenguaje hablado presenta cierta lateralización. En el 90 por ciento de las personas diestras, el hemisferio izquierdo se activa con más intensidad cuando hablamos o escuchamos a alguien, pero en el 10 por ciento restante se activan ambos hemisferios por igual o incluso algo más el derecho. En las personas zurdas, en cambio, al 50 por ciento se les activa más el hemisferio derecho, pero al otro 50 por ciento se les activan ambos por igual o incluso un poco más el izquierdo. Lo mismo sucede en otros casos, pero las diferencias son mucho más sutiles de lo que a menudo se dice. Cada cerebro tiene aspectos únicos. Tenlo presente a medida que avances en la lectura de este libro. Del mismo modo que no hay dos cerebros exactamente iguales, tampoco hay recetas únicas para entender y relacionarnos con los adolescentes. Para mí, lo más importante son las reflexiones personales de cada uno. Las recetas solo nos permiten repetir una vez y otra la misma tarea. Las reflexiones posibilitan que nos adaptemos a cada situación. El cerebro de los adolescentes no deja de cambiar, así que vamos a necesitar una dosis inmensa de capacidad de adaptación.

El cerebro está estructurado en zonas especializadas en distintos procesos mentales, aunque todas se hallan interconectadas. De manera muy básica podemos distinguir la corteza, que se encuentra en el exterior, y el sistema límbico, en el interior. Por supuesto, se trata de una simplificación, por lo que si este libro cae en manos de un experto en el tema espero que muestre la indulgencia necesaria. Pero estas son las dos zonas generales más relevantes para entender la idiosincrasia del cerebro adolescente.

Empecemos por la corteza cerebral. Está formada por una serie de capas de neuronas cuya función es generar y gestionar los comportamientos más complejos y elaborados (figura 5). Tiene regiones implicadas en el lenguaje, en el procesa-

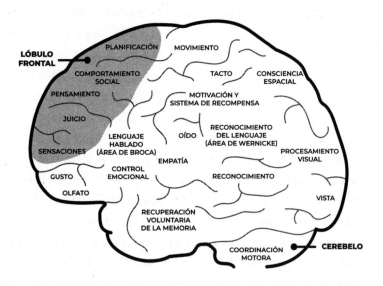

Figura 5. Algunas de las principales áreas de la corteza cerebral según las actividades que gestionan. Se destaca el lóbulo frontal, sede de las funciones ejecutivas. Fuente: Modificada de D. Bueno (2019).

miento y la integración de las percepciones, en el control de los movimientos, en la empatía, etcétera. Todas van madurando de forma progresiva durante la infancia y la adolescencia, guiadas por determinados programas genéticos y por interacción con el ambiente, a través de las experiencias de cada persona.

Para el propósito de este libro cabe destacar el lóbulo frontal, que contiene la denominada «corteza prefrontal». Se encuentra en la parte más anterior del cerebro, justo detrás de la frente. Gestiona una serie de procesos cognitivos que maduran durante la adolescencia y que son imprescindibles para el control de la conducta: las denominadas «funciones ejecutivas». Incluyen actividades mentales básicas como el control atencional, la gestión emocional, la memoria de trabajo, la flexibilidad cognitiva, la capacidad de planificación, el razonamiento y la metacognición, entre otras. Viene a ser como el centro de control del cerebro, cuya función es seleccionar y controlar con éxito las conductas que facilitan el logro de los objetivos escogidos. Veamos qué implica cada una de estas capacidades.

El control atencional es la capacidad de centrar voluntariamente la atención sobre un objetivo, objeto o actividad, dejando de lado todo aquello que pueda interferir. La gestión emocional, a su vez, que también se denomina «control inhibitorio» o «de inhibición de la conducta», permite interrumpir y reconducir las respuestas o las conductas automatizadas que se han generado de forma impulsiva y preconsciente, como es el caso de las emociones. En breve hablaremos de ellas, en el siguiente apartado, dada su gran importancia para la vida mental y la maduración de los adolescentes.

Con respecto a la memoria de trabajo, o memoria a corto plazo, es el sistema cognitivo que permite mantener y gestionar información «en vivo y en directo». Dicho de otra manera, permite barajar diversos ítems para categorizarlos, ordenarlos, priorizarlos, buscar semejanzas y diferencias, etcétera. Es un sistema imprescindible para reflexionar, razonar, planificar y valorar argumentos en la toma de decisiones, y a su vez se nutre también del control atencional. Como se ha dicho, en el cerebro todas las actividades se relacionan entre sí de una manera u otra.

Por último, la flexibilidad cognitiva es la capacidad mental que posibilita cambiar de pensamiento respecto a dos conceptos diferentes, y que también permite pensar en múltiples conceptos a la vez, lo que a su vez la relaciona con la memoria de trabajo, la planificación, la reflexión y la toma dinámica de decisiones. En resumen, las funciones ejecutivas favorecen el desarrollo de lo que se conoce como «inteligencia fluida», la capacidad de resolver problemas novedosos mediante el análisis de las situaciones y el razonamiento lógico, y de relacionar y extrapolar conceptos aparentemente no vinculados, aspecto que a su vez se relaciona con la creatividad. La creatividad, que vive un momento muy interesante durante la adolescencia, se puede definir como la capacidad de relacionar elementos que en apariencia no están vinculados. Por consiguiente, uno de los muchos puntos interesantes de la adolescencia es la potenciación de la capacidad creativa.

¿Cómo la podemos potenciar? No mutilándola. Por supuesto, hay maneras de potenciarla, como a través del arte, la música y las simples discusiones, entendidas como la capacidad de razonar a través de argumentos. Tal vez recuerdes o hayas oído hablar de «Los grandes inventos del TBO, por el profesor Franz de Copenhague». Era una sección fija de una revista gráfica para niños y adolescentes llamada *TBO* (cuyo nombre generó la denominación «tebeo» para designar a este tipo de revistas). Pues bien, las combinaciones de objetos y procesos que hacía este profesor ficticio eran un buen ejemplo de creatividad. Yo lo aproveché a mediados de la década de 1990, antes de entrar como profesor en la universidad, mientras estuve dando clases de ciencias a alumnos de doce a catorce años en un centro educativo de Barcelona. En los exámenes siempre ponía «la pregunta del once». Había diez preguntas, que valían un punto cada una, y una pregunta «extra» en la que les pedía que imaginasen y dibujasen un «invento» que aprovechase alguno de los temas que habíamos estudiado. Se trataba de estimular su creatividad y de generar un momento de mayor motivación y placer durante el examen. Pero, como decía, muchas veces, sin darnos cuenta, la podemos mutilar. Cuando un adolescente nos suelta una idea que para nosotros es descabellada quizá sea porque su cerebro ha hecho alguna conexión nueva e inesperada. Por supuesto, si la idea es descabellada, debemos ayudarle a reflexionar, pero si directamente lo ridiculizamos o amonestamos, la sensación que se llevará su cerebro será que «hacer conexiones nuevas no sirve de mucho, así que mejor no hacerlas». De ese modo, estaremos contribuyendo a mutilar su creatividad.

Llevado a un terreno práctico, las funciones ejecutivas incluyen las capacidades cognitivas que nos permiten planificar opciones y futuros alternativos, también, de forma novedosa y creativa, generar pensamiento crítico y reflexivo para buscar los pros y los contras de las opciones que hemos generado, tomar decisiones basadas en estas reflexiones, ajustar nuestro comportamiento para alcanzar los objetivos que nos hemos marcado —lo que implica gestionar los estados emocionales— y ser capaces de pasar de unas opciones a otras de manera dinámica según se vayan desarrollando los sucesos y veamos los resultados obtenidos. Dicho de otra manera, el control de las funciones ejecutivas permite que una persona no se limite a ser solo la protagonista de su propia vida, sino que también sea la directora, como enfatizaba en el capítulo anterior. La maduración de estos procesos se hace muy evidente durante la adolescencia. Pero no lo desvelaré ahora. Será el tema de los próximos capítulos, cuando profundicemos en el cerebro adolescente.

Las funciones ejecutivas maduran progresivamente con la edad, y el punto de inflexión se encuentra justo en la adolescencia. Favorecer que las personas alcancen la juventud y la adultez con unas funciones ejecutivas consolidadas debería ser el objetivo primordial de todas las familias y de cualquier sistema social y educativo que promueva la formación de personas transformadoras, proactivas y empoderadas consigo mismas y con la sociedad. Ahora bien, ¿cómo podemos favorecer que los adolescentes incrementen y maduren estas capacidades? «Simplemente» dejando que las usen y favoreciendo que lo hagan. De la misma manera que un culturista, para potenciar sus músculos, no tiene suficiente ingiriendo alimentos con un alto contenido proteico, sino que debe ejercitarse, cada vez que usamos estas funciones cognitivas el cerebro construye nuevas conexiones neuronales y consolida las que ya tenía, lo que aumenta la eficiencia de estos procesos. En caso contrario, un ambiente familiar, social o educativo que limite la capacidad de tomar decisiones de sus miembros contribuye a generar personas con menos capacidad para tomar decisiones, dado que no habrán potenciado del todo algunas de las conexiones neuronales implicadas. Del mismo modo, un ambiente que limite o penalice la crítica y la diversidad de opiniones contribuye a generar personas con menor capacidad reflexiva. Llevado a la práctica, cada vez que dejamos que nuestros hijos o nuestros alumnos adolescentes tomen sus propias decisiones y les estimulamos a reflexionar sobre ellas, estamos ayudando a consolidar sus funciones ejecutivas.

¿QUÉ SON Y DÓNDE SE GENERAN LAS EMOCIONES?
¿QUÉ CONSECUENCIAS PUEDEN TENER LA FALTA DE APOYO
EMOCIONAL Y LOS SENTIMIENTOS DE SOLEDAD?

Hablemos ahora de la segunda gran zona del cerebro que tiene relación con los cambios principales que se producen durante la adolescencia: el sistema límbico. Está formado por varias estructuras que se sitúan en el interior de este órgano. Pero no por ello son menos importantes. Destaquemos cinco estructuras específicas: el hipocampo, el hipotálamo, el tálamo, el cuerpo estriado —también conocido como núcleo estriado o solo estriado— y la amígdala (figura 6).

El hipocampo colabora en la gestión de la memoria. Contribuye a fijar las experiencias vitales que nutren nuestra men-

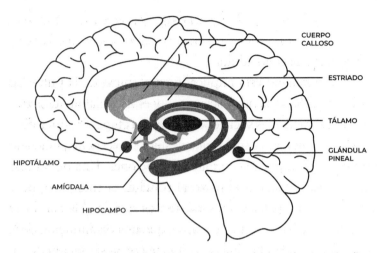

Figura 6. Estructura general del sistema límbico. Se destacan las áreas implicadas en la memoria (hipocampo), la atención (tálamo) y la generación de emociones (amígdala) y de sensaciones de recompensa (estriado), además de otras zonas mencionadas en este capítulo (el cuerpo calloso, el hipotálamo y la glándula pineal). Fuente: Modificada de D. Bueno (2019).

te, las cuales sirven de base para generar las reflexiones que, a su vez, nos permiten tomar decisiones basadas en experiencias previas. La memoria no reside en el hipocampo; se sustenta en conexiones neuronales que se encuentran por todo el cerebro. El hipocampo vendría a ser el equivalente a la lista de favoritos de un buscador de internet. Registra dónde se encuentran las distintas memorias y va activando las redes neurales que las sustentan cuando las queremos recuperar de forma consciente o, lo que es más habitual, para permitir que las usemos de forma preconsciente. El hipocampo también madura con la edad, pero lo hace antes de alcanzar la adolescencia, durante la segunda infancia y la preadolescencia, como veremos en el próximo capítulo. Lo importante para entender el cerebro adolescente es que va registrando todas tus experiencias y las combina con las de tu infancia para proyectarlas hacia la edad adulta.

El hipotálamo está implicado en el inicio de la pubertad —la antesala de la adolescencia— y es especialmente activo en las interacciones sociales durante esta etapa. Produce diferentes hormonas, entre las que destaca la oxitocina, una neurohormona implicada en muchas funciones. Una de las más conocidas es facilitar el parto al concluir el embarazo, pero también modula los comportamientos sociales y la conducta parental. Se ha visto, por ejemplo, que una disminución de la producción de oxitocina se relaciona con la sensación de soledad y con una mayor predisposición a responder de forma exagerada ante situaciones sociales negativas, a la ansiedad y al consumo de sustancias tóxicas, como alcohol y otras drogas. Es importante que los adolescentes se relacionen con sus iguales y salgan y realicen actividades juntos, pues eso incrementa la producción de oxitocina, lo que favorece que se sientan acompañados, disminuye su ansiedad y evita la posibilidad de que se inicien en el consumo de drogas. En los siguientes capítulos retomaremos todos estos temas con más ejemplos concretos y con reflexiones para interpretar los comportamientos de los adolescentes.

El tálamo es el centro de la atención y marca el umbral de consciencia. Cualquier situación que requiera de nuestra atención activa el tálamo, y eso hace que nos fijemos en ella. Por este motivo solemos prestar más atención a las novedades que a las situaciones habituales, en especial si son neutras. Si una situación encierra algún tipo de peligro o, todo lo contrario, promueve alguna oportunidad, el tálamo lo detecta y se activa según experiencias previas, para «llamar nuestra atención» sobre ese objeto o suceso. Por consiguiente, el tálamo y el hipocampo, sede gestora de la memoria, se relacionan de forma constante.

El tálamo y el hipocampo se relacionan asimismo con el estriado, implicado en las sensaciones de recompensa; el estriado nutre de estas sensaciones los procesos mentales de planificación y toma de decisiones. Dicho de otra manera, incorpora a todas nuestras actividades valores subjetivos basados en la satisfacción personal. Por eso solemos sentirnos más felices cuando tomamos decisiones y planificamos el futuro que cuando se nos impone algún curso de acción. Aunque no siempre es así: si hemos tenido experiencias previas, en el seno familiar o durante la etapa educativa, en que se nos penalizaba por tomar decisiones, quizá asociemos la libertad de decidir por nosotros mismos con el temor. Es algo con lo que me encuentro de vez en cuando en las tutorías que realizo en la universidad. Desde hace una docena de años soy tutor de un grupo de treinta alumnos del grado de Biología. Los sigo durante cuatro años, desde que ingresan en la facultad hasta que terminan los estudios, y entonces reinicio el proceso con otro grupo. La mayoría no me necesitan, pero algunos muestran auténticas dificultades para tomar decisiones y se sienten abrumados por sus propias reflexiones. Por este motivo, la etapa infantil resulta clave para definir el paso a la adolescencia; las experiencias adquiridas condicionan cómo interpretamos las situaciones futuras.

Además, el estriado, junto con el tálamo, forma parte de los circuitos de motivación, los cuales utilizan como neurotransmisor básico la dopamina, que como hemos dicho en un apartado anterior sirve tanto para el placer como para la motivación, las sensaciones de recompensa y el optimismo que nutren los procesos de reflexión y de toma de decisiones. Dicho de otra manera, las funciones ejecutivas —las más complejas que genera nuestro cerebro— y las que proceden del sistema límbico —las más automatizadas y primitivas— interactúan entre sí de forma indisociable. No quiero extenderme más en estas cuestiones, ya que hablaremos mucho de motivación cuando nos adentremos en las particularidades del cerebro adolescente. Como he dicho en un párrafo anterior en relación con las funciones ejecutivas, sirvan estas explicaciones de base para interpretar y reinterpretar por qué los adolescentes son como son y hacen lo que hacen.

Por último, la amígdala es el centro que genera las emociones, y se activa de forma muy intensa ante situaciones que implican una amenaza. Así es, tal cual. De manera tradicional, las emociones se han asociado al corazón, pero se originan en el cerebro. Lo que sucede es que el corazón es uno de los primeros órganos del cuerpo que responde a los cambios emocionales alterando sus latidos, y por eso las notamos ahí. Pero los estados emocionales se generan en el cerebro. A nivel neuronal, las emociones son patrones de reacción preconscientes que se ponen en marcha cuando debemos responder de manera rápida a cualquier situación, tanto si es externa —por ejemplo, una amenaza o una sorpresa— como si es interna —por ejemplo, un pensamiento que nos perturbe o nos alegre—. Esta es su función biológica, dar respuestas rápidas ante situaciones que lo requieran, puesto que las respuestas reflexivas son más lentas y, en determinadas circunstancias, no llegarían a tiempo. Por eso las emociones son, de origen, impulsivas, pero una vez generadas las podemos racionalizar y reconducir mediante las funciones ejecutivas.

Hay muchas emociones diferentes, todas vinculadas a la supervivencia. Por ejemplo, el miedo es una emoción crucial. Ante una situación de amenaza o peligro, en especial si es inminente, se activa la amígdala y genera la emoción de miedo, que hace que tendamos de forma impulsiva a huir o a escondernos. Por otra parte, una amenaza puede generar la emoción de ira, que nos lleva a la agresividad defensiva. Por estos motivos, si se quiere disminuir o anular la capacidad reflexiva de las personas, una de las estrategias sociológicas más utilizadas es generar sensación de peligro inminente y constante, de inmediatez a la que hay que dar respuesta de manera urgente. El miedo y la ira son, dicho sea de paso, los principales enemigos de la educación crítica y reflexiva, ya que disminuyen estas capacidades cognitivas. Por eso es crucial generar un ambiente de confianza con los adolescentes, alejado del miedo.

¿Por qué cuento todo esto? Igual que los aprendizajes y las experiencias que vivimos van quedando registrados en conexiones neuronales, también las respuestas emocionales incrementan el número de conexiones y su fluidez. Los aprendizajes emocionales y la capacidad de gestionar las emociones a través de las funciones ejecutivas contribuyen de manera decisiva a la construcción y reconstrucción del cerebro a través de la plasticidad neuronal. Decía al principio de este capítulo que el número de conexiones neuronales es importante para enriquecer la vida mental, pero enfatizaba la importancia de qué zonas se acaban comunicando preferencialmente. No es igual la vida mental de una persona acostumbrada a reaccionar con miedo o con la ira que una que lo hace a través de la curiosidad. Las conexiones emocionales hibridan con todas las demás que se generan ante cualquier experiencia, de forma que condicionan cómo nos percibimos y cómo nos relacionamos con el entorno y con los demás. Determinan cómo los adolescentes se perciben a sí mismos y cómo se relacionan con su entorno, y, en consecuencia, cómo construyen su vida futura. Dicho de otra manera, el estado emocional es el elemento diferenciador fundamental durante el crecimiento y la maduración de las personas, en especial durante la infancia y la adolescencia. Por eso es crucial velar por la salud emocional de los niños y los adolescentes.

El miedo y la ira no son las únicas emociones, por supuesto. Hay otras igual de básicas como la alegría y la sorpresa. La alegría es la emoción que transmite confianza en uno mismo y en los demás, y la autoconfianza es necesaria para planificar, reflexionar y tomar decisiones. La alegría, además, se relaciona, como ya hemos dicho, con la dopamina, por tanto con la motivación y el optimismo, un cóctel energizante muy potente y sin duda provechoso que desgranaremos más adelante, en otros capítulos. Como aperitivo, podemos pensar un momento en nosotros. ¿Qué nos hace más felices, realizar una tarea que nos motiva, aunque al final no nos salga demasiado bien, o hacer una tarea por obligación por muy exitosa que sea al final? ¿Y en quién nos resulta más fácil depositar nuestra confianza, en una persona que se muestra bastante alegre o en una que está enfadada? Pues lo mismo les sucede a los adolescentes.

En cuanto a la sorpresa, cuando se desencadena activa rápidamente el tálamo que, como hemos dicho, es el centro de la atención. También se relaciona con la motivación y con los sentimientos de recompensa que se generan en el cuerpo estriado. La sorpresa es una de las emociones primarias que hay que potenciar y autopotenciar para ser más críticos y reflexivos, dado que estimula el cerebro a continuar analizando la situación que la ha generado. Y para ello necesitamos confiar, prestar atención y tener la motivación necesaria. En el cerebro, todo está relacionado. Como veremos en los próximos capítulos, estos son también los puntos clave en la maduración del cerebro de los adolescentes.

La educación interactiva será fundamental en este proceso. A través de las experiencias que tienen y de cómo les ayudamos a vivirlas, las niñas y los niños construyen lo que va a ser el inicio de la adolescencia. De la misma manera, las experiencias de los adolescentes, cómo las viven y qué modelos tienen para imitar, serán clave en la construcción de la adultez. También algunas especies de hormigas, los insectos que he utilizado para introducir este capítulo, educan interactivamente a sus miembros más jóvenes. Por ejemplo, en las hormigas rocosas europeas, que construyen sus hormigueros en grietas, las recolectoras experimentadas conducen a sus compañeras inexpertas hasta las fuentes de alimento. La hormiga alumna aprende de su tutora, y esta se adapta de forma flexible a los progresos de la primera. Cuando la hormiga alumna se queda atrás, la tutora va más lenta, y acelera cuando se le acerca demasiado para estimularla a seguir avanzando. Estímulo y apoyo.

Esta debería ser la esencia de la educación y las relaciones paternofiliales. Se ha visto, por ejemplo, que los menores que no reciben estímulos ni apoyo emocional de sus padres

—esto es, que su entorno no juega con ellos, no les habla e incluso, en casos extremos, ni siquiera los mira o incluso los maltrata— generan menos neuronas y conexiones neuronales que los que reciben estímulos y se sienten recompensados en lo emocional. Esto hace que su corteza cerebral pueda llegar a ser hasta un tercio más delgada de lo que hubiese sido de recibir estímulo y apoyo emocional, lo que sin duda repercute de manera negativa en sus funciones ejecutivas y en la capacidad de ir almacenando las experiencias vitales de forma eficiente. Repercute, en definitiva, en su futuro. Por supuesto, es un caso extremo, pero extrapolémoslo a situaciones parciales en familias en las que, por ejemplo, los hijos son vistos como un estorbo para su estilo de vida, sea cual sea, o para sus aspiraciones profesionales. Y también aquellas en las que se les presiona demasiado, por ejemplo, en los estudios, sin que haya un soporte emocional adecuado. En todos estos casos, los efectos sobre la construcción del cerebro serán parciales, no tan exagerados, pero ahí estarán. Para que nos hagamos una idea, según un estudio realizado por la Asociación Americana de Psicología en 2010, se calcula que el 20 por ciento de las familias puede encontrarse dentro de algunas de estas categorías sin saberlo.

El sentimiento de soledad y desprotección emocional durante la infancia y la adolescencia puede tener consecuencias negativas para la construcción de la personalidad, ya que puede afectar mucho a la construcción del cerebro. Recuerdo la primera vez que vi la famosa película de 1955 protagonizada por James Dean y Natalie Wood *Rebelde sin causa*, un clásico del séptimo arte, cuando era adolescente: el miedo y las incertidumbres de los protagonistas al hacerse mayores, la desconfianza y las incertidumbres de los padres al ver cómo sus hijos se hacían mayores, la incomprensión mutua y, en especial, la sensación de soledad que les embargaba a todos. Tal vez en ese momento decidí que me negaba a vivir con miedo, y que si algún día tenía hijos, como así ha sido, estaría a su lado apoyándolos en sus decisiones; no para tomarlas por ellos, sino para evitar que tanto ellos como yo nos sintiésemos solos. Aunque tal vez el filme sobre adolescentes que más me ha impactado e influido sea *La ley de la calle* (*Rumble Fish*), de Francis Ford Coppola, estrenado en 1983, un retrato desgarrador de las personas que evitan, e incluso temen, dirigir su propia vida.

La sensación de soledad, cuyo origen es casi siempre emocional, es un problema social importante. Se define como una vivencia subjetiva de falta de conexión con los demás, ya sea en cuanto a la cantidad de relaciones sociales como en lo relativo a la calidad de estas. Según estudios realizados en Estados Unidos y en diversos países europeos durante la última década, se calcula que entre un 21 y un 70 por ciento de los adolescentes se sienten solos a veces, y entre un 3 y un 22 por ciento experimentan la soledad de forma habitual. Asimismo, un estudio realizado por el Ayuntamiento de Barcelona a mediados de 2021 identificó que el 26,5 por ciento de los jóvenes de esta ciudad afirman sentirse solos a veces o a menudo, porcentaje que supera al de las personas de más de sesenta y cinco años, que es del 18,7 por ciento. Se han encontrado diferencias similares en todos los estudios realizados. Existe la creencia general de que las personas mayores tienden a sentirse más solas que los jóvenes, pero las estadísticas indican que es al revés. Sea como fuere, las consecuencias de los sentimientos de soledad pueden ser graves, incluso sobre la salud física, no solo mental. Según un estudio publicado por la Asociación Americana de Psicología, los efectos sobre la salud física de sentirse solo equivalen a los que produce fumar quince cigarrillos cada día. A nivel cerebral y mental, la sensación de soledad durante la infancia y la adolescencia puede afectar mucho a la autoestima y propiciar la manifestación de ansiedad y depresión, siendo los principales factores de riesgo las relaciones familiares, en especial con los progenitores, y las relaciones con sus iguales, cuando en ellas no se experimenta el apoyo emocional necesario. Pero al mismo tiempo que estos son los principales factores de riesgo, también lo son de protección, cuando el apoyo emocional tiene la calidad suficiente. Como decía en un párrafo anterior, el «truco» consiste en estímulo y apoyo. Tal cual.

EL DESARROLLO CEREBRAL DURANTE LA INFANCIA: CAMBIO CONSTANTE Y UNA PLASTICIDAD DESBOCADA

He mencionado varias veces la importancia de la infancia para el posterior desarrollo de la adolescencia. Por consiguiente, para comprender el cerebro adolescente es necesario tratar también, aunque sea brevemente, la formación del cerebro durante la infancia. El desarrollo del cerebro es un proceso complejo, guiado en parte por los programas genéticos contenidos en el genoma (dentro de poco hablaremos de ellos). Pero también intervienen, de manera muy importante, las experiencias y el entorno donde se vive. La influencia de las experiencias sobre la construcción de la personalidad a través del establecimiento de las conexiones neuronales depende no solo de cada experiencia sino también del momento en que se produzcan. Dicho de otra manera, las experiencias que se viven durante la infancia no dejan la misma huella que las vividas durante la adolescencia, y las que se realizan durante esta etapa también dejan una huella diferente que durante la juventud o la adultez. En cualquier caso, siempre influyen en las etapas posteriores de la vida.

Comencemos por el principio. Durante el desarrollo embrionario y fetal, el cerebro empieza a producir las neuronas que constituirán el cerebro. Muchas nacen en un lugar diferente del que terminarán ejerciendo su función, por lo que deben migrar dentro del cerebro. Este hecho hace especialmente susceptible el cerebro fetal y el de los recién nacidos a las influencias ambientales, que pueden favorecer o distorsionar estos patrones de migración. Se conocen muchos factores externos que pueden generar alteraciones en la formación y la maduración del cerebro fetal, como el consumo de alcohol, de tabaco (también como fumadores pasivos) y de otras sustancias tóxicas por parte de la madre. Todo ello puede provocar alteraciones en el volumen de distintas zonas cerebrales y en la conectividad neuronal, que repercuten en los patrones de comportamiento y en los aprendizajes posteriores de las personas afectadas. De ahí la gran importancia de que la gestación se produzca en un ambiente sano. Incluso la práctica de deporte moderado por parte de la madre gestante, adecuado a su estado, favorece no solo la construcción del cerebro de su hijo o hija no nato sino también muchos aspectos de su fisiología corporal.

Durante las últimas cuatro a seis semanas del desarrollo

fetal, el cerebro ya realiza sus primeros aprendizajes, en especial a través de las vivencias de la madre, los cuales quedan plasmados en sus conexiones neuronales. Por ejemplo, se ha visto que los fetos empiezan a aprender a distinguir el ritmo de la lengua materna, y que los recién nacidos son capaces de reconocer las canciones que más escuchaba y le gustaban a su madre. De forma parecida, se ha visto que los bebés nacidos de madres que sufrieron niveles moderados o altos de estrés psicosocial durante la segunda mitad de gestación —por ejemplo debido a un divorcio traumático, una pérdida del trabajo que comportase problemas económicos o la muerte de un ser muy querido— presentan una reducción en el volumen de materia gris de su cerebro y un déficit en el control de las funciones ejecutivas que incluye alteraciones en la conectividad de la corteza prefrontal y la amígdala. Asimismo, al llegar a la adolescencia presentan una mayor cantidad de hormonas del estrés, incluso en situaciones de descanso. También se ha demostrado que los bebés nacidos de madres que se sentían emocionalmente apoyadas y protegidas —no sobreprotegidas— por su entorno inmediato, presentan más riqueza de conexiones neuronales en la zona de la corteza prefrontal encargada de gestionar las emociones, lo que puede favorecer este aspecto cognitivo durante su vida. En resumen, el comportamiento de los adolescentes y la maduración de su cerebro incorpora elementos aprendidos incluso antes del nacimiento.

Al nacer, el cerebro de los bebés se parece al de los adultos, pero dista mucho de haber concluido su desarrollo. Durante un tiempo, hasta los cuatro o cinco años, continúa generando nuevas neuronas hasta duplicar su tamaño. También se producen extensos procesos de migración neuronal y continúa haciendo conexiones neuronales a un ritmo acelerado. Muchas de ellas se eliminarán después, durante la denominada «poda neuronal». Es importante destacar que no todas las áreas del cerebro generan nuevas conexiones y maduran al mismo tiempo o siguiendo un mismo patrón (figura 7). Cada área tiene su ritmo de crecimiento y de adquisición de complejidad. Por ejemplo, la denominada «corteza sensorial y motora», que registra y gestiona la integración de los sentidos corporales y de los movimientos que hacemos de forma voluntaria, empieza a madurar mucho antes que la prefrontal, que sustentará los procesos cognitivos más complejos, como la abstracción, la planificación, el raciocinio, la toma de decisiones y el control de las funciones ejecutivas, entre otros. Hay que destacar, no obstante, que para que se produzca una buena maduración de las áreas más tardías es fundamental

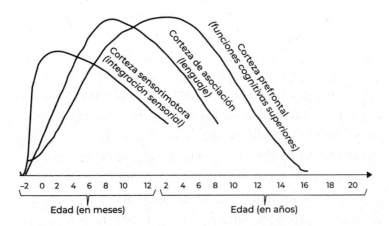

FIGURA 7. Crecimiento y maduración de distintas zonas cerebrales que serán clave durante la adolescencia. Como se ve, cada una sigue su ritmo. Fuente: D. Bueno (2019).

que las anteriores hayan hecho lo suyo, es decir, que las experiencias sensoriales y psicomotrices durante la infancia son importantísimas para el desarrollo posterior de otras áreas cerebrales que gestionarán los comportamientos de los adolescentes, como la planificación, la toma de decisiones o la gestión emocional, entre otras. En otras palabras, las niñas y los niños deben jugar para consolidar las habilidades propias de su edad y continuar desarrollándose de la manera más armónica posible. A cada edad, lo suyo. Intentar sobreestimular a niñas y niños es, en general, perjudicial, porque no permite que se ajusten al ritmo de desarrollo que marca su propia biología.

Por ejemplo, según un estudio publicado a finales de marzo de 2021, una educación demasiado estricta durante la infancia influye en la morfología y el funcionamiento de determinadas zonas del cerebro. Y estos cambios, a su vez, favorecen la manifestación de comportamientos asociados a la impulsividad, la ansiedad y la depresión durante la adolescencia, y se pueden mantener durante la vida adulta. En este trabajo se hizo un seguimiento de casi un centenar de niños canadienses, de los dos a los nueve años, en el que se valoró de forma anual hasta qué punto la educación que recibían en casa era estricta y el nivel de ansiedad que eso les provocaba. Después, cuando cumplieron dieciséis años, se les examinó la estructura del cerebro y se evaluaron algunas características de comportamiento. Muy a menudo, la educación estricta es percibida por los niños y las niñas como más fría y distante. En ningún caso estos niños recibieron malos tratos físicos ni psicológicos, pues se sabe desde hace tiempo que influyen negativamente en la construcción del cerebro. En este contexto, se considera que una educación es estricta cuando las normas se imponen de manera autoritaria, no reflexiva, y las amonestaciones y los castigos por infringirlas no van acompañados de una implicación emocional positiva por parte de los progenitores, lo que suele generar sensaciones de indefensión y de falta de protección en los menores.

Uno de los efectos inmediatos fue un incremento de ansiedad, que en algunos casos implicó alteraciones profundas del comportamiento ya durante la infancia. En otros, las consecuencias fueron más sutiles, pero no por ello poco importantes a largo plazo. Al llegar a la adolescencia, dos zonas muy concretas de su cerebro presentaban un volumen más pequeño: la amígdala, que como se ha dicho es la estructura que genera las emociones, y la corteza prefrontal, donde se gestionan las emociones y se genera el pensamiento reflexivo. Estas alteraciones están correlacionadas con los cambios de comportamiento detectados durante la adolescencia, que incluyen más inseguridad y rebeldía y una disminución de la autoestima, además de mayor ansiedad, impulsividad y propensión a la depresión, y menor capacidad para gestionar su estrés. De nuevo vemos que la adolescencia se empieza a gestar mucho antes, ya desde la infancia.

Más allá de todas estas generalidades, desde el nacimiento hasta los tres años los programas genéticos que intervienen en la construcción del cerebro favorecen el establecimiento de conexiones neuronales entre áreas cercanas de la corteza cerebral. El principal objetivo biológico de esta etapa de desarrollo es absorber la mayor cantidad de información posible sobre el entorno, poniendo un énfasis especial en el social, para que los patrones de conducta del sujeto se adapten de la mejor manera posible a dicho entorno a partir de la observación, la percepción, la manipulación y la experimentación. Dicho de otro modo, el entorno actúa sobre la estructura física del cerebro a través del establecimiento de conexiones neuronales, condicionando los patrones de conducta posteriores. Cabe recordar que una de las funciones principales del cerebro es permitir la adaptación del comportamiento del individuo al entorno en el que vive.

Los primeros conocimientos que instintivamente quieren aprender los recién nacidos, justo dos o tres días después del alumbramiento, es saber qué implican los estados emocionales. Por eso una de las cosas que llama su atención es la mirada de sus cuidadores, ya que a través de la mirada comunicamos nuestro estado emocional. Todos los que hemos sido padres o madres sin duda recordamos con gran cariño cuando nuestros hijos, de bebés, buscaban ansiosos nuestra mirada, y no apartaban la suya durante un buen rato. Quieren socializar y establecer vínculos emocionales a través de la mirada; esto es, entender qué son los estados emocionales, reproducirlos y ver que los demás los interpretan de la misma manera. Es decir, anticiparse a las emociones del otro y a las conductas que van a manifestar ante sus estados emocionales. El vínculo emocional que establezcamos durante la infancia será clave durante la adolescencia.

Diversos trabajos han analizado la influencia de distintos factores sobre la plasticidad neuronal, y las consecuencias conductuales que pueden comportar. Por ejemplo, se ha visto que durante la primera infancia el estrés familiar y social influye en la conectividad de diversas áreas de la corteza cerebral relacionadas con la gestión emocional, lo que induce comportamientos impulsivos y un incremento de la probabilidad de sufrir depresión en etapas posteriores de la vida. De igual forma, se ha demostrado que el estilo de crianza durante la infancia influye en muchos aspectos cognitivos durante la adolescencia y la vida adulta. El concepto de crianza se refiere a las actividades desarrolladas por los progenitores para cuidar de sus hijos y educarlos, al tiempo que promueven su socialización. El tipo de crianza no depende de la estructura o de la composición familiar —familias tradicionales, monoparentales, segundas familias de personas separadas o que han enviudado, progenitores del mismo sexo, etcétera—, sino que tiene que ver con las actitudes y la manera de interaccionar dentro del núcleo familiar. Así, la crianza negativa se define como la relación basada en la poca o nula calidez afectiva, en la indiferencia o la negligencia, y en el rechazo o la hostilidad hacia los hijos. En contraposición, la crianza positiva implica la afectividad basada en la confianza y el cuidado no sobreprotector, en el apoyo emocional y en la coherencia entre recompensas y amonestaciones de carácter educativo, hechas de forma propositiva. En este contexto, se ha visto que la crianza negativa favorece la formación de determinados patrones de conectividad neuronal que disminuyen la capacidad de sentir curiosidad por el entorno, lo que perjudicará a los aprendizajes posteriores. También disminuye la capacidad de gestión emocional, lo que facilita la aparición de cuadros depresivos durante la adolescencia y la edad adulta, e incrementa la impulsividad y el riesgo de consumir sustancias tóxicas. Se podría hablar mucho más de la primera infancia, pero creemos que estas indicaciones permiten ver la influencia de esta etapa vital en el desarrollo posterior de la adolescencia.

Prosigamos con este repaso a cómo se construye el cerebro durante la infancia. Entre los cuatro y los once años, es decir hasta alcanzar la pubertad, el cerebro realiza numerosas conexiones neuronales entre la corteza cerebral (incluidos los lóbulos frontales), las áreas de asociación, que es donde se integra la percepción que tenemos del entorno a través de las informaciones que transmiten los órganos de los sentidos y cómo nos relacionamos físicamente con él, y el sistema límbico, que, como hemos visto, es donde se encuentran la amígdala, que genera las emociones, el hipocampo, que gestiona la memoria, y el estriado, que proporciona las sensaciones de recompensa y placer. Todo ello permitirá un gran desarrollo de las destrezas personales y académicas. El cerebro incorpora muy pocas neuronas nuevas, por lo que ya no aumentará de tamaño, pero continúa estableciendo cantidades ingentes de nuevas conexiones neuronales estimuladas por las experiencias y los aprendizajes.

Uno de los aspectos a tener en cuenta en esta segunda infancia es la denominada «teoría de la mente». Es la facultad cognitiva que permite que tengamos en cuenta los estados mentales de otras personas sin suponer que sus ideas o pensamientos son como los de uno mismo. Además, permite que anticipemos el carácter de una persona a partir de observaciones puntuales sobre cómo se comporta y responde a cualquier situación. Esta capacidad cognitiva se empieza a formar hacia los cuatro años e implica diversas áreas del cerebro, como la corteza prefrontal y otras zonas relacionadas con la empatía. Dicho de otro modo, el desarrollo de la teoría de la mente influye en la capacidad empática de las personas y, por consiguiente, en cómo se relacionarán con su entorno. Se ha visto que se va configurando de forma progresiva a través de las experiencias sociales, y que su maduración se extiende más allá de la infancia, abarcando también la adolescencia. Es importante destacar que uno de los aspectos cruciales para una buena maduración de esta capacidad, indispensable para la vida social, es la integración de la información emocional. Así, se ha visto que el apoyo emocional durante la infancia y la adolescencia —un apoyo no sobreprotector que les confiera la confianza necesaria en sí mismos y en su entorno— favorece una mejor autogestión personal. Debido a su importancia, creo que conviene ampliar este aspecto y dar una explicación que resulte útil a la hora de ponerlo en práctica.

La autogestión es la capacidad para regular y controlar las acciones, las emociones y los pensamientos, y una de sus mejores bazas es la autoconfianza, la capacidad de creer en nosotros mismos y de confiar en nuestro juicio. Esta habilidad es crucial cuando nos enfrentamos a retos o situaciones nuevas en las que debemos utilizar nuestras experiencias y conocimientos previos y reflexionar sobre la mejor manera de usarlos para resolver ese nuevo reto. Fijaos en que estoy hablando de dos aspectos cognitivos que ya conocemos: la memoria y las funciones ejecutivas para reflexionar, planificar, decidir y gestionar nuestras emociones y no dejarnos llevar, por ejemplo, por el miedo. Dicho de otra manera, una buena autogestión precisa de autoconfianza, y a su vez la autoconfianza, para ser realista, necesita positividad, conciencia, gestión del estrés y responsabilidad. Y ahora la gran pregunta: ¿cómo podemos potenciarla en nuestros hijos e hijas, o cómo podemos ayudarles a que estas capacidades maduren de manera progresiva?

El truco ya lo he comentado en otros contextos: debemos dejar que lo utilicen, para que su cerebro vaya estableciendo y fortaleciendo las conexiones neuronales necesarias, confiar en ellos para que ellos confíen en sí mismos, no generar más estrés del que ya suele haber en la vida de cualquier persona, apoyarlos emocionalmente para que puedan aprender a gestionar el estrés y perciban su entorno con optimismo, dejar que tomen decisiones, ayudarles a reflexionar sobre la responsabilidad de las decisiones que toman, etcétera. Por supuesto, todo ello adaptado a su edad, estimulándolos, pero sin sobreestimularlos. Se ha visto que las personas que a estas edades viven su entorno con motivación, curiosidad y alegría, potencian estas actitudes vitales en su vida, incluida la adolescencia. En cambio, las que influidas por su entorno lo viven con desidia, miedo, aburrimiento o desengaño, pueden ver su adolescencia sesgada hacia estos otros estados emocionales. Y cabe tener en cuenta que, durante la infancia, las niñas y los niños viven en el entorno que generamos los adultos.

Por último, durante estas etapas infantiles del desarrollo cerebral también se inicia, en distintas regiones cerebrales y en diversos momentos, un proceso de selección que reduce la densidad de las conexiones neuronales. Es un proceso conocido como «poda sináptica» o «poda neuronal». Aunque de entrada pueda parecer una pérdida para el cerebro, esta eliminación de conexiones es necesaria para que su funcionamiento gane en eficacia y eficiencia, ya que se seleccionan las conexiones y los circuitos neuronales más útiles y funcionales para cada persona. En este contexto, sin embargo, cabe preguntarse qué significan «utilidad» y «funcionalidad». El cerebro valora como más útiles y funcionales las conexiones neuronales que hayan sido más estimuladas y potenciadas por el entorno. Esto es, las que se usan más y las que tienen más componentes sociales. De esta manera, la poda neuronal selecciona y conserva las conexiones que contienen las destrezas y las habilidades necesarias y adaptativas para la supervivencia de cada persona, en especial por lo que se refiere a su entorno sociocultural. Estas conexiones, a su vez, repercutirán en los patrones de comportamiento de cada persona, en cómo se perciben a sí mismas y al entorno, y en cómo se relacionan con él. Y esto, por motivos obvios, influirá en la adolescencia de cada persona. En este sentido, por ejemplo, en contextos educativos se suele proponer que las principales características que hay que potenciar en las niñas y los niños de estas edades deben ser el pensamiento crítico, la creatividad, las habilidades sociales, la asertividad, la resolución resiliente de problemas y la empatía. Volvemos a lo que mencionaba antes: autogestión personal basada en una autoconfianza realista.

Sin embargo —y es muy importante tener esto en cuenta—, esta influencia de la infancia no implica en ningún caso un determinismo en cuanto a la adolescencia. En este sentido, y para terminar con el apartado, cabe mencionar otro de los neuromitos más extendidos que se han citado al inicio del libro: que existen periodos críticos tras los cuales no se pueden aprender determinadas cosas. El cerebro es plástico y maleable a lo largo de toda la vida, y la adolescencia constituye una auténtica segunda oportunidad. Cualquier actitud desadaptativa aprendida durante la infancia —es decir, que no permita armonizar la vida de una persona con su entorno manteniendo su motivación, su curiosidad y su proactividad— puede ser reconducida. Ahora bien, debemos tener presente que hay momentos en que determinados aprendizajes se adquieren de forma más rápida que en otros. Algunas de las actitudes que se pueden adquirir fácilmente y en poco tiempo durante la infancia, si hace falta reconducirlas durante la adolescencia, tal vez requieran dedicarles más tiempo y esfuerzo. Y, en esto debo insistir, hay aprendizajes durante la infancia que pueden perjudicar a los futuros aprendizajes a lo largo de la vida, por ejemplo, cuando se viven con miedo o sin apoyo emocional.

GENES Y HERENCIA BIOLÓGICA: LA DIFERENCIA CRUCIAL ENTRE «DETERMINAR» E «INFLUIR»

El cerebro es un órgano complejo formado por miles de millones de neuronas, y cada una controla sus funciones vitales. Además, deben establecer conexiones nuevas y relacionarse de manera dinámica entre ellas a través de neurotransmisores y neurohormonas, como la dopamina y la oxitocina que hemos mencionado, entre otras muchas. Todo ello exige la existencia de mecanismos de control rápidos, dinámicos y ajustables. También debe haber un control sobre cómo se estructura y madura este órgano durante el desarrollo. Todos estos procesos se encuentran sujetos al control genético. Para tener una visión completa del cerebro adolescente, vamos a detenernos en qué son y cómo intervienen los genes en nuestra vida mental, incluidos los comportamientos más típicos de la adolescencia. Los genes influyen en nuestra vida mental, pero no la determinan. Pongamos un símil automovilístico.

Una señal de prohibido circular (figura 8) es determinista, no podemos pasar por esa vía con nuestro vehículo y punto, sin discusión. En cambio, una señal de velocidad máxima recomendable, por ejemplo, a 70 km/h, nos da una pauta, pero podemos circular a menos velocidad si lo creemos conveniente, o a más, pero como mucho a la velocidad máxima autorizada en esa vía. Esta señal influye en nuestra conducción, pero no la determina. Otro de los neuromitos que debemos desmontar es que nuestra genética determina nuestra forma de comportarnos y de aprender, y la facilidad con que lo hacemos.

FIGURA 8. A la izquierda, señal de tráfico de prohibido circular. Es determinista, en el sentido de que debe ser acatada sin discusión. A la derecha, señal de velocidad máxima recomendable; influye en nuestra conducción, pero podemos circular más lento o más rápido.

Los genes influyen en todos los aspectos de nuestra conducta y nuestra personalidad, pero no los determinan de manera absoluta. Por ejemplo, hay personas que, según su constitución genética, están más predispuestas que otras hacia el pensamiento crítico, la creatividad o la flexibilidad neuronal. Son, sin embargo, predisposiciones, en ningún caso efectos deterministas, tengámoslo claro. Estas predisposiciones —y aquí viene la parte más significativa— se pueden ver potenciadas o mutiladas por efectos ambientales, es decir, por factores educativos, sociales y culturales, y por cómo se viven los aprendizajes y las experiencias. Como la señal de velocidad máxima recomendada. Según cómo veamos la situación ambiental, iremos algo más rápido o un poco más despacio. No podemos cambiar los genes, tenemos los que nos han tocado heredados de nuestros padres, y nuestros hijos tienen los que han heredado de nosotros, pero la forma de relacionarnos entre nosotros y con nuestros hijos, y cómo los educamos y nos autoeducamos, sí la podemos modificar. Ahí radica lo fundamental.

Los genes son las unidades básicas de la herencia biológica. Contienen la información necesaria para que el cuerpo crezca, madure y funcione, y para que podamos realizar todas las funciones vitales. El genoma humano está formado por unos veinte mil trescientos genes diferentes, la mayoría de ellos duplicados. Una copia la hemos heredado de nuestra madre y la otra de nuestro padre. De estos veinte mil trescientos genes, hay unos ocho mil que en un momento u otro funcionan dentro del cerebro, en las neuronas o en las otras células que lo constituyen. Por este motivo la función de los genes puede influir en cómo se forma, madura y funciona el cerebro, y por consiguiente en las funciones mentales y en todos los aspectos cognitivos.

Para distinguir entre los efectos genéticos y las influencias ambientales se utiliza una medida llamada «heredabilidad».

Cuantifica, en porcentaje, la influencia genética sobre un carácter determinado en función de las diferencias genéticas que puedan tener dos personas cualesquiera. La capacidad de control de las funciones ejecutivas, por ejemplo, tienen una heredabilidad que oscila entre el 28 y el 72 por ciento según la característica concreta que se evalúe (la memoria de trabajo, la reflexividad, la gestión emocional, etcétera). Por citar otro ejemplo, también la impulsividad propia de la adolescencia tiene componentes genéticos, con una heredabilidad que oscila entre el 33 y el 56 por ciento. La genética influye en cómo somos, en cómo son nuestros hijos o nuestros alumnos, pero conceptualmente la parte más interesante es la educativa y, por extensión, la cultural y social. A través de la educación y del ambiente general donde crece y vive una persona se puede potenciar, o mutilar, cualquier capacidad mental o característica del comportamiento, más allá de lo que lleve escrito en los genes. Una persona con buena predisposición genética hacia la reflexividad o la creatividad a la que, por cultura, se le mutilen estas capacidades, acabará manifestando menos iniciativa crítica que otra con menos predisposición genética pero que se haya formado en un ambiente cultural y social enriquecedor que valore positivamente estas características mentales. También una persona formada en una cultura que valore más la inmediatez que la planificación a largo plazo puede ver mutiladas las capacidades de control de las funciones ejecutivas, dado que en ese ambiente no serán tan necesarias o no estarán tan bien valoradas, mucho más allá de su predisposición genética. Las conexiones neuronales que se habrán ido formando a través de sus aprendizajes marcarán una diferencia crucial. Como la señal de tráfico de velocidad máxima aconsejable. Marca una tendencia, pero no el resultado final, teniendo presente que nadie elige sus variantes genéticas ni cuáles pasa a sus hijos. Nuestros hijos no son responsables de los genes que les hemos transmitido, ni nosotros tampoco. Pero somos responsables de la educación que les damos y del ambiente que generamos a su alrededor, y del estímulo y el apoyo emocional que les proporcionamos.

En este tema de la influencia genética hay otro aspecto a tener en cuenta, las denominadas «marcas epigenéticas». La idea es tan sencilla como relevante. Para regular cómo funcionan los genes, es decir, cuándo se activan o se desactivan y a qué intensidad funcionan, una de las maneras que utilizan nuestras células es añadiéndoles unas marcas encima, una especie de señales de tráfico. Son las marcas epigenéticas. No entraré en detalles, pero diré que muchas de estas marcas se establecen en interacción con el ambiente. Y este sí que depende en parte de nosotros. Además, una vez establecidas, se mantienen durante mucho tiempo. Vayamos a un ejemplo real para ver su importancia.

Voy a contaros un experimento realizado con ratas en el año 2010. Las ratas hembra son unas auténticas madrazas. No solo alimentan y dan calor a sus crías, sino que mantienen su higiene e incluso juegan con ellas. Si deben salir a buscar comida, regresan rápido a su madriguera para que sus crías no se sientan solas. Además, son bastante sociables. Cuando en una jaula con diversas hembras se añade una nueva, se acercan a olisquearla, como si le diesen la bienvenida. Y si se les pone un objeto que no hayan visto nunca, se acercan a observarlo, movidas por una cierta curiosidad. El experimento consistió en separar a las crías de sus madres dos horas cada día durante las dos primeras semanas de vida, que equivalen a los tres primeros años de vida humana. Les ponían un pequeño biberón y una mantita térmica para que el hambre, la sed y el frío no fuesen factores de estrés. La principal diferencia es que durante dos horas se sentían solas, desprotegidas sin la presencia de su madre. Cuando estas crías llegaban a la adultez, se comportaban de manera más agresiva y, en lugar de acercarse para olisquear a sus nuevas compañeras, intentaban morderlas. También perdían la curiosidad por los objetos nuevos. Es más, tendían a alejarse y a mostrar reacciones asociadas al miedo. Además, mostraban ciertos comportamientos relacionados con la depresión.

Dicho de otra manera, este experimento demuestra que la sensación de abandono que pueden experimentar las crías de rata durante las dos primeras semanas de vida condiciona el comportamiento que manifestarán de adultas, haciéndolas más agresivas y disminuyendo sus capacidades de socialización y su curiosidad innata, lo que hace que tiendan a rehuir las novedades. Sin que se puedan descartar los efectos del aprendizaje y la imitación, también comprobados y sin lugar a duda muy importantes, se ha visto que las ratas de este experimento muestran cambios en algunas marcas epigenéticas que hacen que algunos genes funcionen de forma un tanto distinta. Concretamente, se ven afectados genes relacionados con dos neurohormonas clave para la socialización, como la vasopresina y la oxitocina. La vasopresina sirve para gestionar las relaciones sociales y las situaciones de miedo, y la oxitocina fomenta los lazos maternales, aumenta la confianza y disminuye el miedo social, al tiempo que favorece la empatía. Dicho de otra manera, las condiciones socioemocionales durante la infancia no solo afectan a la estructura de las conexiones neuronales, sino también a la forma de funcionar de algunos genes, a través de las marcas epigenéticas.

Ahora bien, ¿hasta qué punto sucede lo mismo en la especie humana? Se ha visto, por ejemplo, que el acoso emocional y los abusos físicos y sexuales durante la infancia afectan a las marcas epigenéticas que inducen comportamientos más impulsivos y con mayor propensión a la depresión e, incluso, al suicido durante la adolescencia, la juventud y la edad adulta. También se ha visto que la crianza negativa —de la que hemos hablado en un apartado anterior de este capítulo— induce marcas epigenéticas que influyen en el estado de ánimo, incrementan la propensión a la ansiedad y la falta de curiosidad, y disminuyen la capacidad de gestionar el estrés. Podríamos profundizar más en este tema, pero lo importante es considerar que las experiencias de los niños y las niñas, en especial las socioemocionales, pueden acabar influyendo de manera importante en su adolescencia. Es decir, en cómo van a transitar por esta etapa imprescindible de la vida, necesaria para desarrollar todo el potencial de la humanidad. Y, en consecuencia, en cómo madurarán sus capacidades mentales cognitivas para ingresar en la juventud y en la adultez.

La evolución de la especie humana implica la necesaria aparición de la adolescencia

Vamos a terminar este capítulo justificando una afirmación hecha en el capítulo anterior: la adolescencia es una etapa imprescindible de la vida humana. Y lo justificaré aprovechando datos relativos a la evolución de nuestra especie. Como especie biológica, procedemos de un largo pasado evolutivo. La adolescencia parece ser algo exclusivo, o casi, de la especie humana, al menos si la consideramos con toda su complejidad y plenitud. ¿Por qué necesitamos una etapa como esta en nuestra vida?

La historia evolutiva de la especie humana es un tema apasionante, pero complejo y enrevesado, en el que hay muchos protagonistas. Uno de los principales problemas es que somos los únicos homínidos vivos, y los animales evolutivamente más cercanos a nosotros son los grandes primates, en especial los chimpancés y los bonobos. De forma muy resumida y simplificada, nuestro origen como homínidos se remonta a hace algo más de cinco millones de años, cuando un grupo de primates, los australopitecos, se separaron de los antepasados de los chimpancés y adquirieron la postura erecta. Hace unos dos millones y medio de años surgieron los primeros representantes del género *Homo* en forma de varias especies, como el *Homo erectus*, el *Homo habilis* y el *Homo heidelbergensis*, de la que provienen los neandertales en Europa y sus hermanos evolutivos en Asia, llamados «denisovanos». El *Homo erectus* fue el primer homínido en salir de África, la cuna de la humanidad. Nosotros, los *Homo sapiens*, también nos originamos en África hace unos doscientos mil años, y permanecimos allí muchísimo tiempo.

Hace unos cien mil años, algunos de nuestros ancestros inmediatos iniciaron el camino de salida de África. Coincidiendo en el tiempo, hace de cien mil a ochenta mil años se produjeron una serie de cambios anatómicos en nuestra especie

—cambios en apariencia sutiles pero conceptualmente muy importantes— que nos permitieron desarrollar un lenguaje más elaborado. En comparación con nuestros antepasados más inmediatos, los *Homo sapiens* arcaicos de hace ochenta mil años, nos resulta mucho más fácil hablar y estructurar el lenguaje, lo que nos permite contar historias más complejas. Poco después aparecieron las primeras muestras de arte simbólico. Lenguaje, creatividad y simbolismo están muy ligados en nuestro cerebro. A diferencia de en los ancestros de nuestra especie, la innovación, el arte, la abstracción y el lenguaje —que potenciaron el pensamiento y con él la cultura, la ciencia, la filosofía, el arte, la música, etcétera— se convirtieron en los protagonistas de nuestra vida. Pero falta un pequeño detalle. ¿Puede nuestro cerebro soportar esta frenética actividad? ¿Puede aprender durante la infancia todo lo necesario para sobrevivir después en la edad adulta? Sigamos hablando de evolución.

Uno de los procesos evolutivos más relevantes para la génesis de la humanidad es la llamada «neotenia», palabra que significa textualmente «tendencia a la novedad». La neotenia consiste en la conservación de alguna característica infantil durante la edad adulta. Pues bien, el cerebro humano adulto es neoténico. Conserva características que en el resto de los primates son propias de la infancia, no de la adultez. Y aquí empezamos a ver la necesidad imprescindible de disponer de una época adolescente en nuestra vida. La adolescencia permite armonizar los aspectos que se mantienen infantiles con los propios de la edad adulta, para que actúen de manera sinérgica. Un ejemplo de esta neotenia sería la capacidad de aprender durante toda la vida. En todos los mamíferos, las neuronas del cerebro hacen conexiones nuevas durante la etapa infantil, lo que les permite aprender de sus progenitores y del entorno para afrontar mejor los retos de la vida adulta. Pero casi dejan de establecer conexiones neuronales nuevas cuando abandonan la infancia. No es el caso de los seres humanos, pues nuestro cerebro mantiene la capacidad de hacer conexiones nuevas durante toda la vida. Esto nos permite aprender siempre de nuestro entorno para adaptarnos a los cambios que se vayan produciendo.

Pero vayamos a otro aspecto de la neotenia que entronca todavía más con la adolescencia. Empecemos por la forma del cráneo, que es más fácil de identificar (figura 9). Las crías de chimpancé, cuando nacen, tienen la frente recta y les sube en vertical por encima de las cejas. En cambio, cuando llegan a la pubertad y maduran sexualmente, su frente se aplana, lo que da un aspecto ahusado a la forma del cráneo. No sabe-

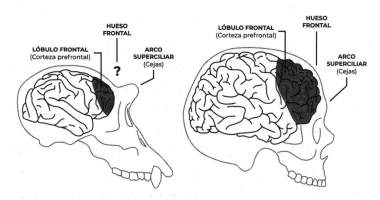

FIGURA 9. Comparación entre el cráneo y el cerebro de un chimpancé (izquierda) y el de un ser humano actual adulto (derecha). Obsérvese la forma de la frente y el tamaño del lóbulo frontal, donde se sitúa la corteza prefrontal, cuna de las funciones ejecutivas. Fuente: Modificada de A. Gómez-Robles (2016).

mos cómo era el cráneo de los recién nacidos de nuestros antepasados homínidos, ya que están poco mineralizados y no fosilizan bien, pero sabemos que los adultos de los australopitecos, de los *Homo habilis* y de los *Homo erectus* tenían el hueso frontal del cráneo muy aplanado hacia atrás, casi como el de un chimpancé actual. En los *Homo sapiens*, en cambio, el hueso frontal conserva la verticalidad durante toda la vida y se alza por encima de las cejas, como en los recién nacidos. En otras palabras, el cráneo de las personas adultas tiene aspectos neoténicos, es decir, infantiles.

¿Qué importancia tiene esto? Muchísima. Detrás de la frente se sitúan los denominados «lóbulos frontales», que contienen la corteza prefrontal. Y esta, a su vez, está implicada en las funciones ejecutivas que hemos tratado en un punto anterior de este capítulo, es decir, en el raciocinio y la reflexividad, la capacidad de planificar respuestas y alternativas, la gestión emocional y la creatividad, etcétera. Dicho de otra manera, incluye los procesos mentales necesarios para seleccionar y monitorizar los comportamientos que facilitan que se puedan alcanzar los objetivos que uno se propone de forma consciente. Es la zona del cerebro cuya conectividad neuronal es, además, más compleja, y cuyo funcionamiento consume más energía. Por eso pensar puede ser muy cansado. Asimismo, madura durante la adolescencia.

Sí, exacto, lo has leído bien. Esta zona del cerebro madura durante la adolescencia, lo que implica que todas las capacidades cognitivas que genera y gestiona también van madurando progresivamente durante esta etapa vital. Son, además, las capacidades que solemos asociar con los comportamientos más complejos de la humanidad. A nivel conductual, la adolescencia es clave para la consolidación de todas estas actividades. Nuestro cerebro no tiene suficiente con una infancia para que maduren los comportamientos típicos de la adultez. Necesitamos imperiosamente la adolescencia. Por eso es una época de la vida en la que, como veremos en los próximos capítulos, las reorganizaciones neuronales que se producen incrementan la creatividad y nos impulsan a buscar novedades. Los chimpancés, por ejemplo, se limitan a repetir una y otra vez lo que aprendieron siendo crías, que es casi lo mismo que hacían sus padres, y así generación tras generación. Pueden asimilar algunas actitudes y habilidades si están en cautividad, por imitación de sus cuidadores humanos, pero no lo hacen en estado salvaje, libre. Nosotros, sin embargo, podemos generar novedades a lo largo de toda nuestra vida, en especial si tenemos la libertad de hacerlo, y nos podemos adaptar a los cambios que de forma inexorable se van produciendo. Como he dicho en diversas ocasiones, la adolescencia nos hace humanos.

Esta es, ni más ni menos, la función evolutiva de la adolescencia. A tenor del registro fósil encontrado, hasta hace tres o cuatro millones de años, los primeros homínidos, que pertenecían al grupo de los australopitecos, presentaban solo tres etapas vitales posnatales, la mismas que los chimpancés actuales: la primera infancia —durante la cual las crías permanecen junto a sus madres—, la juventud o subadultez —como se suele denominar en los demás primates— y la adultez. Durante la evolución de los homínidos, sin embargo, progresivamente se añadieron dos nuevas etapas intercaladas entre la primera infancia y la juventud: primero se añadió una segunda infancia —que llega hasta la pubertad y permite la consolidación de las habilidades y las destrezas adquiridas que no son instintivas, y que se sabe que ya se encontraba presente en los *Homo erectus* y en los *Homo habilis*— y en nuestra especie se añadió la adolescencia (figura 10).

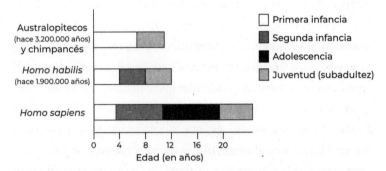

FIGURA 10. Duración relativa de las distintas etapas posnatales en varios primates. Obsérvese la aparición de la adolescencia en nuestra especie. Fuente: D. Bueno (2019).

El significado biológico de la adolescencia, es decir, las ventajas evolutivas que la han propiciado, es necesario buscarlo en el incremento exponencial del tamaño del lóbulo frontal y de la corteza prefrontal, que se asocian a las capacidades cognitivas implicadas en los aprendizajes racionales y reflexivos, a la gestión emocional y a la capacidad de planificación y de tomar decisiones racionales, por interacción dinámica con el entorno físico, social y cultural. Estos hechos, a su vez, conllevan la posibilidad de buscar, encontrar e incluso producir novedades, aspectos conductuales que implican la necesidad de romper ciertos límites establecidos por los adultos, lo que puede percibirse como la rebeldía propia de esta etapa vital. Como reza el título de este capítulo que concluimos, los adolescentes son rebeldes con causa, con una causa anclada en las raíces de nuestra evolución.

Resumen

La adolescencia se empieza a fraguar desde la primera infancia. Todas las experiencias que se viven durante esta etapa, y también cómo se viven, generan conexiones neuronales que influirán en la adolescencia, en cómo se desarrolla y en cómo se vive, a través de las respuestas conductuales y de los pensamientos que vayan generando. Estas conexiones continúan desarrollándose durante toda la vida, también en la adolescencia, lo que hace que esta etapa sea una segunda oportunidad para generar conexiones eficientes para la vida adulta, y hay que aprovecharla desde el primer instante. Cabe destacar dos regiones del cerebro con clara influencia en los comportamientos de los adolescentes: la corteza prefrontal —la sede de las funciones ejecutivas— y el sistema límbico —donde se generan las emociones y las sensaciones de placer y de recompensa—. Las funciones ejecutivas incluyen las capacidades cognitivas que nos permiten planificar opciones y futuros alternativos, generar pensamiento crítico y reflexivo, tomar decisiones y ajustar el comportamiento para alcanzar los objetivos marcados. El control de las funciones ejecutivas permite que una persona no se limite a ser la protagonista de su vida sino también la directora. Maduran con la edad, y el punto de inflexión se da en la adolescencia. Favorecer que los adolescentes alcancen la juventud y la adultez con unas funciones ejecutivas consolidadas debería ser un objetivo primordial para ayudarles a ser personas transformadoras, proactivas y empoderadas consigo mismas y con la sociedad.

Además de las experiencias y del control de las funciones ejecutivas, los estados emocionales también generan conexiones nuevas que hibridan con las anteriores. Por eso el número de conexiones neuronales que tiene un cerebro es importante para enriquecer la vida mental, pero también lo es qué zonas se acaban comunicando preferencialmente, lo que en parte depende de los estados emocionales. No es igual la vida mental de una persona acostumbrada a reaccionar con miedo o con ira que una que lo haga a través de la curiosidad. También los genes condicionan la vida mental, y el ambiente los regula a través de las marcas epigenéticas. Pero el aspecto diferenciador sobre el que podemos actuar es la educación y el ambiente social y familiar que generamos para nuestros hijos y nuestros alumnos. Todo ello condiciona cómo los adolescentes se perciben a sí mismos y cómo se relacionan con su entorno, y, en consecuencia, cómo construyen su vida futura. En todo este contexto, lo que más necesitan es estímulo y apoyo emocional.

3

Los cambios biológicos en el cerebro adolescente

Bien protegidos bajo el cobijo improvisado que habían hallado, aguardaban a que los negros nubarrones que veían acercarse por el horizonte pasaran sin descargar sus pesadas gotas de agua. Al principio se tumbaron a descansar relajados, dejando pasar el tiempo juguetonamente. Pero el viento frío que empezó a soplar haciendo jirones la calidez de la zona los inquietó. No sabían el porqué de esa sensación porque jamás habían pasado por una experiencia parecida. Y nunca más volverían a vivirla, aunque entonces no lo sabían. Un instinto escondido en las profundidades más recónditas de su ser les indicaba que, a partir de ese momento, nada volvería a ser igual.

Casi de sopetón, sin darles tiempo a reaccionar, las plomizas nubes empezaron a descargar toda el agua que habían ido acumulando desde hacía tiempo en mares cálidos, aunque a veces movidos, donde se habían formado. Grandes gotas frías de ese líquido vital se deslizaban por las ramas, las hojas y los tallos de la que era su selva. El viento arreció, y la suave danza de los árboles y los arbustos se convirtió en un frenético baile compulsivo y asincrónico. Echaron a correr arriba y abajo por la jungla, sin saber hacia dónde dirigirse. Tan pronto iban en una dirección como cambiaban de sentido sin motivo aparente, puesto que la tempestad se desataba por igual en todas partes. Los rayos iniciaban pequeños incendios que la lluvia se encargaba de sofocar. El ruido de los truenos era ensordecedor. Tal era el caos, que en muchos momentos pensaron que no sobrevivirían.

Pero la tormenta pasó. Lentamente, los nubarrones se diluyeron y el sol volvió a brillar. Sus rayos caldearon de nuevo el ambiente, y todo el estrés acumulado empezó a disiparse. Entonces se dieron cuenta del caos que la tormenta había generado. Por todas partes había ramas rotas, hojas arrancadas y tallos partidos. Por un momento pensaron que su mundo se había roto para siempre. Pero no contaban con que la lluvia que había generado tal desorden era asimismo vivificadora, que las sacudidas del viento también habían permitido que se aclarase el horizonte, que el fuego de los rayos había eliminado la hojarasca seca y que el ruido de los truenos había dado paso a nuevas melodías insospechadas. El caos como fuente de renovación. La adolescencia había terminado, y las hojas, las ramas y los tallos neuronales se habían reorganizado. La jungla del cerebro renacía renovada.

Empezaron así otra etapa, con nuevas experiencias vitales, nuevos horizontes y nuevas melodías resonando en su interior.

La adolescencia es época de cambio, renovación y crecimiento para el cerebro. Como se ha dicho en otros capítulos,

los adolescentes deben dejar atrás la infancia, esa etapa en la que dependían de todo y para todo —o de casi todo y para casi todo— de los adultos, en especial de sus progenitores, para alcanzar la adultez en la que van a depender de sí mismos, o al menos en gran medida. Para ello, deben tomar consciencia de quiénes son en relación con el entorno. Deben asumir poco a poco el liderazgo de sus propias vidas para pasar de una dependencia casi absoluta a una gran independencia. Muchos comportamientos típicos de la infancia deben abandonarse, puesto que no serían útiles durante la edad adulta, al tiempo que deben adquirir nuevos comportamientos propios de los adultos. El cerebro madura, hace conexiones nuevas y, también, elimina algunas para abandonar la etapa infantil. Esto es lo que describe el relato con que hemos iniciado este capítulo. La adolescencia es una época de cierto caos, también dentro del cerebro, una etapa a veces tempestuosa o con momentos tempestuosos, pero al mismo tiempo emocionante, de descubrimiento y renacimiento. Las ramas rotas, las hojas arrancadas y los tallos partidos son las conexiones neuronales que desaparecen en el proceso de poda neuronal. Y esto, junto con la lluvia vivificadora, a través de experiencias y aprendizajes, favorece que se formen nuevas conexiones que permitan vislumbrar la edad adulta, renacer de esta suerte de metamorfosis que es la adolescencia, como hemos dicho en el capítulo 1. Hablaremos de qué le sucede al cerebro durante esta etapa de la vida, y empezaremos a comentar algunas de las consecuencias que conllevan estos cambios.

¿QUÉ LES PASA A LAS NEURONAS DURANTE LA ADOLESCENCIA?

Cuando escribí el relato con el que se inicia este capítulo, no sabía si situarlo en la jungla o en la habitación de un adolescente. ¿Has observado alguna vez la habitación de un adolescente? Permíteme que te haga una descripción general basada en lo que he observado en las habitaciones de mis hijos cuando eran adolescentes (o al menos en las etapas más «adolescentes» de su adolescencia, si se me permite la redundancia). Abres la puerta cuando no están —porque si están dentro lo más probable es que te echen de su intimidad con palabras o gestos poco agradables— y ves en un rincón una montaña de ropa; algunas prendas tienen pinta de llevar días acumuladas. Cuando vas a recogerlas creyendo que es ropa sucia, te das cuenta de que está mezclada con la ropa recién lavada que le diste ayer. Cerca de ahí, en el escritorio, ves apuntes de sus clases entremezclados con otras mil cosas y, lo que más te horroriza, con las migajas de un bocadillo aceitoso que han caído de un plato que parece estar haciendo equilibrios, indeciso entre manchar los apuntes o las sábanas. Cerca de la cabecera de la cama encuentras sus zapatillas deportivas con unos calcetines sudados. Podría seguir, pero creo que ya te haces una idea de cómo es la habitación de un o una adolescente (quizá igual que la nuestra cuando éramos adolescentes). Pues bien, todo este desorden es el vivo reflejo de su cerebro, de los procesos asincrónicos que se van produciendo, que se suceden sin orden ni concierto aparente, pero todos ellos destinados a que maduren. Hemos hablado ya de la importancia de la infancia y de cómo esta condiciona la adolescencia. Pasemos, pues, a la etapa reina de este libro, que ocupará el presente capítulo y los tres siguientes.

Los adolescentes son adolescentes y se comportan como adolescentes porque eso es lo que tienen que hacer. Su biología los lleva a hacerlo. La plasticidad inherente a esta etapa —que les permite explorar y descubrir el entorno de formas novedosas y creativas al mismo tiempo que encuentran su encaje particular en él— resulta crucial no solo para su vida adulta sino también, en general, para el progreso de la humanidad. Por estos motivos —y sin dejar de lado la importancia crucial de un buen guiaje durante esta etapa, basado en nuestro ejemplo (y tal vez esto sea lo más difícil)—, los adultos debemos ser respetuosos con sus ritmos de maduración, apoyándoles emocionalmente cuando lo necesitan, que es siempre o casi siempre.

Antes he dicho que, cuando creen que invadimos su intimidad, suelen echarnos con palabras o gestos poco agradables. Cuando pensemos que no merecen que los queramos, más debemos quererlos, porque más apoyo emocional necesitan. Y no para sobreprotegerlos ni excusar sus actitudes, sino para que sientan una estabilidad suficiente como para ir reflexionando por sí mismos. Aunque, por supuesto, también debemos reconducir las actitudes que puedan ser nocivas o perniciosas para ellos o para su entorno, pero siempre de manera propositiva y proactiva, a través de argumentos convincentes (aunque no les vayan a convencer o no demuestren que les hemos convencido). Hablar con lenguaje propositivo implica una invitación al aprendizaje mediante propuestas de acción, y eso es lo que hace el cerebro adolescente: aprender, aprender y aprender; y ensayar, ensayar y ensayar.

¿Por qué ensayan y aprenden sin parar? Vayamos a la biología de la adolescencia.

Existen varias áreas cerebrales cuyos cambios permiten explicar las particularidades mentales y de comportamiento de esta etapa vital. Las iremos viendo paso a paso durante este capítulo y los tres siguientes, pero hagamos ahora una aproximación. Para empezar, destacan los cambios de volumen en algunas zonas del cerebro, como en la denominada «sustancia blanca». Forma una serie de capas que se encuentran por todo el cerebro, y en estas zonas se concentran las conexiones neuronales. Este hecho se relaciona con la gran capacidad de aprendizaje de los adolescentes. Como se ha dicho en capítulos precedentes, todo lo que aprendemos y todas las experiencias que por algún motivo merecen ser recordadas se van quedando almacenadas en patrones de conexiones neuronales. Por eso no es de extrañar que las zonas del cerebro donde se concentran estas conexiones aumenten de volumen.

También se incrementa el volumen del cuerpo calloso, el grueso haz nervioso que une ambos hemisferios. Dicho de otro modo, el flujo de información entre las distintas áreas cerebrales aumenta y se vuelve cada vez más eficiente. Este cambio explica la capacidad creciente de los adolescentes para interpretar el mundo de manera autónoma y compleja, pues aumenta su capacidad para relacionar distintos aspectos de su entorno y de sus pensamientos.

Se establecen muchas conexiones neuronales nuevas entre distintas regiones cerebrales de gran importancia, como el hipocampo, la corteza prefrontal, la amígdala y el estriado. Recordemos que el hipocampo es el centro gestor de la memoria; la corteza prefrontal gestiona las funciones ejecutivas, entre las que se encuentran la planificación, la reflexión, la toma de decisiones y el control emocional; la amígdala genera las emociones; y el estriado se vincula con las sensaciones de recompensa y placer. Ya hablaremos de todo ello, porque, en conjunto, estos elementos justifican buena parte de los comportamientos de los adolescentes que, como seguro sabes, son muchos, muy variados y, a menudo, impredecibles. Así que vayamos por partes y empecemos centrándonos en un aspecto que, sin duda, destaca en los adolescentes: jamás encuentran el momento de irse a dormir y podrían pasarse muchas horas nocturnas en vela. ¿Por qué? Cuando los padres les mandamos acostarse y no nos hacen caso, ¿es un acto de rebeldía y de autoafirmación —que también, sin duda—, o hay motivos biológicos profundos que los llevan a comportarse así?

POR QUÉ LOS ADOLESCENTES SE ACUESTAN TAN TARDE...

Una situación muy habitual en las familias con hijos adolescentes o al principio de la juventud es despertarnos por la noche —por ejemplo, a la una o las dos de la madrugada— y darnos cuenta de que nuestros hijos siguen despiertos en su habitación, jugando, chateando con los amigos o tal vez estudiando. También suele parecernos desproporcionada la hora a la que muchas veces vuelven a casa la noche del fin de semana que han salido con sus amigos. ¿Por qué les cuesta tanto encontrar el momento de acostarse? Hay diversos motivos, como las ganas irrefrenables de socializar, los efectos de la ansiedad y el estrés sobre el sueño, etcétera. Pero también hay un motivo biológico inevitable.

Una de las estructuras cerebrales que también madura durante la adolescencia es la llamada «glándula pineal». Como curiosidad, es la única estructura del cerebro que no está duplicada. Tenemos dos amígdalas, dos tálamos, dos hipocampos..., uno en cada hemisferio del cerebro. Glándula pineal, en cambio, solo tenemos una, y además se halla prácticamente en el centro geográfico del cerebro, por lo que ha sido muy estudiada desde la Antigüedad. El médico griego Herófilo de Calcedonia hipotetizó hace más de dos mil trescientos años que era la válvula que regulaba el flujo de los pensamientos, y el filósofo Descartes propuso, a mediados del siglo xvii, que era la sede del alma. Ahora sabemos que una de las funciones principales de la glándula pineal es regular el ciclo de sueño y vigilia, denominado «ciclo circadiano». Lo hace a través de la neurohormona melatonina, que induce la relajación y provoca el inicio del sueño. En ausencia de luz, esto es, entre el crepúsculo y el amanecer, la glándula pineal secreta la melatonina, por lo que todos tendemos a dormir de noche. Además de hallarse en el centro del cerebro, se localiza en la parte dorsal del hipotálamo, cerca del denominado «quiasma óptico». Esta localización nos da pistas sobre su funcionamiento. El hipotálamo produce diferentes hormonas que actúan sobre la fisiología corporal, como regular la temperatura del cuerpo, y que además afectan a diversos comportamientos, por ejemplo los relacionados con la alimentación, la agresión y el apareamiento. El quiasma óptico, a su vez, es la zona donde se cruzan los nervios ópticos procedentes de ambos ojos. En otras palabras, el funcionamiento de la glándula pineal se relaciona de alguna manera con la luz que captan los ojos y con la regulación de diversas actividades biológicas básicas.

Hablemos del ciclo circadiano. Marca el ritmo de los periodos de vigilia y sueño, lo que a su vez es crucial para mantener el cuerpo y la mente en buen estado. La vigilia es necesaria para establecer relaciones con el entorno, alimentarse... Y el sueño lo es para regenerar los sistemas biológicos y consolidar las experiencias vividas durante el estado de vigilia. Como se ha dicho, la melatonina se suele producir en ausencia de luz, lo que explica la proximidad de la glándula pineal con el quiasma óptico: debe saber si se acerca el crepúsculo o el amanecer a través de los cambios de luminosidad para regular la producción de melatonina. Pero no solo se basa en la luz exterior. El ciclo circadiano se genera también de manera autónoma gracias a determinados procesos genéticos, neuronales y fisiológicos, en interrelación, por supuesto, con la luz ambiental.

Estos componentes internos genéticos y fisiológicos permiten que el ciclo circadiano pueda anticiparse a los cambios externos. Esto significa que, un poco antes de que empiece a haber luz, de manera natural tendemos a ir saliendo del sueño profundo para despertarnos. Del mismo modo, un poco antes de que oscurezca y llegue la noche empieza a entrarnos sueño. De esta forma, las funciones corporales comienzan a activarse algo antes del despertar y a desconectarse un poco antes de acostarnos, lo que permite optimizar los recursos corporales y facilita la relajación que precede a un buen sueño reparador. El cuerpo se anticipa a los cambios del exterior a través de su actividad fisiológica, lo que implica que las alteraciones fisiológicas pueden alterar también el sueño. En este sentido, una de las alteraciones fisiológicas más prevalentes durante la adolescencia (y, demasiado a menudo, en cualquier otra etapa de la vida) es el estrés. La relajación que precede a la conciliación de un buen sueño reparador se produce en ausencia de estrés, o cuando mostramos un nivel leve de estrés. El estrés moderado y agudo puede alterar profundamente esta dinámica. En el próximo capítulo hablaremos del estrés, de sus causas y sus consecuencias.

Uno de los aspectos que destacan en los adolescentes es que tienden a acostarse y a levantarse más tarde que los niños y los adultos. Esto se debe al proceso intrínseco de maduración de la glándula pineal y de otras zonas del cerebro que también se relacionan con el sueño y la vigilia. Es decir, el ciclo circadiano se altera y el reloj interno del cuerpo se retrasa casi un par de horas con respecto al de los niños y los adultos (figura 11). Esto provoca que la somnolencia nocturna se inicie algo más tarde durante esta etapa y, del mismo modo, hace que su cuerpo empiece a activarse algo más tarde por la mañana de forma natural y espontánea. Los adolescentes no se quedan despiertos hasta altas horas de la noche para molestarnos o mostrar su rebeldía, y si les cuesta tanto levantarse por la mañana no es porque sean unos perezosos, como a veces he oído decir. Lo hacen porque se lo pide su biología. La fisiología de su cerebro los impulsa irremediablemente a ello. Aunque, como ya he dicho, no es extraño que también aprovechen la situación para mostrar su rebeldía y autoafirmarse, y es probable que eso sea lo que nos moleste.

Este retraso del ciclo circadiano tiene diversas consecuencias que deberíamos tener en cuenta. Partamos del he-

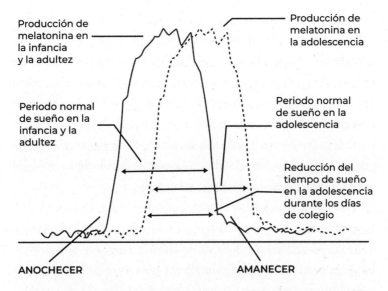

FiGURA 11. Producción de melatonina durante el ciclo circadiano en la adolescencia comparada con la infancia y la edad adulta. Obsérvese que en los adolescentes se retrasa hasta un par de horas. Se muestra el tiempo que deberían dormir siguiendo su propio ciclo circadiano, comparado con el que muchas veces duermen debido a que deben levantarse pronto por la mañana. Fuente: American Academy of Sleep Medicine.

cho de que por la noche les cuesta más acostarse, y que por eso se van a dormir más tarde, por ejemplo, unas dos horas después de lo que lo hacemos los adultos. Pero por la mañana deben levantarse pronto para cumplir con sus obligaciones académicas. De entrada, esto implica que van a dormir menos horas de las necesarias (figura 11). Se calcula que los adolescentes pueden llegar a perder, en promedio, entre dos horas y dos horas y cuarenta y cinco minutos de sueño cada día, lo que tiene importantes consecuencias para su salud física y mental. Dormir no solo sirve para que el cuerpo se relaje y se recupere después de un día de trabajo, estudio y juego. Es el adhesivo que une todos los recuerdos y las experiencias que se han vivido durante el día, y que permite que se integren con los recuerdos y las experiencias previas. Dicho de forma más académica, la memoria y el aprendizaje se consolidan mientras dormimos.

Además, durante las horas de sueño el cerebro aprovecha para priorizar los recuerdos. Los descompone en distintos elementos y luego los reorganiza según su importancia emocional. Este hecho contribuye a construir nuestra biografía. Es decir, influye en cómo nos recordamos a nosotros mismos y en cómo recordamos nuestra integración con el entorno, lo que a su vez condiciona cómo nos percibimos y cómo percibimos nuestro entorno. Estos recuerdos y construcciones de autoafirmación personal biográfica los adolescentes los proyectarán hacia su futuro, condicionándolo. Dicho de otra manera, un buen sueño hace que se perciban a sí mismos de una forma más adecuada, a través de la reconstrucción integrada de las experiencias y los pensamientos que van a constituir su biografía, imprescindible durante la juventud para que puedan organizar y reorganizar su vida de forma autónoma. El elemento clave para la construcción nocturna de esta biografía es la importancia emocional de los recuerdos. Sí, ya tenemos aquí de nuevo las emociones, cruciales en todos los aspectos de nuestra vida. Por eso, como hemos comentado al hablar de la construcción del cerebro durante la infancia, no solo son relevantes las experiencias que se viven sino también, y de forma muy especial, cómo se viven; esto es, el estado emocional que se tenía al vivirlas.

... Y QUÉ CONSECUENCIAS PUEDE TENER NO DORMIR LO SUFICIENTE

La falta de sueño durante la adolescencia se ha relacionado con algunos trastornos fisiológicos y metabólicos —obesidad, hipertensión y trastornos cardiovasculares— que pueden manifestarse durante la vida adulta, además de con alteraciones de la conducta —depresión, una baja autoestima, inestabilidad anímica acusada, anorexia, bulimia, impulsividad y agresividad excesivas, menor capacidad para el aprendizaje, inhibición de la creatividad, lentitud en la resolución de problemas, despistes y olvidos y una mayor predisposición al consumo de sustancias tóxicas, como alcohol u otras drogas, según el temperamento de cada persona—. Cuando los adolescentes no duermen lo suficiente, se inhibe parcialmente la poda neuronal, que es el proceso de eliminación de conexiones neuronales, imprescindible para que maduren sus comportamientos y alcancen la madurez plena. No nos preocupemos ahora por este tema, porque hablaremos de las causas y las consecuencias de la poda neuronal más adelante, en este mismo capítulo.

Todo ello va asociado, además, a un incremento del estrés. El estrés moderado o agudo dificulta conciliar el sueño y hace que pierda calidad. Al mismo tiempo, el hecho de dormir menos horas de las necesarias también incrementa el nivel de estrés en un círculo vicioso en el cual es mejor no entrar. El estrés es una reacción fisiológica ante una situación que se percibe como amenazante, teniendo en cuenta que la amenaza puede ser real o supuesta por el individuo, y ante la cual reaccionan tanto el cuerpo como el cerebro. Por ello, lo peor que podemos hacer cuando vemos a un adolescente estresado es reprenderle o amonestarle de forma excesiva sin brindarle al mismo tiempo todo nuestro apoyo emocional. Solo incrementaremos su nivel de estrés, lo que empeorará la situación, sea cual sea. Y no merece la pena añadir más estrés, porque dificultará aún más la resolución del conflicto que se haya generado. En este sentido, las dos formas más habituales que tiene el cerebro de responder al estrés es a través de reacciones emocionales de miedo, lo que los lleva a esconderse o a huir, incluso de ellos mismos (con todo lo que implica de alienación), o la ira y la agresividad. En los próximos apartados lo desgranaremos más. De momento solo queremos enfatizar que la falta de sueño puede conducir a una mayor irritabilidad que, por su naturaleza impulsiva, dificulta aún más en los adolescentes la capacidad de reflexionar sobre sus propios actos y las consecuencias que estos pueden tener.

Hemos dicho que el ciclo circadiano permite que las funciones corporales se adelanten a los cambios diarios, lo que sirve para optimizar el funcionamiento fisiológico del cuerpo, preparándolo para lo que ha de venir. También hemos visto las consecuencias de la falta de sueño, que puede deberse, entre otros muchos factores, al hecho de acostarse más tarde por el retraso del ciclo circadiano y a tener que levantarse pronto por la mañana para cumplir con las obligaciones académicas. ¿Qué sucedería si respetásemos algo más estos cambios inevitables que se dan en la adolescencia? ¿Y si pudiesen ajustar sus actividades a su ciclo circadiano? Diversos trabajos han comprobado qué sucede cuando dejamos que los adolescentes se levanten algo más tarde por la mañana. En uno de ellos, realizado en 2017 en Inglaterra, se analizaron los efectos de los horarios escolares en un grupo de chicas y chicos de edades comprendidas entre los trece y los dieciséis años durante un periodo de cuatro años. El diseño del estudio era simple. El primer año los estudiantes iniciaron las clases a las ocho y media de la mañana, como es costumbre en ese país durante la educación secundaria. Los dos años siguientes, se retrasó la hora de inicio hasta las diez. Por último, el cuarto año se volvió a adelantar la hora de entrada en el instituto a las ocho y media. Cada año se cuantificó el número de días que faltaban por estar enfermos y el rendimiento académico según las puntuaciones obtenidas en los exámenes oficiales. Para acabar, estos valores se compararon con la media de la población estudiantil de la misma edad y condición socioeconómica que habían entrado siempre en el instituto a las ocho y media de la mañana.

Los resultados obtenidos fueron concluyentes. Al retrasar la hora de entrada —lo que implicaba que podían dormir una hora y media más cada día—, el número de días que faltaban al instituto por enfermedad se redujo un 50 por ciento. Esto se debe a que el sistema inmunitario, que también aprovecha las horas de sueño para regenerarse y cuya función se ve influenciada por la neurohormona melatonina, estaba más activo cuando se levantaban y, en consecuencia, los protegía de infecciones comunes como la gripe o los catarros. En cuanto al rendimiento cognitivo, durante los dos años que los estudiantes entraron a las diez de la mañana, el porcentaje de alumnos que progresaron positivamente aumentó un 20 por ciento con respecto al resto de la población estudiantil. Tal vez estés pensando que un 20 por ciento no parece demasiado, pero es un valor importantísimo. Implica que todos los adolescentes que tienen la sensación de que jamás podrán salir airosos de la educación secundaria porque sus calificaciones están por debajo del 5, pongamos entre 3,5 y 5 puntos sobre un máximo de 10 (según el sistema de calificaciones más habitual en España), por el simple hecho de dormir más y de forma más ajustada a su ciclo circadiano, de repente se dan cuenta de que progresan más adecuadamente. En este sentido, hay que destacar que uno de los problemas más graves que tiene que afrontar el sistema educativo en muchos países del mundo es el abandono escolar prematuro, que genera grandes dosis de estrés y desasosiego no solo entre los adolescentes sino también en sus familias. Cabe decir, sin embargo, que estas conclusiones no se pueden aplicar a todos los países. Es necesario replicarlos en cada contexto sociocultural para analizar la influencia de otros factores, como las diferencias entre el horario oficial y el solar o las costumbres sociales en cuanto a las horas y la tipología de las comidas, más o menos abundantes y a unas horas u otras según sea el desayuno, el almuerzo o la cena. Pero, sea como fuere, el simple hecho de tener la posibilidad de dormir más por las mañanas es en principio positivo para el desarrollo y la maduración cerebral de los adolescentes.

LA IMPORTANCIA DE DESCANSAR

Pero no solo es importante dormir de noche. También lo es descansar durante el día, entre periodos de actividad. Una actividad intensa demasiado sostenida en el tiempo perjudica la consolidación de los aprendizajes y las experiencias anteriores. Esto se ha demostrado no solo en estudios con personas, sino también con otros animales, como por ejemplo ratas, cuya actividad cerebral se puede monitorear con mayor facilidad. Hay un experimento que llama mucho la atención. Se introduce a unas ratas en un laberinto para que lo exploren. Después se las divide en dos grupos. A las ratas de uno de los grupos se las deja descansar tras esta actividad, mientras que a las del otro grupo se las somete a un nuevo proceso de aprendizaje. Las que han podido descansar recuerdan durante mucho más tiempo los entresijos del laberinto, porque su cerebro ha dispuesto de un rato para reorganizar y consolidar la memoria. Pues bien, lo mismo sucede en las personas. En uno de los diversos estudios que se han hecho, se pidió a unos voluntarios que realizasen una tarea de aprendizaje, y después, a unos se les dejaba descansar mientras que a otros no. Al día siguiente se retomaba la tarea. Los que habían podido descansar después de los ejercicios de aprendizaje la retomaban casi en el mismo punto de conocimiento donde la habían dejado. En cambio, los que no habían podido descansar experimentaban una disminución mucho mayor de lo que habían aprendido el día anterior, lo que obligaba a dar algunos pasos atrás antes de continuar, a riesgo, en caso contrario, de no integrar bien los nuevos aprendizajes. Dicho de otra manera, y aplicándolo a los adolescentes, durante las jornadas de estudio y trabajo deben programarse ratos de descanso para ir consolidando los aprendizajes de forma progresiva.

A todo ello hay que añadir que, como en cualquier otro aspecto de la neurociencia cognitiva, no hay normas escritas. Hay personas con una tendencia innata a despertarse más pronto por la mañana y a acostarse también pronto, mientras que otras tienden a levantarse de forma espontánea más tarde y a acostarse también después que el resto. Son los denominados «cronotipos matutino y vespertino», respectivamente. O «alondras y búhos», como se conocen de manera coloquial. Yo soy, sin duda, alondra, pero la mayoría de los adolescentes, por lo del retraso del ciclo circadiano, se convierten en búhos y suelen rendir más por la noche que por la mañana. También hay personas que necesitan más horas de sueño que otras.

Por último, cabe destacar también la importancia de los minutos previos a acostarse, que deben servir a los adolescentes, como a los adultos, para que el cerebro y el cuerpo inicien su relajación. No deben estar estudiando hasta el último segundo antes de acostarse, ya que el cerebro necesita un rato, al menos media hora, para ir desactivándose poco a poco, lo que permite que la relajación y el sueño le vayan invadiendo. En este sentido, una actividad muy habitual antes de acostarse es utilizar dispositivos electrónicos. La luz emitida por estos dispositivos puede alterar el ciclo circadiano, dificultando todavía más la conciliación del sueño. El motivo es muy simple. El cerebro tiene sistemas para «ponerse en hora», es decir, para ajustar su ciclo a los cambios externos, y para ello se basa en la luz ambiental. En la retina hay muchos tipos de células fotorreceptoras, como los conos y los bastones, implicados en la percepción de los colores y en la visión en condiciones de baja luminosidad, respectivamente. Sin embargo, en la retina hay otro tipo de células fotorreceptoras que sirven para regular el ciclo circadiano. Así, las pantallas que emiten luz diurna dificultan conciliar el sueño si se usan de noche porque transmiten al cerebro la impresión de que todavía es de día. En cambio, las que tienen la opción de usar luz nocturna, más rica en tonos azules, no interfieren con el ciclo circadiano. Se considera que, como mínimo media hora antes de acostarse, no se deberían utilizar pantallas de luz diurna, para evitar que el cerebro interprete que aún es de día y retrase el inicio del periodo de descanso nocturno. Tampoco deberían realizarse actividades estimulantes, para que el cerebro se relaje poco a poco. Zzz...

El papel de las experiencias y la exploración

Los adolescentes son diferentes porque también lo es su cerebro. Aunque parezca una paradoja, el cerebro adolescente es más fuerte y más vulnerable al mismo tiempo que en cualquier otra etapa de la vida. Pueden aprender con suma rapidez gracias a la sobreactivación de la plasticidad neuronal, pero para ello necesitan encontrar sentido a lo que hacen. Esto no implica que el sentido que ellos encuentren sea el mismo que el que le damos los adultos. Para un adolescente, tienen más sentido los contextos socioemocionales, ya que deben aprender a reconocer su cuerpo y sus nuevas capacidades cognitivas en relación con su entorno. Además, pueden aprender tanto en un sentido como en otro; es decir, pueden adquirir tanto conocimientos, habilidades y actitudes que los adultos valoremos como positivos o bien como negativos. Adquieren con especial avidez lo que sus iguales valoran como positivo, sea lo que sea. Lo que siempre tienen en común es que su cerebro prioriza más que nunca los aprendizajes que conllevan componentes sociales o emocionales. El entorno social y emocional es, por consiguiente, clave en su maduración.

Esta aparente paradoja —que el cerebro adolescente sea más fuerte y, al mismo tiempo, más vulnerable— puede llevar a la construcción de un cerebro que al alcanzar la juventud le permita tomar las riendas de su vida de forma consciente, consecuente y congruente, o todo lo contrario, puede contribuir a formar jóvenes con dificultades para entender y gestionar sus estados internos y los de los demás. Más empoderados, estables y creativos (características que no tienen por qué ir juntas, pero considero que son las más deseables), o más crédulos y manipulables, emocionalmente inestables y con menos capacidad para planificar su futuro de forma creativa y deseada. Las diferencias, como resulta obvio, son cruciales: contribuir a la construcción de jóvenes y después adultos que vivan los cambios y las novedades, los retos y los problemas que irán apareciendo a lo largo de su vida como oportunidades para seguir creciendo de forma resiliente; o jóvenes y adultos con dificultades para afrontar los retos de la vida y menos tolerantes al fracaso, lo que puede generar caracteres más impulsivos y agresivos, con ellos mismos y con los demás, o demasiado retraídos, según su temperamento.

Además, como ocurre con las huellas dactilares, no hay dos cerebros iguales, por lo que no existen las recetas «mágicas» para interactuar con los adolescentes, solo ideas que nos permitan ir reflexionando. Ni siquiera los gemelos, que tienen el mismo genoma y han compartido muchas experiencias a lo largo de su vida, tienen el cerebro exactamente igual. Todo lo que hacemos, decimos, pensamos y sentimos influye en el desarrollo del cerebro, lo que va generando cambios sin cesar. El cerebro no solo se forma mediante la interacción de los genes y el ambiente, sino que también se autoforma. Fijaos en lo que acabo de decir: lo que pensamos y sentimos, lo que los adolescentes piensan y sienten, también influye en el desarrollo y en la construcción de su cerebro. No solo nos formamos, también nos autoformamos. De ahí que sea tan importante generar entornos de pensamiento emocional y experiencialmente adecuados en el seno familiar, en los centros educativos y en la sociedad en general. La base, como se ha comentado en varias ocasiones, la constituye la plasticidad neuronal, la capacidad de las neuronas de establecer conexiones nuevas y reforzar las existentes en función de cómo se vayan desarrollando las experiencias vitales.

Una de las primeras pruebas de la importancia del entorno ambiental en la construcción del cerebro y en el establecimiento de determinados patrones de comportamiento se obtuvo a finales de la década de 1950. Un neurobiólogo canadiense decidió llevar a su casa unas crías de rata y se las regaló a sus hijos como mascotas (en la actualidad no se pueden sacar animales del laboratorio, pero en esa época la normativa era más laxa). Dejaron que las ratas deambularan libremente por la casa, por lo que estas pasaban buena parte del día paseando y explorando el entorno, y jugando con los hijos del investigador (o, más bien, tolerando con paciencia que jugasen con ellas). Al cabo de varias semanas, cuando alcanzaron la adultez, este investigador se llevó las ratas de regreso al laboratorio y las comparó con sus hermanas que había mantenido en jaulas. Las sometió a una prueba de laberinto, que permite comparar cómo lo exploran, cuánto tiempo tardan en encontrar la salida y en aprenderse el camino para salir lo más rápido posible. Cabe decir que a la salida las espera un delicioso bocado de comida, por lo que se apresuran a encontrarla.

Pues bien, las ratas que habían disfrutado de la libertad de explorar los rincones de la casa de este investigador se mostraban mucho más confiadas y seguras en el nuevo entorno del laberinto de investigación, lo resolvían y aprendían dónde estaba la salida con más rapidez, y no mostraban tantos signos de frustración cuando se equivocaban, a diferencia de las ratas que habían estado encerradas en jaulas. Llevado al campo de la adolescencia, para que maduren de forma adecuada debemos dejar que exploren el entorno de manera independiente, pero desde la seguridad que les podamos proporcionar, especialmente emocional. Encerrarlos, aunque sea de forma metafórica —esto es, amonestarlos y reprenderlos por cualquier actitud o acción que no entendamos sin continuar proporcionándoles un entorno emocional estable y seguro— es como mantenerlos en «jaulas mentales». Esta ventana a la experiencia del mundo les debe servir para que averigüen qué los hará más felices consigo mismos y con el entorno, y qué les permitirá llevar una vida más sana y, de forma óptima, más sensata. El objetivo es formar a jóvenes más seguros y confiados, con mayor capacidad para establecer relaciones sanas con el entorno, más capacidad de resiliencia y un mejor control y estabilidad emocionales.

En este sentido, como se ha dicho, los aspectos que los adolescentes valoran más en sus aprendizajes son los socioemocionales, que vinculan a través de sensaciones de recompensa. Dicho de otro modo, les parece interesante todo lo que sea valorado de forma positiva por el entorno. Por este motivo se esfuerzan por satisfacer las expectativas de sus iguales, aunque sea a riesgo de realizar actividades potencialmente peligrosas para sí mismos. Según un estudio publicado en 2016 por investigadores estadounidenses, la acción sinérgica de las sensaciones de recompensa generadas por el estriado sobre el hipocampo, sede gestora de la memoria, permite unos mejores aprendizajes e incrementa la capacidad de memorización. De forma resumida, se pidió a un grupo de adolescentes que memorizasen unas imágenes, y después se evaluó el grado de adquisición de estos conocimientos. A la mitad de ellos, si acertaban, se les proporcionaban estímulos visuales gratificantes (como una viñeta donde se leía: FELICIDADES, LO ESTÁS CONSIGUIENDO), y si se equivocaban se les dejaba volver a intentarlo, pero sin proporcionarles ningún estímulo concreto. En cambio, a la otra mitad, si acertaban no se les decía nada y se les dejaba pasar a la siguiente prueba, pero cuando se equivocaban aparecían estímulos visuales desagradables (por ejemplo, una viñeta donde se leía: TE HAS EQUIVOCADO, LO ESTÁS HACIENDO MAL). Pues bien, los adolescentes que recibían estímulos positivos gratificantes progresaban más rápido que los que recibían estímulos negativos desagradables.

Además, se comparó con un experimento idéntico realizado con adultos, y se observaron diferencias interesantes. En los adultos, la diferencia en función de si se les proporcionaban estímulos visuales gratificantes o desagradables era menor que en los adolescentes. Dicho de otra manera, los adolescentes son mucho más permeables a los refuerzos positivos y negativos que les llegan de su entorno —tanto de los adultos como en especial de sus iguales— y los usan como patrón de medida para valorar la importancia y la utilidad de los aprendizajes que realizan y las experiencias que viven. Y esto a su vez influye en la eficiencia con que serán recordados y utilizados después. Además, implica que la percepción que tenemos los adultos sobre cómo nos afectan los mensajes positivos y negativos no coincide del todo con la de los adolescentes. Podemos creer que los mensajes negativos los ayudarán a superar sus limitaciones y a encarar nuevos retos como a lo mejor pensamos que nos servirían a nosotros, pero en la mayor parte de los casos no será así, sino justo lo contrario. Como se ha mencionado en otros apartados, cualquier reconducción que debamos hacer de sus actitudes tendrá más eficacia a la larga si la hacemos de forma propositiva y proactiva, lo que implica una invitación al aprendizaje mediante propuestas de acción.

EL CEREBRO TAMBIÉN ELIMINA CONEXIONES PARA GANAR EFICIENCIA

Durante la adolescencia, el cerebro no solo incrementa enormemente el número de conexiones neuronales, sino que también elimina muchas de las que ya tenía. Se denomina «poda neuronal», «sináptica» o «de axones» por comparación con un jardinero que corta las ramas innecesarias o que estorban. Se trata de un proceso a través del cual el cerebro elimina las conexiones neuronales que mantenían los comportamientos instintivos de la infancia, lo que permite que se vayan desarrollando los propios de la juventud y la adultez. Pero también se eliminan las conexiones neuronales poco utilizadas para garantizar que toda la capacidad cerebral esté disponible para las nuevas conexiones y para las que se utilizan de forma frecuente. Además, no se produce por igual en todas las zonas del cerebro, afectando a una mucho más que a otras (figura 12). La poda neuronal no implica la muerte o la eliminación de neuronas, sino la retracción de axones y la eliminación de las conexiones menos eficientes, para que las neuronas conserven las conexiones más eficientes y puedan establecer nuevos contactos que no interfieran con las que están en desuso.

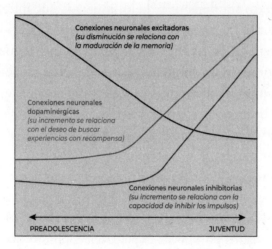

FIGURA 12. Afectación diferencial de la poda neuronal en la corteza prefrontal durante la adolescencia. Fuente: Modificado de Neuroscience Education Institute, en <www.neiglobal.com/Members/MonthInPsychopharmPost/tabid/509/topic/58/Default.aspx>.

La poda neuronal aumenta la eficiencia de funcionamiento del cerebro. Así, por ejemplo, se ha visto que una poda adecuada durante la adolescencia permite incrementar el coeficiente de inteligencia. Durante mucho tiempo se pensó que este coeficiente era estable e inmutable, para toda la vida. Ahora sabemos que no. En la adolescencia, el coeficiente de inteligencia, como cualquier otra característica cognitiva, puede incrementarse o reducirse, según cómo haya sido la infancia y se desarrolle la adolescencia. Se ha visto que, entre los trece y los dieciséis años, casi un tercio de los adolescentes no ve alterado su coeficiente de inteligencia, un tercio lo aumenta y, atención, otro tercio lo disminuye. No se sabe a ciencia cierta qué factores intervienen en el incremento o la reducción de las capacidades cognitivas durante la adolescencia, pero sin duda uno de los aspectos que influye es la potenciación de las capacidades reflexivas y de gestión emocional, esto es, de las funciones ejecutivas que residen en la corteza prefrontal. La inteligencia es importante, pero no lo es todo, ni mucho menos. Los aspectos emocionales, como se ha dicho en numerosas ocasiones, son cruciales para sacar provecho de las capacidades cognitivas que se tengan, o para no aprovecharlas. Por ejemplo, no es lo mismo centrar las respuestas conductuales en el miedo que en la curiosidad, por mencionar dos extremos. El miedo es una respuesta emocional que nos lleva a escondernos y rechazar los aprendizajes basados en nuevas experiencias, puesto que los rehuiremos. La curiosidad, sin embargo, surge de una mezcla de emociones proactivas, como la sorpresa, y de la capacidad de reflexión. Por eso, sin duda, uno de los aspectos que influyen en los cambios del coeficiente de inteligencia y de cualquier otra capacidad cognitiva es la potenciación de las capacidades reflexivas y de gestión emocional. No se trata solo de saber más, sino de ganar en eficiencia de lo que se aprende, y en cómo se usa.

Ahora que estamos hablando del coeficiente de inteligencia, aprovechemos para reconducir otro de los neuromitos más extendidos y persistentes: las inteligencias múltiples. ¿Tenemos una sola inteligencia o existen varias? Cuando el psicólogo de la Universidad de Harvard Howard Gardner presentó la hipótesis de las inteligencias múltiples durante la primera mitad de la década de 1980, se consideraba que la inteligencia humana estaba constituida por las habilidades lógico-matemáticas, lingüísticas y algunas visoespaciales (es decir, la orientación de figuras geométricas en el espacio). Gardner propuso que existían otras muchas inteligencias, como la corporal y físico-cinestésica, la interpersonal, la intrapersonal, la naturalística, la musical e incluso se añadió la espiritual. Pues bien, todas las pruebas neurocientíficas que se han hecho indican que tenemos una sola inteligencia, no múltiples. Pero, ¡atención!, esta única inteligencia es más compleja de lo que se pensaba hasta hace unas décadas. Tenemos una sola inteligencia, que es la que usamos y demostramos a diario en nuestros actos, pero es más plural de lo que se creía, e incluye los aspectos propuestos por Gardner. Se debería hablar, pues, de facetas múltiples de la inteligencia, de una inteligencia poliédrica, con muchos aspectos interrelacionados. Porque, ¿de qué sirve saber muchas cosas si, por ejemplo, no gestionamos de forma eficiente nuestro estado emocional para conseguir los objetivos que nos propongamos? ¿De qué les sirve a los adolescentes que los atiborremos de conocimientos si no perciben la necesidad de adquirirlos y si no les generamos un ambiente socioemocional propicio para que los desarrollen según sus necesidades? Debemos potenciar la inteligencia en su conjunto trabajando todos sus aspectos de la manera más integrada posible, ya que todas las capacidades cognitivas intervienen en nuestro ser. El cerebro lo integra todo, pero debe aprender a hacerlo de modo eficiente. Y la poda sináptica, junto con las experiencias que se viven y cómo se viven, contribuye a ello.

A pesar de que la poda sináptica sea imprescindible y de que en parte venga programada, es modificable por las experiencias. Durante la poda, como se ha dicho, se eliminan las sinapsis menos eficientes, lo que implica, visto al revés, que es necesario que durante la infancia se hayan ido seleccionando conexiones eficientes. Si durante las etapas anteriores a la adolescencia no se generan estímulos suficientes, puede que la poda sináptica no se realice del todo bien, ya que tampoco hay sinapsis eficientes. Y si hay una disminución o una alteración de la poda, con el tiempo se puede producir una pérdida de las capacidades. Del mismo modo, una pérdida de la estimulación durante la adolescencia puede provocar una poda excesiva, lo que también reduce las capacidades cognitivas y la riqueza mental. En clave educativa, el reto de la educación es guiar la plasticidad del cerebro de los adolescentes a través de la formación de nuevas conexiones sinápticas y de la poda neuronal, con ambientes ricos y estimulantes que ejerzan su influencia sobre aquellas capacidades que se quiera que terminen siendo más eficientes, lo que incluye no solo los aprendizajes conceptuales, de aptitudes y de habilidades, sino en especial las actitudes, como la capacidad del trabajo (tanto individual como colaborativo), las interacciones sociales, el control de las funciones ejecutivas (planificación, reflexión, toma de decisiones, gestión emocional, flexibilidad cognitiva...), la metacognición (la capacidad de racionalizar los propios procesos mentales) y la autoconsciencia (ser conscientes de nuestra propia consciencia), entre otras. En los próximos capítulos hablaremos de todas estas capacidades.

Para terminar este apartado solo nos queda decir que la poda neuronal es tan importante que se han descrito alteraciones durante la adolescencia que se relacionan con algunas condiciones mentales, como la esquizofrenia. En un trabajo publicado en 2016 por el genetista Steven A. McCarroll y sus colaboradores, se identificó una alteración genética que hace que, durante la adolescencia, se altere el patrón normal de poda neuronal, lo que favorece la manifestación de esquizofrenia. De hecho, muchos trastornos que afectan al comportamiento se empiezan a manifestar durante la adolescencia. Y no es porque tengan nada que ver necesariamente con la poda neuronal, sino por las profundas reorganizaciones que experimenta el cerebro. Es, como se ha dicho muchas veces, una auténtica metamorfosis del comportamiento.

¿EXISTEN LAS DIFERENCIAS DE GÉNERO?

Para terminar este capítulo abordaremos otro de los muchos cambios importantes que tienen lugar durante la adolescencia: la maduración de la sexualidad. Empecé a hablar de ello al tratar la cuestión de la preadolescencia. En la especie humana hay cuatro dimensiones que se superponen: el sexo biológico —tener órganos reproductores masculinos o femeninos—, la identidad de género —sentirse hombre, mujer o no binario—, la atracción sexual —que se puede producir hacia personas del mismo sexo, del otro o por ambos sin distinción—, y la expresión del género —más «masculina» o «femenina», con una inmensa gama de matices entre estos dos extremos—. Esta superposición puede generar muchas combinaciones, y cada adolescente debe descubrir la suya. No hay normas fijas ni manuales de instrucciones, más allá del imprescindible respeto por las diferencias. Lo importante es mostrarles confianza. Si el adolescente se siente rechazado por su entorno, tanto familiar como social, la maduración de su cerebro puede verse seriamente dañada. Así que, repito, lo más importante es transmitirles confianza y apoyo emocional. En los próximos capítulos profundizaremos en el apoyo emocional.

Sin embargo, llegados a este punto, es necesario abordar un tema que, por desgracia, ha sido politizado en exceso: las diferencias de género entre el cerebro masculino y el femenino. De existir, deberían generarse desde el desarrollo embrionario y fetal, cuando los genes empiezan a dirigir la formación de un nuevo individuo, y tendrían que mantenerse durante la infancia y la adolescencia. A nivel genético, se ha visto que casi el 2,5 por ciento de los genes se expresan de forma diferente en el cerebro en función del sexo. A nivel neuronal, y hablando siempre en términos generales, el volumen relativo de sustancia blanca y gris en algunas áreas del cerebro difiere en chicos y chicas. También la maduración de distintas zonas de la corteza cerebral y del sistema límbico, como la amígdala, presenta diferencias en función del sexo durante la adolescencia (figura 13). Por ejemplo, la amígdala, el centro que genera las emociones, se desarrolla unos dieciocho meses antes en las chicas que en los chicos durante los primeros años de la adolescencia. Algo parecido ocurre con el hipocampo, encargado de gestionar la memoria. Los chicos tienen ambos hipocampos asimétricos y las chicas los presentan simétricos.

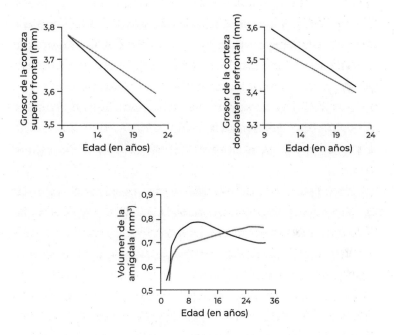

FIGURA 13. Diferencias en el volumen relativo de las distintas zonas de la corteza cerebral y de la amígdala durante la adolescencia en hombres (negro) y mujeres (gris). Fuente: D. Bueno (2019).

A nivel interno —siempre valorándolo en promedio, pues cada cerebro es único e irrepetible—, el cerebro femenino presenta más conectividad entre ambos hemisferios, y el masculino dentro de cada hemisferio cerebral. Esto hace que en general, según han demostrado varios estudios psicológicos, aparentemente los hombres puedan tomar decisiones de forma más rápida, pero si hay suficiente tiempo para valorar todas las implicaciones, el porcentaje de aciertos es superior en las mujeres, dado que pueden evaluar más parámetros de forma conjunta. Y también por este motivo algunos trabajos señalan que las mujeres tienen más capacidad para cambiar de una tarea a otra. Además, también en promedio, a escala global, la eficiencia de funcionamiento del cerebro femenino es algo superior a la del masculino, y los costes energéticos son inferiores. Cabe decir, sin embargo, que todas estas diferencias son mínimas, y que no encierran capacidades distintivas o carencias de ningún tipo.

En cuanto a zonas específicas del cerebro, el femenino parece ser muy eficiente en cuanto a las regiones que controlan el habla, mientras que el masculino destaca por una aparente mayor eficiencia en un par de regiones implicadas en la orientación espacial. Esto parecería favorecer la creencia popular de que los hombres son mejores en matemáticas, mientras que las mujeres tienen más facilidad para expresar sus sentimientos y para hablar. Pero, ¡atención!, tanto los resultados de estas pruebas como las diferencias neuronales descritas no implican que estas sean necesariamente innatas o de origen genético. Este punto es crucial, ya que pueden deberse, al menos en parte, al ambiente social que, de forma a menudo preconsciente, valora más unos aspectos u otros en las personas en función del sexo. Y aquí es donde los progenitores, los profesores y la sociedad en general tenemos una gran responsabilidad para con los niños, las niñas y los adolescentes. Cuando nuestros hijos eran pequeños los llevábamos cada tarde al parque, junto con otras muchas familias. Cuando los niños y las niñas juegan, a veces se caen de bruces y se hacen daño. En estos casos, no es infrecuente ver que, si quien se cae es un niño, sus cuidadores le dicen: «Venga, valiente, que no pasa nada». Si es una niña: «Pobrecita, ¿te has hecho daño?». Tal vez estas diferencias hayan cambiado en los últimos años, pero hace una década y media se mantenían. A todo ello hay que sumar la influencia del entorno, como algunos catálogos de juguetes que los clasifican «de niños» (coches, juegos de construcción...) o «de niñas» (cocinas, muñecas...), o las tendencias que durante la preadolescencia y la adolescencia marcan las y los *influencers*.

Algunos estudios sobre las capacidades matemáticas de las chicas al terminar la educación primaria corroboran que la influencia ambiental es más importante de lo que tal vez algunos pensaban. Por ejemplo, un estudio realizado hace años en Canadá demostró que, en general, cuando un niño responde bien a una pregunta de matemáticas, la valoración que recibe del entorno suele ser más satisfactoria que cuando la resuelve una niña. Son deferencias sutiles, pero que se van acumulando, lo que hace que al final unas personas se sientan más cómodas con unas actividades que con otras. Los condicionantes culturales que se transmiten de manera inconsciente hacen que, en según qué tareas, los chicos se sientan más recompensados que las chicas y viceversa, lo que los estimula a continuar por ese camino para seguir recibiendo sensaciones de recompensa. Recordemos la importancia de las valoraciones externas a cualquier edad, pero en especial durante la adolescencia. Estos estímulos terminan favoreciendo conexiones neuronales que promueven unos comportamientos u otros como consecuencia de los estímulos que se reciben. Esto es lo que, como padres y madres, maestros y maestras, más útil les resultará a nuestros hijos e hijas, o a nuestros alumnos y alumnas: mostrarles apoyo y confianza sabiendo que algunas cosas de las que hagan no nos gustarán, que intentarán romper los límites que les pongamos y que lo van a discutir todo o casi todo. Así debe ser para que la maduración de su cerebro siga el curso más adecuado posible.

Resumen

La adolescencia es época de cambio, renovación y crecimiento para el cerebro. Se producen cambios y reorganizaciones extensas que afectan a muchos aspectos del comportamiento. Uno de los más evidentes es un retraso del ciclo de vigilia y sueño, que los lleva a acostarse más tarde y también a levantarse bien entrada la mañana. Tener una buena calidad de sueño y descansos periódicos contribuye a que fijen los aprendizajes y las experiencias, y a que construyan su biografía de forma más coherente consigo mismos y con su entorno. Los adultos debemos respetar sus ritmos de maduración, apoyándoles emocionalmente cuando lo necesiten sin dejar de lado la importancia crucial de un buen guiaje durante esta etapa, basado en nuestro ejemplo. Cuando vemos a un adolescente estresado, lo peor que podemos hacer es reprenderle de forma excesiva sin brindarle al mismo tiempo todo nuestro apoyo emocional. Lo importante es mostrarle confianza. Si el adolescente se siente rechazado por su entorno, tanto familiar como social, la maduración de su cerebro puede verse muy dañada. Para un adolescente, lo que tiene más sentido son los contextos socioemocionales, puesto que debe aprender a reconocer su cuerpo y sus nuevas capacidades cognitivas en relación con su entorno. Todo ello debe contribuir a la construcción de jóvenes y después adultos que vivan los cambios y las novedades, los retos y los problemas que irán apareciendo a lo largo de su vida como oportunidades para seguir creciendo de forma resiliente.

4

Cómo orientarse
dentro del cerebro de un adolescente

Iba a ser un día como cualquier otro, lo sabían. Desde siempre, desde que tenían recuerdos, desde que sus padres tenían recuerdos y hasta donde sus abuelos podían recordar, pocas cosas habían cambiado. Casi nada, de hecho. Se levantaron al despuntar el sol. La noche anterior habían estado escuchando embelesados, alrededor del cálido cobijo del fuego, las historias de los mayores, que conocían de memoria. Les gustaba la de la cacería del antílope moteado. Habían transcurrido muchas lunas desde la primera vez que se produjo, tantas que ni siquiera los más ancianos del grupo habían nacido todavía, ni los abuelos de los ancianos, ni los abuelos de los abuelos de los ancianos. Pero sabían que, dentro de poco, cuando estos antílopes, en sus migraciones, cruzasen las planicies donde ellos vivían, deberían cazar uno. Era la prueba que demostraría al resto de la tribu que habían dejado atrás la infancia y ya eran adultos.

Pero no sería esa mañana. Aún faltaban un par de lunas. Se levantaron y, como cada día desde hacía incontables generaciones, empezaron a caminar despacio por la pradera, avanzaban por el límite del bosque, cerca del curso del riachuelo. Sabían que era la zona donde con más facilidad encontrarían alimentos en esa época del año. Iban todos juntos, ancianos, adultos, jóvenes, adolescentes, niños y niñas, e incluso los recién nacidos en brazos de su madre o de su padre. De vez en cuando se detenían para desenterrar raíces, recoger bayas o, con certeros lanzamientos de piedra, hacer caer frutos de las copas de los árboles más altos. Cuando habían recogido suficientes alimentos, se detenían para repartírselos y se los comían. Sentados en el suelo, a la sombra de unos arbustos, masticaban con calma, sin prisa. Dejaron para la noche un par de roedores y unas lagartijas que habían cazado; las asarían al fuego junto con unas raíces que no se podían comer crudas.

A media tarde se detuvieron cerca de unos grandes árboles para pasar la noche. Mientras unos buscaban madera seca y encendían la hoguera, otros revisaban las puntas de flecha y los arcos con los que cazarían antílopes cuando se cruzasen con ellos. Daban pequeños golpes certeros sobre duras piedras para arrancar lascas cortantes. Conocían los movimientos que debían hacer sus manos y cuánta fuerza tenían que emplear. Llevaban muchas generaciones haciéndolo. Los mayores enseñaban, los adolescentes aprendían y los pequeños observaban, movidos por la curiosidad, y jugaban con palos y piedras representando sus historias favoritas, que esa noche volverían a escuchar de boca de los ancianos. Estaban cansados pero satisfechos. Habían caminado mucho para recoger comida suficiente con la que alimentarse todo el grupo, pero lo habían hecho despacio, paseando, sin prisa, para no pasar por alto ninguna raíz, baya o fruto comestible. Y también para coger desprevenidos a los animalillos huidizos que servían de complemento a su espartana pero nutritiva dieta. Algunos días se encontraban con sorpresas inesperadas, una pieza de mayor tamaño que podían cazar, una tormenta imprevista o algún felino al que debían esquivar, pero ese había sido un día como cualquier otro. Durmieron relajados, sintiéndose cerca unos de otros, después de disfrutar de un puñado de buenas historias protegidos por el calor envolvente del fuego.

Como en los capítulos anteriores, este relato contiene los temas que vamos a tratar a continuación. Es una historia basada en una experiencia que viví con mi familia hace años. Describe un día cualquiera en la vida de nuestros antepasados, cuando nuestra especie todavía vivía en el Paleolítico. Como dijimos al hablar de la evolución humana, nuestra especie, *Homo sapiens*, tiene unos doscientos mil años de historia. Como homínidos antecesores del *Homo sapiens*, llevamos más de dos millones y medio de años de evolución. Durante este largo periodo se ha ido formando nuestro cerebro por evolución, a partir del cerebro de primates que vivieron hace siete u ocho millones de años, quizá similares, aunque no idénticos, a los chimpancés actuales. Durante este larguísimo periodo, nuestra especie era cazadora y recolectora. Esta era su forma de vida, y es a esto a lo que biológicamente se ha adaptado nuestro cerebro. El Neolítico, la revolución que llevó a nuestros antepasados a vivir en pueblos y ciudades como agricultores, granjeros y comerciantes, es muy reciente, de hace unos diez mil años, tiempo insuficiente para que nuestro cerebro haya evolucionado. Más reciente aún es la Revolución industrial, que aconteció durante la segunda mitad del siglo xviii, hace menos de trescientos años. Y todavía lo es más la revolución digital, que empezó durante la década de 1970. Nos adaptamos al estilo de vida de la época en que hemos nacido por aprendizaje, porque tenemos un cerebro capaz de adquirir nuevos conocimientos, pero aprendemos según una estructura cerebral básica que se forjó durante el Paleolítico, cuando, repito, éramos cazadores y recolectores. Como veremos, este hecho tiene consecuencias importantes que influyen en toda nuestra vida y, en especial, durante la infancia y la adolescencia. Tenemos un cerebro «antiguo» que debe guiarnos por un entorno moderno. Sin embargo, antes de tratar este tema, empezaremos hablando de tres zonas del cerebro cuyo funcionamiento permite entender por qué los adolescentes se comportan como lo hacen. Son una especie de GPS que nos ayudará a orientarnos por el interior de su cerebro.

LOS TRES PUNTOS CARDINALES DEL CEREBRO ADOLESCENTE (O EL GPS PARA NAVEGAR POR SU INTERIOR)

Hace años, yendo de travesía por los Pirineos con mi esposa, cuando todavía se podía practicar la acampada libre (en la actualidad está muy restringida con el fin de proteger esos entornos naturales de abrumadora belleza y crucial importancia para mantener el equilibrio ecológico), al anochecer montamos la tienda junto a unos árboles. Después de cenar, antes de acostarnos, oímos un sonido que no habíamos oído nunca, un susurro continuo y penetrante, como si unos girones de viento hubiesen cobrado vida y se estuviesen moviendo entre los árboles. Sin pensarlo, nos dirigimos con presteza hacia el lugar de donde procedía ese ruido. Recortados contra la luz de la luna, vimos las siluetas fantasmagóricas de unos caballos, una cincuentena de équidos galopando sobre un prado de hierba mullida que amortiguaba el sonido de sus cascos. Es uno de los espectáculos más impresionantes que hemos visto, y a pesar de que han pasado más de treinta años, todavía lo recordamos con emoción y cariño.

Ya no éramos adolescentes, pero nos encontrábamos justo al inicio de la juventud, con veintipocos años. En cuanto oímos ese sonido, salimos corriendo hacia su origen, movidos por la sorpresa, una emoción básica que activó nuestra curiosidad, esperando ver algo nuevo que nos generase sensaciones de recompensa y placer, pero sin reflexionar antes sobre qué podía ser. Estos tres elementos —emociones a flor de piel, falta de reflexividad y búsqueda de sensaciones placenteras que proporcionen sentimientos de recompensa— permiten explicar cómo se comporta un adolescente. Dicho con palabras algo más académicas, hay tres regiones del cerebro cuya maduración es crucial para entender a los adolescentes, o al menos para intentar comprender por qué se comportan de esa manera. Las hemos mencionado varias veces a lo largo del libro: la corteza prefrontal, la amígdala y el estriado son los puntos cardinales que nos permiten entender los comportamientos típicos de esta etapa. Un auténtico GPS para orientarnos.

La amígdala

Es una estructura del sistema límbico, y su función es generar respuestas emocionales. Cabe recordar que las emociones son patrones de respuesta impulsivos y preconscientes que se activan cuando se produce una situación o un cambio en el exterior o en el interior (un pensamiento) que requiere una respuesta inmediata. Cualquier respuesta reflexiva es siempre más lenta que una respuesta emocional, por lo que, ante una aparente urgencia, las emociones son cruciales. Ver, por ejemplo, una sombra acechándonos en un callejón a medianoche activa la amígdala en modo «miedo», lo que nos impulsa a huir de la zona. Si nos pusiéramos a pensar qué puede ser esa sombra y resultase ser un peligro real, perderíamos unos segundos muy valiosos. Esa es la función de las emociones, acelerar las respuestas más básicas. El hecho de que sean preconscientes implica que no somos conscientes de cuándo se genera una emoción, aunque una vez desencadenada la podemos racionalizar y, tal vez, si lo consideramos necesario, reconducir, gracias a las funciones ejecutivas de la corteza prefrontal. Una vez se generan en la amígdala, las emociones activan distintos sistemas fisiológicos del cuerpo para responder con rapidez.

El miedo, como acabamos de decir, es una emoción básica que nos impulsa a huir o a escondernos de una supuesta amenaza. Cuando la amígdala se activa en modo «miedo», se pone en marcha el denominado «sistema nervioso simpático», que recorre todo el cuerpo y está implicado en las respuestas involuntarias ante situaciones de estrés. Al mismo tiempo, algunas glándulas empiezan a secretar hormonas como la adrenalina y el cortisol, que alteran la fisiología corporal para dar respuesta inmediata a esa situación, por ejemplo, haciendo que la musculatura se tense y reciba más energía por si es necesario salir corriendo. En cambio, cuando la amígdala se activa en modo «ira» —otra de las emociones básicas, que en este caso nos permite afrontar las posibles amenazas enfrentándonos agresivamente a ellas—, además de activarse el sistema nervioso simpático también se incrementa de forma casi instantánea la producción de otra hormona, la testosterona, y disminuye el cortisol, lo que produce cambios fisiológicos y respuestas conductuales distintos a los del miedo. Para acabar, por citar un tercer ejemplo, la sorpresa —otra de las emociones básicas, que se genera cuando se producen cambios o situaciones inesperadas— no activa el sistema nervioso simpático, sino otras zonas del cerebro que también forman parte del sistema límbico, como el tálamo, el centro gestor de la atención. También incrementa la sensación de motivación para que podamos centrarnos en el origen de la sorpresa y, así, analizarlo.

Es posible mostrar un amplio abanico de respuestas emocionales, más de quinientas según algunos investigadores, como afirma Rafel Bisquerra, uno de los referentes mundiales en educación emocional. Recuerdo el día que nos conocimos, al pie de la escalera de un avión que debía llevarnos a Mallorca para participar en un congreso. Yo había leído muchos trabajos suyos y él también había leído los míos, pero nunca habíamos coincidido. No éramos ya adolescentes, pero en cuanto nos reconocimos no pudimos evitar dejarnos llevar por la emoción y nos abrazamos. Ambos habíamos llegado a las mismas conclusiones sobre la importancia crucial de las emociones y de los estados emocionales para la educación y la construcción de la personalidad, pero desde diferentes puntos de partida: él desde la pedagogía y yo desde la neurociencia. Sus trabajos y los míos se apoyaban mutuamente, lo que les daba más consistencia.

Volviendo a las emociones, no hay un acuerdo generalizado sobre cuántas hay, pero algunas son básicas y transversales, y el resto surgen de la combinación de estas, en distintos porcentajes. Cuando se habla de las emociones básicas se suelen nombrar el miedo, la ira y la sorpresa, que acabamos de mencionar, además de la aversión o asco, la tristeza y la alegría. La alegría es una emoción básica que transmite confianza hacia los demás y hacia uno mismo, lo que no solo promueve y facilita cualquier tipo de diálogo sino también la capacidad de empoderamiento. Una persona que confía en sí misma se siente más capacitada para organizar y gestionar su vida. Por eso, como ya se ha dicho, es muy importante no abusar de los enfados y las reprimendas con los adolescentes. El enfado, que se asocia con la ira, puede estimular todavía más su impulsividad de forma preconsciente. En cambio, la reconducción de actitudes de forma propositiva y proactiva transmite sensación de confianza, que se asocia con la relajación del estado alegre. Seguiremos hablando de emociones y de estados emocionales en otros apartados, porque, como creo que ha quedado de manifiesto, son cruciales. Ahora sigamos con los tres puntos cardinales del cerebro adolescente. Hemos hablado de la amígdala; nos faltan el estriado y la corteza prefrontal.

El estriado

Es otro de los tres puntos cardinales del cerebro adolescente, que constituye el sistema de recompensa del cerebro. Cuando se activa, proporciona sensaciones de bienestar y placer. Estas sensaciones se suelen relacionar de algún modo con la realización de los instintos básicos, como comer, aparease, estar con otras personas y encajar en un grupo (pues somos una especie social), entre otras. También el hecho de aprender —cuando los aprendizajes se perciben como algo necesario y estimulante, en especial por su implicación socioemocional— produce sensación de recompensa. Lo que les sucede a muchos adolescentes es que, en algún momento de la infancia o la preadolescencia, o durante la adolescencia, la presión que han percibido de su entorno para que aprendan cosas a las que no encuentran sentido ha propiciado que disocien el hecho de adquirir conocimientos nuevos con la sensación de recompensa, lo que a menudo se traduce en fracaso escolar o en estados de desasosiego, angustia, ansiedad, estrés e incluso depresión. La función biológica del estriado es recompensar la realización de los instintos para estimular que volvamos a utilizarlos cuando sea menester.

Estos instintos básicos se relacionan a su vez con la supervivencia individual y de la especie. Comer, por ejemplo, es un instinto básico ligado a la supervivencia. Si no comemos, nos morimos de hambre. Por eso nos gusta comer y sentimos placer con la comida. También lo es aparearnos; si no lo hacemos, nadie se reproducirá y la especie se extinguirá. Cabe decir que tanto comer como aparearse inducen el placer social. Por eso preferimos comer acompañados antes que solos, y también por eso podemos aparearnos sin ánimo reproductor. Lo mismo sucede con el placer que notamos al estar con nuestros compañeros y amigos. Somos una especie social, y sobrevivimos porque nos apoyamos los unos en los otros. En este sentido, la sensación de soledad o de falta de apoyo y apego que sienten algunos adolescentes puede tener efectos devastadores para la construcción de su cerebro.

Con respecto a los aprendizajes, cabe decir que, como especie biológica, somos bastante débiles. No tenemos uñas fuertes para arañar, colmillos largos y afilados para morder ni piernas demasiado veloces para correr. Desde la perspectiva de la evolución de nuestra especie, hemos sobrevivido durante centenares de miles de años porque somos capaces de aprender y de transmitir estos conocimientos, por lo que adquirirlos es, para nosotros, un instinto básico. Debemos aclarar que el concepto «supervivencia» es muy amplio, ya que incluye cualquier actividad que mejore o pueda mejorar nuestra calidad de vida, como conseguir un buen empleo y ganar más dinero, sentirnos agradables o bien valorados a los ojos de los demás, o incluso manipular los sentimientos de otras personas en beneficio propio, entre otros muchos aspectos. Por supuesto, no todos son igual de éticos, pero los adolescentes tienden a ensayarlos todos para explorar los límites en las relaciones sociales y encontrar así su sitio en la sociedad.

Del mismo modo, el estriado también proporciona sensaciones de placer y bienestar ante la expectativa de realizar cualquier acción o de vivir un suceso que prevemos recompensante. De hecho, se ha visto que suele producir más sensaciones de recompensa la anticipación de un suceso, aunque tal vez nunca se produzca, que la realización de lo que habíamos anticipado, lo que nos impulsa a emprender y mantener estos cursos de acción. Se relaciona de forma directa con la motivación. Por eso los juegos de azar les resultan tan atractivos a algunas personas, hasta llegar a la adicción. La anticipación de que a lo mejor se puede ganar un premio resulta tan recompensante que, aunque nunca se gane y uno se arruine, le costará mucho dejar de jugar, si es que llega a conseguirlo. Por esta razón los adolescentes deberían estar muy alejados y protegidos de este tipo de actividades. El principal neurotransmisor del estriado es la dopamina, de la que también hemos hablado en otros capítulos. La dopamina está implicada en sensaciones de placer, motivación y optimismo. Dicho de otra manera, dentro del cerebro, estos tres estados mentales —placer, motivación y optimismo— se encuentran religados por el estriado y la dopamina. Estimular uno de ellos implica que se activen los demás. Por eso la motivación nos resulta placentera, como el optimismo, y una persona optimista suele estar más motivada y sentirse más feliz. El estriado también forma parte del sistema límbico, y se halla muy conectado con la amígdala, el hipocampo y el tálamo (recordemos que el hipocampo es el centro gestor de la memoria y el tálamo, como acabamos de decir, es el centro gestor de la atención). Por eso el estriado nos permite anticipar situaciones potencialmente placenteras a través de las experiencias pasadas y de los estados emocionales asociados, y fijar la atención en ellas.

La corteza prefrontal

Para acabar, el último punto cardinal de la adolescencia es la corteza prefrontal, sede de las funciones ejecutivas. Constituye el sistema de monitorización del resto de las actividades cognitivas, y las redes neuronales que la sustentan son las más recientes que tiene nuestro cerebro desde el punto de vista evolutivo. Hablamos de ello al tratar el tema de la evolución, en relación también con la adolescencia. Las funciones ejecutivas incluyen, entre otras capacidades cognitivas, la memoria de trabajo, esto es, la capacidad de manejar distintas ideas al mismo tiempo para categorizarlas, priorizarlas, buscar semejanzas y diferencias, etcétera; la flexibilidad cognitiva, la capacidad de pasar de unas ideas a otras de forma fluida y evitar enrocarse en ideas preconcebidas; la capacidad de planificación y de reflexión; la toma de decisiones; y, por último, el control de los impulsos, lo que implica gestionar las emociones de forma consciente.

Pues bien, vayamos al grano: estas tres áreas cerebrales, la amígdala, el estriado y la corteza prefrontal, maduran progresivamente durante la adolescencia y, como cualquier otra zona del cerebro, lo hacen guiadas por determinados programas genéticos y a través de la interacción con el contexto ambiental, que incluye todos los aprendizajes y las experiencias vitales. Esto implica que, durante esta etapa, aunque los adolescentes nos puedan parecer «mayores» y a pesar de que crean serlo e intenten comportarse como tales, ni sus respuestas emocionales ni la capacidad para gestionarlas de forma consciente están lo bastante maduras, y aún deben explorar la mejor manera de obtener sensaciones recompensantes para ellos. Dentro del cerebro, vistas en conjunto, estas tres áreas o puntos cardinales forman la figura de un triángulo (figura 14). Por eso me gusta llamarlas «el triángulo de la adolescencia».

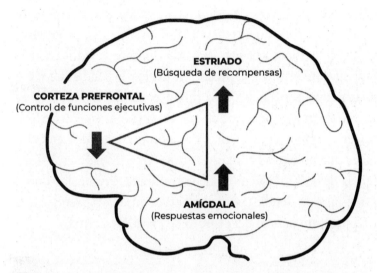

FIGURA 14. El triángulo de la adolescencia. El esquema muestra los principales elementos que caracterizan el cerebro adolescente. Las flechas ascendentes indican sobreactivación o hiperreactividad, y la flecha descendente señala disminución relativa de la actividad. Fuente: Modificada de D. Bueno (2019).

EL TRIÁNGULO DE LA ADOLESCENCIA QUE LO EXPLICA TODO (O CASI TODO)

Acabamos de ver cuáles son las tres estructuras básicas que constituyen los puntos cardinales de la adolescencia, y hemos hablado de sus funciones principales. El quid de la cuestión es que no solo van madurando poco a poco, sino que además su ritmo de maduración se desincroniza, lo que desestabiliza aún más sus comportamientos. De forma resumida, los sistemas de control cognitivo —esto es, las funciones ejecutivas de la corteza prefrontal— no solo maduran más despacio que los sistemas socioemocionales, cuyo sustento básico se halla en la amígdala (emociones) y el estriado (recompensas), sino que además durante la adolescencia pierden eficiencia de funcionamiento (figuras 14 y 15). Esto hace que la impulsividad emocional sea más elevada durante la adolescencia que durante la niñez, la preadolescencia y la edad adulta, y al mismo tiempo que sea más difícil controlar las reacciones emocionales entonces que en esas otras etapas vitales. Se producen una hipersensibilidad y una hiperreactividad emocionales que no encuentran un contrapeso adecuado en los sistemas de control ejecutivo de la conducta. Veámoslo con un poco más de detalle, porque es clave para comprender qué está pasando dentro del cerebro de los adolescentes.

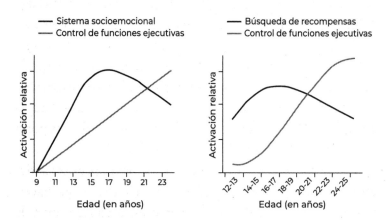

Figura 15. Maduración diferencial de distintos procesos cognitivos. En el gráfico de la izquierda se comparan los sistemas de control de funciones ejecutivas y la respuesta socioemocional en función de la edad. En el gráfico de la derecha se comparan los sistemas de búsqueda de recompensas y el control de los impulsos mediante funciones ejecutivas. Fuente: D. Bueno (2019).

Empecemos por la hiperreactividad emocional. Consiste en que, ante cualquier situación que requiera una respuesta rápida, la amígdala se activa con más presteza y con una intensidad mayor que durante la infancia y la adultez. Es algo que, sin duda, todos los que tenemos o hemos tenido hijos o alumnos adolescentes hemos experimentado en más de una ocasión, igual que nuestros padres y maestros lo vivieron con nosotros. Puedes hacer la prueba, aunque no te lo recomiendo. Es suficiente con que imagines qué sucedería si un día abrieras de golpe, sin avisar, la puerta de la habitación de tu hijo o hija. Lo más probable es que diera un bote en la silla o en la cama, te soltara un exabrupto malsonante y te echara. No me refiero a qué pasaría si entraras en su habitación de forma atropellada (eso también nos asustaría a nosotros, adultos, si nos lo hiciesen), sino a si abrieras la puerta con suavidad pero de sopetón, sin previo aviso. Ese brinco que dan y la agresividad verbal que exhiben (a veces incluso física a través de gestos) no es más que el reflejo de una hiperactivación de su amígdala. Al ver que la puerta se abre sin saber por qué, su amígdala se ha activado intensamente en modo amenaza. Se debe a la hiperreactividad emocional, que en este caso suele cursar con miedo e ira: el brinco por si deben huir, y las palabras y gestos agresivos por si tienen que defenderse. ¿Por qué sucede esto?

Los adolescentes deben enfrentarse por vez primera a muchas situaciones típicas de los adultos, pero tienen que hacerlo sin la protección de sus progenitores, o con un nivel de protección mucho menor que durante la infancia. Sin este desapego progresivo de los adultos, jamás alcanzarían la independencia propia de la adultez. Ahora bien, algunas situaciones que deben afrontar, para ellos todavía desconocidas, pueden entrañar riesgos y ser potencialmente amenazadoras. Como se ha dicho, la forma más rápida de responder ante una amenaza potencial es a través de respuestas emocionales, de corte impulsivo y preconsciente, ya que son mucho más veloces que cualquier respuesta reflexiva. Por consiguiente, para garantizar su propia seguridad, deben tener las emociones a flor de piel (véase de nuevo la figura 14). Eso hace que sean más impulsivos en todos los sentidos: muestran miedo e ira con más rapidez e intensidad que los adultos y los preadolescentes por simple instinto de supervivencia. Del mismo modo, también muestran otras emociones, como alegría, tristeza, sorpresa, asco..., de forma exagerada y rápida. Además, cambian con mayor rapidez de un estado emocional a otro, pero no por voluntad propia, no de manera consciente, sino por la hiperreactividad impulsiva preconsciente de la amígdala. Por consiguiente, no debemos verlo como un problema de nuestros hijos o nuestros alumnos, aunque, si se descontrola, pueda llegar a serlo. Es una consecuencia lógica de la necesaria adaptación en esta etapa de la vida, una garantía biológica de supervivencia. Los problemas surgen cuando la impulsividad es excesiva o se repite de forma continua. Hay muchos elementos que lo pueden provocar, desde situaciones de estrés crónico hasta malas experiencias durante la infancia, pasando por algunos desajustes de maduración neuronal que tal vez requieran la intervención de un profesional.

Un ejemplo de todo esto podemos encontrarlo en la violencia que exhiben algunos adolescentes y jóvenes. Son, sin duda, una minoría, pero sus actos llenan tantas páginas de periódicos y ocupan tantos minutos en los noticiarios que parece que sean muchos más o que el problema esté más arraigado. De todas formas, es algo grave que no debemos infravalorar. Vemos esta violencia con cierta frecuencia en los botellones, donde se producen peleas e incluso enfrentamientos con los agentes de la autoridad, o en acciones contra la diversidad, como en el caso del colectivo LGTBI. Sin restar ni un ápice de responsabilidad a los que actúan de esta manera —no se trata de justificar el problema sino de buscar explicaciones que contribuyan a su resolución—, sin duda el estrés, las drogas (incluido el alcohol), la sensación de vacío ante un futuro que les parece demasiado incierto y amenazador, la falta de buenos ejemplos y de apoyo, y la necesidad exagerada de encontrar sus propios límites y mantener los de su grupo tienen un peso importante. Y en muchos de estos aspectos la familia, los educadores y demás agentes sociales, y la sociedad en general, podemos contribuir a paliarlo. No hay que olvidar que la violencia surge de la agresividad impulsiva como una posible respuesta a la emoción de ira, pero incorpora muchos elementos culturales. Y es ahí donde podemos hacer más hincapié, en la cultura que transmitimos y el ejemplo y el apoyo emocional que les damos. Disminuir el estrés y la ira sin duda reduce los episodios de violencia.

Ahora combinemos la hiperreactividad emocional propia de la adolescencia con una maduración más lenta de las funciones ejecutivas, que incluyen la capacidad de gestionar las emociones de forma consciente y una disminución de la eficiencia de funcionamiento de la corteza prefrontal, lo que reduce la capacidad reflexiva. El resultado son unas emociones desbocadas sin un contrapeso reflexivo adecuado. Adolescencia en estado puro. Quiero enfatizar, sin embargo, que esta explicación no debe constituir una justificación para según qué actitudes de los adolescentes, sino una explicación biológica de por qué se pueden producir, lo que nos ayudará a reconducirlas. Como he dicho, si no hay ningún trauma infantil que lo explique, la mejor forma de compensarlo es generando ambientes tan alejados del estrés como sea posible. Ante la duda, si la impulsividad es excesiva y no ceja, consultemos a un profesional. No lo dejemos para mañana si creemos que no vamos por el buen camino.

Pero esta historia no termina aquí. Un triángulo tiene tres vértices. La amígdala y la corteza prefrontal son dos de ellos. Nos falta el estriado (véase de nuevo la figura 14). De forma paralela a todo lo dicho, el proceso de maduración del estriado hace que los adolescentes busquen intensamente sensaciones que los hagan sentir bien, recompensados no solo por sí mismos sino también en relación con su entorno, en especial con el entorno socioemocional, lo que los impulsa a probar nuevas experiencias y situaciones, a veces peligrosas e incluso carentes de lógica y ética, pero que de algún modo, de forma ocasional, se ven impulsados a probar. Ello los lleva a romper con los límites establecidos para descubrir si lo que hay más allá les resulta recompensante. También son especialmente permeables a los refuerzos positivos y negativos que les llegan de su entorno social, tanto de los adultos como de sus iguales, y los usan como patrón de medida para valorar la importancia de sus comportamientos, incluida la utilidad de sus aprendizajes. Esta búsqueda de nuevas sensaciones que generen recompensas tampoco encuentra un contrapeso adecuado en la capacidad de controlar los impulsos durante esta etapa vital, puesto que, como se ha dicho, la corteza prefrontal madura más despacio y reduce temporalmente su efi-

ciencia de funcionamiento. Además, todo ello va acompaña-
do de la hipersensibilidad y la hiperreactividad emocionales,
no lo olvidemos.

De hecho, uno de los últimos aspectos que maduran durante la adolescencia es la capacidad de retrasar la sensación
de recompensa por las acciones que se realizan, es decir, hacer una actividad ahora sin esperar una recompensa inmediata, sino preverla diferida en el tiempo: días, semanas, meses o
años después. Pongamos un ejemplo muy real que conozco
bien por mi implicación durante catorce años en las Pruebas
de Acceso a la Universidad (PAU, o EBAU, como se llama en
otras comunidades, por Evaluación del Bachillerato para Acceso a la Universidad), como responsable de la materia de
Biología en Cataluña. Es una tarea fascinante y compleja que
he estado realizando gracias a la ayuda inestimable de siete
vicecoordinadores. Ellos han sido el alma que, junto con los
miembros del equipo de coordinación que nos precedió, han
hecho posible cambiar el tipo de prueba para contribuir a la
motivación del alumnado adolescente y a la potenciación de
sus habilidades y sus actitudes, más allá de valorar los simples
conocimientos memorísticos, a través de cuestiones transversales y contextualizadas extraídas de casos de la vida real.
Esta experiencia ha servido de prueba piloto para contribuir
al cambio en otras materias, y como ejemplo de estudio en un
trabajo realizado por el International Bureau of Education de
la Unesco, con quien he estado colaborando.

Muchos adolescentes deciden cursar bachillerato, una de
las puertas para acceder a estudios superiores, entre los cuales se incluyen los universitarios. En el caso concreto de la
universidad, desde hace tiempo la nota de acceso a los distin-

tos grados depende, en buena parte, de la nota que hayan sacado durante el bachillerato. Esto implica que deben estudiar con ganas, desde el primer trimestre de primero de bachillerato, incluso las asignaturas que menos los motivan (que siempre las hay), sabiendo que todavía faltan dos años para acceder a la universidad. Esforzarse ahora y tal vez prescindir de otras actividades cuya recompensa es más inmediata para obtener una supuesta recompensa... ¡en dos años! Algunos han madurado lo suficiente para retrasar esta recompensa, pero otros muchos todavía no. Madurarán, por supuesto, pero tardarán más. El problema suele ser que, si por el camino las exigencias del entorno les resultan demasiado elevadas, es posible que las vivan con estrés, el cual, si es agudo y se cronifica, afectará a la maduración de estas áreas del cerebro. Dicho de otra manera, los adolescentes necesitan retos para estimularse, pero deben verlos asequibles, tanto en lo que concierne a la dificultad como a la perspectiva temporal de obtención de recompensas. De hecho, la capacidad de retrasar la sensación de recompensa por las acciones realizadas —es decir, de gestionar paralelamente el estriado y la amígdala a través de la corteza prefrontal— no termina de madurar del todo hasta... ¡los treinta y cuatro años de media! Y esto es ya bien entrada, o casi finalizada, la juventud. Por eso los jóvenes suelen necesitar más inmediatez en la consecución de sus objetivos que los adultos, que se supone que podemos demorar un poco más las gratificaciones.

Cabe decir también que hay mucha variabilidad en cuanto al ritmo de maduración de estas capacidades, lo que hace que haya adolescentes capaces de mantener objetivos a más largo plazo que otros, por ejemplo, en la consecución de resultados académicos que les permitan acceder a los estudios superiores que desean. Como en cualquier otro aspecto cognitivo, la maduración se va consolidando por ensayo y error, y favorece la fijación de las conexiones neuronales que permiten una mejor gestión de esta capacidad, lo que implica la necesidad de dejar que los adolescentes experimenten con estas habilidades cognitivas.

Todo ello explica la tendencia de muchos adolescentes de tener explosiones emocionales inesperadas. Ante ellas, no es aconsejable enfadarse ni creer que se trata de un berrinche infantil. Ellos piensan que ya son mayores, y eso hace que, si los presionamos para que no repitan esas explosiones, nos arriesgamos a que lo hagan con más frecuencia para mostrar y demostrar su recién adquirida sensación de autonomía. Lo que suele dar mejor resultado es contar hasta diez para dejar que se calmen un poco (y para calmarnos nosotros también) y hablarles con cierta calma. No se trata de justificar sus actitudes impulsivas ni de restarles importancia, sino de dejar que ellos se den cuenta de la situación, sin exacerbarla con nuestro comportamiento, pero también sin quitarle importancia. Debemos decirles que el funcionamiento de su cerebro explica las sensaciones que están viviendo, pero que eso no es una excusa para que las mantengan. Y no debemos darles ningún pretexto actuando nosotros de forma precipitada, impulsiva y amenazante. Recordemos que, si se sienten amenazados, se les activará la amígdala en modo «miedo» o «ira», o en una combinación de ambos estados, que también es posible, y que esta activación puede generar más explosiones impulsivas, incluidas muestras de agresividad hacia nosotros, hacia su entorno e incluso hacia sí mismos.

Dicho de otra manera, no debemos atosigarlos. Por mucho que parezca que pueden hacer varias cosas a la vez, la disminución de la eficiencia de funcionamiento de la corteza prefrontal implica que no se les dé muy bien lo de la multitarea. En cambio, dejarles espacio para que piensen y reflexionen por sí mismos, y animarlos a hacerlo cuando ya se hayan calmado, desde la confianza que hemos de tenerles y que ellos nos deben también, incrementa la actividad de la corteza prefrontal, lo que contribuye a afianzar poco a poco sus conexiones neuronales y a que se establezcan conexiones nuevas. Esto es, permite que se fortalezcan las funciones ejecutivas, preparándolos para la juventud y la edad adulta.

En resumen, la hipersensibilidad y la hiperreactividad emocionales, combinadas con la búsqueda de nuevas sensaciones recompensantes y con una baja capacidad de control ejecutivo de los impulsos y de la conducta en general, genera lo que de forma intuitiva se concibe como «el cerebro adolescente», lleno de contradicciones y vaivenes. Se suele decir que su cerebro está a medio camino entre la infancia y la edad adulta, pero es más complejo que esto. No se trata de trazar una línea recta entre la infancia y la edad adulta, sino de describir curvas, desniveles y encrucijadas entre las etapas anteriores y las posteriores de la vida. También por estos motivos los adolescentes tienden a ser más impulsivos y a aceptar, e incluso a buscar, más riesgos que los niños o los adultos. Y esto los hace mucho más propensos a iniciarse en el consumo de sustancias tóxicas. En el próximo capítulo vamos a hablar, entro otros temas, de riesgos y límites, y del consumo de sustancias tóxicas durante la adolescencia.

TENEMOS UN CEREBRO «ANTIGUO» QUE DEBE VIVIR EN UN ENTORNO MODERNO

Volvamos al relato inicial de este capítulo. Como he dicho, se fundamenta en una experiencia que viví con mi familia. Ya no queda casi ningún pueblo que viva como se vivía en el Paleolítico, siendo solo cazadores y recolectores, aunque algunos aún conservan parte de este estilo de vida. Hace años, durante un viaje por algunos países del sur de África que realicé junto a mi esposa y nuestros dos hijos, adolescentes de pleno derecho por aquel entonces, coincidimos con un grupo de bosquimanos en Botsuana que, a cambio de una pequeña remuneración, nos invitaron a pasar un día viviendo a su estilo tradicional (imagen 3).

IMAGEN 3. Los bosquimanos de Botsuana son recolectores y cazadores. Todo el grupo (hombres, mujeres y niños) se desplaza unido buscando comida, caminan mucho pero despacio, observando con atención a su alrededor para no pasar por alto ningún elemento comestible. Fotografía de Maria Tricas.

Sí, ya lo sé, para ellos es un negocio, una manera muy loable de mejorar su calidad de vida obteniendo unos ingresos que usan para complementar sus necesidades básicas, como todos. Pero la experiencia que implica pasar un día entero con ellos no tiene precio.

Íbamos en un todoterreno equipado con material de acampada para movernos con total libertad, y recorrimos parte de la República Sudafricana, Botsuana, Zaire, Zimbabue y Namibia. En mi opinión, pasar un mes juntos y solos, maravillándonos con lo que veíamos, hablando relajadamente con los habitantes del lugar y solucionando con calma los pequeños problemas que surgen en un viaje de este tipo —como un pinchazo en una zona donde puede haber felinos—, es una de las experiencias más enriquecedoras y gratificantes para una familia. Como decía, pasamos una jornada entera con un grupo de bosquimanos haciendo de recolectores y cazadores (aunque no cazamos nada), y pudimos observar lo más parecido a cómo se vivía en el Paleolítico, cuando se forjó nuestro cerebro. Se movían mucho para encontrar comida suficiente con que alimentarse, pero lo hacían sin prisa, despacio, todos juntos, sin dejar a nadie atrás.

Ahora nos movemos muy poco y llevamos un ritmo de vida acelerado. Veamos qué consecuencias tiene este cambio y cómo influye en los adolescentes. Hemos invertido el estilo de vida que sirvió de selección natural para la forja de nuestro cerebro. Lo hemos visto en el relato inicial de este capítulo y lo he enfatizado en la introducción. Por cierto, aunque suele hablarse de cazadores y de recolectores, creo que el orden correcto para nombrar este estilo de vida debería ser el inverso, recolectores y cazadores, puesto que más del 80 por ciento de los nutrientes del Paleolítico provenía de la recolección, y algo menos del 20 por ciento, de la caza. Pues bien, como recolectores y cazadores, nuestro cerebro «busca» moverse mucho, pero quiere hacerlo despacio, sin prisa. A pesar de tener un cerebro creativo que propicia los cambios y que además es suficientemente plástico como para acomodarse a ellos a cualquier edad, de forma natural está adaptado a que estos cambios sean lentos. Regresando a la historia ficticia, los tatarabuelos de los protagonistas confeccionaban una punta de flecha de la misma manera que ellos, y del mismo modo lo harían sus propios tataranietos.

En la actualidad, la velocidad a la que se suceden los cambios es impresionante. El cerebro se adapta a ellos por aprendizaje, por supuesto, pero eso no significa que sea su forma óptima de funcionar. Recuerdo que hace años, visitando un museo donde se representaban escenas de la vida cotidiana y tradicional de un país lejano, nuestros hijos, que se encontraban al inicio de la segunda infancia, nos preguntaron qué eran esos aparatos que tenían una ruedecita con agujeros y números dentro. Si ya tienes una edad, sabrás a qué me refiero: un teléfono de la segunda mitad de siglo xx. Ellos no los habían visto nunca, de la misma forma que mis padres no conocieron la televisión hasta su adolescencia y ahora manejan una tableta táctil sin demasiados problemas. Sin embargo, cuando en la tableta aparece un mensaje inesperado, mis padres se estresan mucho más que yo ante ese mismo mensaje. En cambio mis hijos no se estresan en absoluto ante esos mensajes; todo lo contrario, para ellos llegan a ser un reto motivador. Nos adaptamos por aprendizaje, pero a costa de aumentar el nivel de estrés a medida que se van acumulando los cambios. Por eso mis hijos no se estresan ante un mensaje inesperado del sistema operativo (siempre lo han vivido así), yo me estreso un poco (he vivido algunos cambios desde el inicio de la revolución digital) y mis padres mucho más (ya que antes tuvieron que incorporar otros muchos cambios tecnológicos).

El hecho de pasar demasiadas horas sentados y de vivir cambios tecnológicos, culturales y sociales muy a menudo, de coexistir con una sensación constante de prisa, de no tener tiempo para hacer todo lo que debemos, lo que nos hemos propuesto o lo que nos han dicho que tenemos que hacer, provoca que la amígdala, el centro neuronal generador de las emociones, tienda a activarse en modo «amenaza», lo que fisiológicamente incrementa el nivel de estrés. No es, por supuesto, el único motivo que genera estrés, pero implica que el nivel basal de estrés haya ido en aumento durante las últimas décadas. Un trabajo publicado en 2020 por investigadores estadounidenses y alemanes indica que, durante los últimos treinta años, el número de días que sentimos estrés ha aumentado un 19 por ciento. Tampoco significa que debamos regresar a la vida del Paleolítico, por supuesto, pero sí nos da pistas sobre el origen de algunos comportamientos típicos de los adolescentes, que pueden parecer más acusados en la actualidad que hace décadas. Y también nos dará ideas sobre cómo paliarlos dentro de lo posible. Porque el estrés disminuye todavía más la eficiencia de funcionamiento de las funciones ejecutivas.

El gran enemigo: cuando el estrés es agudo o se cronifica

El estrés es una reacción fisiológica del cuerpo y del cerebro que se desencadena ante una situación que se percibe como una posible amenaza. Da lo mismo si es real o imaginaria, física o psicológica. Permite fijar la atención en el foco de la posible amenaza para anticiparse a sus consecuencias, y proporciona un mayor aporte de energía a la musculatura para que podamos responder con más rapidez y vigor. El estrés puntual, como las emociones, es crucial para la supervivencia, ya que permite una activación generalizada del cuerpo que nos hace responder con presteza ante cualquier situación. El problema sobreviene cuando es agudo o se cronifica. Ante una situación de posible amenaza, la amígdala es la primera parte del cerebro que reacciona. Se activa la musculatura y se libera adrenalina. Esta neurohormona hace que aumenten las pulsaciones y se dilaten los vasos sanguíneos, en especial los relacionados con la musculatura, para que reciba más energía. También hace que disminuya el aporte de sangre a los intestinos para dirigirla hacia la musculatura, y se constriñen los capilares que hay bajo la piel, por si se produce alguna herida. Si el instinto nos lleva a defendernos, también se dilatan las pupilas, la vista se aguza y, de forma paradójica, disminuye la sensación de peligro que ha generado esta respuesta emocional, para hacer frente a la amenaza. En conjunto, estos cambios predisponen el cuerpo para que reaccione ante el peligro. Lo importante es que, en este estado de suma alerta provocado por el estrés, cada estímulo puede ser interpretado por los adolescentes como un posible punto de peligro.

Dicho de otra manera, situaciones que podrían ser neutras reactivan la amígdala en modo amenaza, por si acaso, de forma irreflexiva.

Además de la adrenalina, hay otra hormona que también contribuye a esta ebullición emocional debida al estrés: el cortisol. Se relaciona con emociones como la ansiedad, la ira y, en general, con las preocupaciones. Durante la adolescencia, los niveles de cortisol son, de por sí, más elevados que durante la adultez, lo que hace que tengan una mayor tendencia hacia la ansiedad y las respuestas de ira, y a que vivan sus preocupaciones con mayor intensidad que los niños y los adultos. Ambas hormonas, la adrenalina y el cortisol, además de influir en estos estados de ánimo, también afectan a la capacidad de aprendizaje y la memoria, reduciendo su eficiencia. Durante la adolescencia, el cerebro está capacitado para realizar grandes aprendizajes, pero el exceso de estrés juega en dirección contraria y los limita. Se trata de un delicado equilibrio que, desde su entorno, debemos equilibrar.

Aunque tal vez la hormona que se lleva la palma en el estrés de los adolescentes sea otra mucho menos conocida por los no especialistas, la tetrahidropregnanolona. No tiene la misma fama que la adrenalina o el cortisol, pero debería tenerla, sin duda. También se libera como consecuencia del estrés, pero sus efectos son radicalmente diferentes en los adultos y en los adolescentes. Y este es un punto importantísimo para entender el estrés en los adolescentes. En 2007, un grupo de investigadores de la Universidad Estatal de Nueva York, en Estados Unidos, descubrieron que la tetrahidropregnanolona sirve, en los adultos, para mitigar la ansiedad producida por el estrés. Vendría a ser un sedante natural que, ante situaciones de estrés, actúa como tranquilizante y relajante. Se empieza a producir una media hora después de haber vivido un suceso estresante, lo que deja tiempo suficiente al cerebro para que reaccione ante la posible amenaza y, después, al liberarse, reduce el estrés provocado, favoreciendo la relajación posterior. ¿Qué les sucede, sin embargo, a los adolescentes con respecto a la tetrahidropregnanolona? En los adolescentes, la liberación de esta hormona tras un suceso estresante no solo no los relaja, sino que hace justo lo contrario: aumenta su ansiedad. Dicho de otra manera, los adolescentes están más indefensos ante el estrés que los adultos. Ahora combinemos este hecho con un estilo de vida que resulta, por sí mismo, estresante, por las prisas que llevamos y por lo poco que nos movemos. Si lo escribiésemos en forma de ecuación, podría ser:

$$\frac{\text{Estrés adolescente} = [\text{sensaciones de amenaza} + \text{hiperreactividad emocional} + \text{disminución del control emocional} + \text{mayor cantidad de cortisol} + \text{ansiedad producida por la tetrahidropregnanolona}]}{\text{Estrés adulto} = [\text{sensaciones de amenaza} + \text{reactividad emocional}] - [\text{control emocional} + \text{menor cantidad de cortisol} + \text{ansiedad porque la tetrahidropregnanolona es relajante}]}$$

Creo que la diferencia está clara. En la actualidad, el nivel de ansiedad de los adolescentes puede llegar a ser elevadísimo por la forma en que se estructura y funciona la sociedad, con una vida sedentaria en la que los cambios son constantes, donde todo debe hacerse rápido y con unas estructuras familiares relativamente menos cohesionadas que en el Paleolítico, cuando se forjó nuestro cerebro. También influye la exposición a todo tipo de estímulos a través de internet y de las redes sociales.

Entre los círculos educativos suele decirse una frase que refleja estos hechos: «Estamos formando personas para profesiones que todavía no se han inventado». Quizá sea cierto, al menos en algunos casos, pero el mensaje que transmite, en especial entre los adolescentes, es devastador. Viene a ser algo así como: «Tenéis que estudiar y aprender, debéis sacar buenas notas para progresar, tenéis la obligación de formaros en mil y un aspectos diferentes, y además rapidito, que el tiempo vuela y debemos pasar al siguiente tema del currículo, pero no tengo ni idea de si lo que estáis haciendo ahora os será de utilidad en el futuro, porque nadie sabe qué terminaréis haciendo». El incremento de ansiedad y estrés que esto genera de forma preconsciente puede ser inmenso, por la posible sensación de amenaza que encierra. «¿Qué será de mí en el futuro si lo que ahora aprendo tal vez no me sirva de nada? ¿Y por qué debo pasar tanto tiempo preparándome materias que no sé si me van a servir en vez de pasar más tiempo con mis compañeros ensayando para la vida adulta?». Normalmente, estas reflexiones no las hacen explícitas, pero su cerebro lo detecta como una amenaza. En parte, esto explica el incremento que se detecta, en los servicios médicos de los hospitales infantiles y juveniles, de adolescentes que deben ser tratados por estrés, ansiedad y depresión. Según un estudio publicado por el sistema de salud de Estados Unidos, entre 2005 y 2014 el número de adolescentes afectados por depresión aumentó en un 14 por ciento, cifra parecida a la que se detecta en España. Según un estudio realizado por la Asociación Española de Psiquiatría del Niño y el Adolescente en 2012, el 10 por ciento de los adolescentes españoles sufre depresión. De forma análoga, el informe anual publicado por Unicef en octubre de 2021 sobre el estado de la infancia en el mundo destacó que hay unos 166 millones de niños y jóvenes de diez a diecinueve años con enfermedades mentales diagnosticadas, y que el 43 por ciento de ellos lo son por ansiedad y depresión. Es, por consiguiente, un asunto muy serio que debería abordarse sin más dilación por todos los agentes implicados y por la sociedad en general.

El estrés es muy dañino para el cerebro, y no solo afecta al estado de ánimo, sino también a la capacidad de aprendizaje. Un poco de presión puede ser motivadora, como veremos en el próximo capítulo, pero a partir de cierto límite provoca desatención y desasosiego, y reduce la eficiencia de funcionamiento de la corteza prefrontal, que recordemos que es la sede de las funciones ejecutivas. Es decir, el estrés agudo o crónico entorpece la capacidad de planificar, reflexionar, tomar decisiones basadas en los procesos de razonamiento y gestionar el comportamiento de forma consciente, en especial en los aspectos emocionales, y reduce la flexibilidad cognitiva, esto es, la capacidad de pasar de unas ideas a otras de forma fluida. Y esto genera un círculo vicioso que, si se agudiza y se cronifica, requerirá de la ayuda de especialistas para salir de él.

Ante una situación de estrés agudo o crónico, el adolescente puede llegar a quedarse paralizado. La amígdala se mantiene hiperactivada, lo que exacerba los vaivenes emocionales. Además, el hipocampo, que gestiona la memoria, deja de funcionar con normalidad. La exposición a un exceso de cortisol, una de las hormonas asociadas el estrés, interfiere con la memoria.

Un experimento realizado con ratas lo demuestra a la perfección. Como se ha explicado en el capítulo anterior, las ratas son muy buenas encontrando la salida de un laberinto y son capaces de recordar el camino más rápido con facilidad. Pues bien, si fuera del laberinto se pone un gato —o se libera olor a gato, algo que resulta muy estresante para ellas—, no solo son incapaces de aprender dónde está la salida, sino que pueden llegar a quedarse bloqueadas, sin capacidad para avanzar ni retroceder. En este sentido, algunos trabajos indican que, según cómo sea la relación de los adolescentes con sus padres o sus profesores, estos pueden ejercer un efecto parecido al del gato con las ratas, bloqueando la capacidad de reacción de sus hijos o sus alumnos. También se ha visto que la capacidad para recuperarse de situaciones muy estresantes es diferente en adultos que en adolescentes. Ante una situación de estrés agudo, un adulto puede tardar días en recuperarse, pero un adolescente, ante la misma situación, puede tardar semanas. Los adolescentes son más fuertes y, al mismo tiempo, también más frágiles.

Hay muchos factores que influyen en el estrés de los adolescentes, pero hay uno que tiene una importancia especial: el aislamiento social. Se ha visto que, para un adolescente, sentirse aislado es uno de los factores más estresantes que puede vivir. En el capítulo anterior hemos tratado el tema de la soledad, que de vez en cuando o muy a menudo sienten casi la mitad de los adolescentes. El cerebro adolescente busca, por encima de todo, socializar con sus iguales. Es la forma que tienen de establecer las relaciones que van a guiar no solo su tránsito hacia la vida adulta sino, también, cómo será la estructura social en la que vivirán. Si se sienten solos, marginados, sin apoyo emocional o poco comprendidos, la amígdala se activa en modo «amenaza»: «No puedo hacer lo que debería, y eso puede entrañar riesgos y peligros no solo ahora, sino también en el futuro». Y esto hace que se activen o se exacerben los procesos asociados al estrés.

Recordemos que el mayor nivel de cortisol que se detecta durante la adolescencia hace que vivan sus preocupaciones con mayor intensidad, por lo que tienden a agravar la visión de lo que consideran que pueden ser sus «defectos». Por eso, el hecho de destacarlos en público como estrategia para reconducirlos, como a veces se hace, es mala idea, es decir, una muy mala estrategia.

Seguro que recuerdas con angustia alguna situación de la adolescencia en la que uno de tus progenitores, un maestro o cualquier otra persona, quizá sin mala intención, destacó en público un aspecto negativo de tu personalidad. Yo tuve que oír muchas veces cómo me decían delante de gente: «No te pongas rojo, no seas tan tímido». Eso acentuaba mi timidez y hacía que mi piel se pusiese aún más colorada (era y soy una persona tímida, aunque ahora la experiencia me permite disimularlo un poquito). Esta contraposición con el resto de las personas que escuchaban el comentario hacía que me sintiese solo. Estas sensaciones de soledad o de marginación —que como acabo de decir se ven exacerbadas por el exceso de cortisol— pueden proceder también de situaciones de acoso que quizá se produzcan entre compañeros o de las comparaciones que, de forma instintiva, hacen entre ellos, y entre lo que creen ser y lo que desearían ser, siendo ambas visiones distorsiones de la realidad.

El estrés es de suma importancia en el trauma emocional, y los adolescentes están muy expuestos a él. Se ha visto que estos traumas emocionales, que se calcula que pueden llegar a afectar hasta a una cuarta parte de los adolescentes —en forma de acoso escolar, abusos sexuales, pérdida de un ser querido, violencia familiar, etcétera—, hacen que disminuya el tamaño del hipocampo, que influye en la adquisición de nuevos aprendizajes, y que aumente el de la amígdala, lo que implica que serán más reactivos por lo que se refiere a las emociones. Además, favorecen que las redes neuronales de la corteza prefrontal, con todos los aspectos cognitivos y de comportamiento reflexivo que gestionan, no maduren con normalidad. Se ha visto que esto conlleva una actividad menor de esta zona del cerebro, lo que también puede afectar a la capacidad de motivación y el control de los impulsos. Por otra parte, puede provocar un abuso de sustancias tóxicas, aunque de estos temas hablaremos en el siguiente capítulo. Cabe insistir, sin embargo, en que todas estas alteraciones no son necesariamente permanentes, ya que el cerebro es, como se ha dicho muchas veces, un órgano muy plástico, por lo que puede compensarlo en el futuro con nuevas experiencias y aprendizajes. Pero, por supuesto, es mejor que vaya madurando de la manera más armónica posible y que no haya que compensar ningún déficit ni reconducir ningún comportamiento.

Resumen

En el cerebro adolescente destacan tres funciones clave para entender sus comportamientos: las funciones ejecutivas, que pierden eficiencia de funcionamiento; las emociones, que se vuelven hiperreactivas; y la búsqueda de sensaciones recompensantes que les proporcionen placer. Como la maduración del cerebro se va consolidando por ensayo y error, los adolescentes necesitan experimentar con estas habilidades cognitivas. El estrés es, sin embargo, el peor enemigo en esta tarea si es agudo o se cronifica. Exacerba todavía más la hiperreactividad emocional y reduce la eficiencia de las funciones ejecutivas. Esto se ve acrecentado por las particularidades hormonales de los adolescentes, que responden de manera diferente a los adultos, lo que puede generar situaciones de incomprensión. Para un adolescente, sentirse aislado es uno de los factores más estresantes que puede vivir. De ahí la gran importancia de mostrarles nuestro apoyo emocional. En este sentido, la alegría es una emoción básica que transmite confianza hacia los demás y hacia uno mismo, lo que no solo promueve y facilita cualquier tipo de diálogo, sino también la capacidad de empoderamiento. Una persona que confía en sí misma se siente más capacitada para organizar y gestionar su vida. Dentro del cerebro, además, el placer, la motivación y el optimismo se encuentran religados por el estriado y la dopamina. Estimular uno de ellos implica que se activen los demás, con todas las ventajas que eso conlleva. Los adolescentes necesitan retos para estimularse, pero deben verlos como algo asequible.

5

Motivación, límites y riesgo: el explosivo (y fascinante) cóctel de la adolescencia

Todo su mundo estaba encerrado en ese círculo cóncavo que conocía tan bien, construido con ramas espinosas, recubiertas de suaves y mullidas plumas, al borde de un despeñadero. Para él no había nada más allá. Al menos, nada importante. Cuando tenía hambre, su madre o su padre se acercaban solícitos con un bocado de comida bien sujeto que depositaban con suavidad en su pico abierto. Hasta entonces su único esfuerzo había sido ese, abrir el pico y piar con fuerza cada vez que tenía hambre. Ya no recordaba las dificultades para salir del huevo, algunas semanas atrás. Encerrado en su cascarón, de repente, de forma instintiva, notó la necesidad de salir de él. Lo fue rompiendo poco a poco con el pico hasta que logró salir, exhausto.

Había crecido mucho desde entonces, y su mundo se le estaba quedando pequeño. Algo tendría que hacer, pero no sabía qué. La ilusión de cada mañana por despertarse, ver el sol y notar que la suave y fresca brisa matinal agitaba sus plumas se iba marchitando con el paso del tiempo. Notaba una desazón creciente. Esa mañana, su madre se acercó volando y él abrió el pico, como de costumbre. Pero esa vez no traía comida. Se quedó volando en suspenso sobre el nido, agitando las alas. Estuvo así un buen rato, hasta que desapareció por el despeñadero. Al poco regresó, entonces sí, con un delicioso bocado. Durante unos días, el vuelo silencioso de su madre y de su padre se había ido alternando periódicamente sobre el nido, agitando las alas sin apenas desplazarse, pero sin traerle comida. «¿Por qué hacen eso?», se preguntaba el joven polluelo de águila mientras los observaba.

Cuando despertó aquella mañana, parecía que iba a ser un día como cualquier otro. Su madre se acercó como siempre, pero en lugar de quedarse volando suspendida sobre el nido, con sus poderosas alas le dio un empujón y lo precipitó al vacío sin previo aviso. «¡Mamá ya no me quiere!», pensó mientras caía a plomo por el abrupto despeñadero. Pero en ese momento su padre se puso justo debajo y lo recogió sobre su espalda. Él se acomodó, reconfortado, con las alas extendidas, y notó debajo de su cuerpo que su padre agitaba sus poderosos músculos para remontar el risco y regresar al nido. Durante días, sus padres repitieron la operación. A veces era papá quien lo echaba del nido y en otras ocasiones era mamá. Pero un día ya no tuvieron que recogerlo. Una mañana, cuando se sintió caer al vacío, lo comprendió todo. De repente supo qué tenía que hacer. En vez de caer a plomo esperando que lo recogieran, abrió sus majestuosas y ya poderosas alas y emprendió el vuelo, como había visto hacer tantas veces a sus padres. Un macho de águila adulto se incorporaba a la comunidad. Nunca había observado desde las alturas el valle que lo vio nacer. La perspectiva lo sobrecogió durante unos instantes, pero de pronto notó esa sensación de libertad que solo quien vuela por sí mismo puede percibir. Mientras se alejaba oteando nuevos horizontes, vivificado y renacido, lleno de motivación por el inmenso futuro que se abría ante él, sus padres lo miraron con satisfacción, como habían hecho siempre.

Cuenta la leyenda, tal vez apócrifa, que hacia los años setenta del siglo pasado un camarero de San Francisco se quedó dormido apoyado en la barra del bar donde trabajaba como consecuencia del cansancio acumulado y de haber ingerido demasiado alcohol. El dueño del bar lo pilló en ese estado y, enfadado, lo despertó. Para salir del paso, el camarero, un joven avispado, le dijo que se había quedado dormido esperando el amanecer porque quería preparar un nuevo cóctel cuyos colores reprodujesen los primeros rayos del sol californiano. Con esto llegó el amanecer y empezó a combinar los ingredientes que en ese momento tenía a mano: un poco de zumo de naranja, unas gotas de limón, abundante piña, algo de melocotón y granadina... Dicen que así nació el mundialmente famoso cóctel San Francisco, uno de los combinados sin alcohol más refrescantes. De joven, era mi cóctel preferido. Jamás me ha gustado el alcohol, aunque, por supuesto, lo he probado algunas veces.

He dicho «por supuesto» porque consumir bebidas alcohólicas se ha convertido en un elemento social casi indispensable en muchas ocasiones. Hay quien piensa que si no tomas alcohol, aunque sea en pequeñas cantidades, te pasa algo raro. Recuerdo haber tenido una conversación sobre este tema con mis padres y mis abuelos durante mi adolescencia, en la casa familiar de estos últimos. Siempre me he llevado bien tanto con mis padres como con mis abuelos, de quienes he aprendido muchas cosas, sin duda más de las que ellos imaginan y de las que yo podía imaginar. Era un festivo muy celebrado en Cataluña, la diada de Sant Joan (el día de San Juan), que coincide con el solsticio de verano, y se empeñaron en que debía brindar con cava. «Solo una copa», me decían, que es lo único que ellos consumían (nunca les he visto beber más de una copa). Llevado por la impulsividad adolescente, mi respuesta fue radical: «¡Ni hablar! ¡No pienso probarlo!», dije demasiado enfadado, como el dueño del bar donde, según cuentan, se creó el San Francisco. Lo que jamás he probado ha sido ningún otro tipo de droga o sustancia tóxica, nunca. Siempre me ha dado miedo que me gustasen y me enganchase. Y ese miedo me ha echado atrás cada vez que me las ofrecieron de joven.

El consumo de drogas o el abuso del alcohol es un grave problema que casi siempre se inicia durante la adolescencia. Unas veces, por diversión; otras, para explorar los propios límites, sentir la emoción del riesgo y romper con lo que creen o les han hecho creer que está socialmente establecido. También por desasosiego, para evadirse de una realidad que no comprenden o que perciben como demasiado exigente con ellos, o para sentirse integrados en su grupo de amistades si los demás también consumen. En este capítulo trataremos esta cuestión, pero no será la única. Abordaremos otros muchos temas que van muy ligados a la adolescencia: por qué los adolescentes anhelan romper con los límites establecidos, qué se esconde tras su deseo de comportarse de forma arriesgada, de dónde procede el insaciable apetito de socializar con otros adolescentes, y por qué se hacen las grandes preguntas de la vida (quién soy, adónde voy...), entre otras cuestiones. Hablaremos también de qué los motiva, qué relación tienen sus motivaciones con la búsqueda de placer y cómo podemos ayudarlos a ser optimistas a pesar de las enormes dificultades que, con independencia de que sean reales o no, perciben en su entorno. Es lo que le sucedía al protagonista del relato con el que hemos iniciado este capítulo. ¿Podía entender el polluelo de águila que, con su actitud, sus padres le estaban mostrando el camino para volar, entrenándolo para la vida adulta? ¿Hubiese podido aprender a volar sin su ejemplo? La respuesta es: no. Se ha visto que, si se separa a los polluelos de águila de sus padres y se los cría aparte, cuando crecen son incapaces de iniciar el vuelo. Necesitan el estímulo, el ejemplo y el apoyo de sus progenitores. Estímulo, ejemplo y apoyo.

Bien, sigamos analizando el cerebro adolescente.

LAS CONDUCTAS DE RIESGO

Empecemos hablando de por qué a los adolescentes —o a muchos de ellos— les encanta el riesgo y quieren romper con los límites establecidos. Años atrás, haciendo alpinismo con nuestros hijos, uno nos dijo algo que en ese momento resultó hilarante, aunque en ningún caso carente de sentido. Siempre nos hemos movido en ambientes de montaña, y practicar el alpinismo es una de nuestras actividades deportivas y de ocio preferidas, afición que hemos transmitido a nuestros hijos. Dicho de pasada, se sabe que el excursionismo fortalece la resiliencia, la persistencia y la socialización gracias al esfuerzo que debe hacerse antes de llegar a la cumbre y porque en algunos momentos dependes de tus compañeros de excursión, y ellos de ti. Cuando se produjo esta anécdota que servirá para introducir este apartado, uno de nuestros hijos era ya adolescente y el otro estaba dejando atrás la preadolescencia. Íbamos con un grupo de amigos cuyos hijos tenían edades similares a las de los nuestros, descendiendo de una cumbre de los Pirineos por una vertiente escarpada, a pocos metros de un precipicio. Los adultos bajábamos despacio, pero uno de nuestros hijos, el menor, se lanzó corriendo ladera abajo, dejándose resbalar entre las piedras, jugando y experimentando con la fuerza de la gravedad. Le advertí que no corriera demasiado y que vigilase, que un despiste podría precipitarlo al vacío. Respondió al instante, sin pensarlo: «*Papa, deixa'm viure al límit*» («Papá, déjame vivir al límite»). A los adolescentes les atrae muchísimo el riesgo, y no solo por la sensación de vivir a tope, sino también de romper los límites establecidos. ¿Por qué lo hacen y qué consecuencias tiene? Para entenderlo debemos recuperar algunas nociones de los capítulos anteriores, en concreto los puntos cardinales que configuran el «triángulo del cerebro adolescente»: hiperreactividad e hipersensibilidad emocionales (la amígdala), pérdida de eficiencia del control de las funciones ejecutivas (la corteza prefrontal) y deseo de activar las sensaciones de recompensa y placer (el estriado).

Padres y profesores sabemos que los adolescentes son impulsivos y más proclives a correr riesgos innecesarios que los adultos, los niños y las niñas. Esto se debe a que lo novedoso y la búsqueda de sensaciones que prevén como recompensantes —no solo por sí mismas sino en especial a través de la valoración que les puedan hacer sus iguales— motivan muchos de sus actos (casi todos, me atrevería a decir). Es la búsqueda incesante de novedades que a menudo los adultos interpretamos como rebeldía, ya que dejan de obedecernos. Sin duda, en parte lo hacen para afirmar su creciente independencia, pero la búsqueda de novedades es un proceso más básico. Aunque pueda resultar molesto y cansino para los adultos, es clave para el desarrollo de las capacidades plenas de los adolescentes. Recordemos que están abandonando la comodidad y la seguridad que les dábamos los padres y, en general, los adultos (como el polluelo de águila en su nido) para explorar el mundo por sí mismos e independizarse. Para ello, es crucial que los adolescentes adopten una conducta experimental porque a través de las nuevas vivencias establecerán su autonomía. Además, esta búsqueda de novedades se relaciona con la creatividad, lo que convierte la adolescencia en una etapa crucial de la humanidad. Como he dicho en capítulos anteriores, la adolescencia nos hace más humanos, y esta exploración creativa del entorno constituye uno de los puntos fundamentales de esta afirmación.

La creatividad consiste justo en esto: explorar el mundo sin visiones preconcebidas para establecer relaciones nuevas que, si se siguiese siempre el mismo patrón de pensamiento, pasarían desapercibidas. No en vano la mayor parte de las grandes creaciones de la humanidad las han impulsado personas jóvenes que todavía conservaban algo de la rebeldía adolescente, pero que habían podido acumular experiencia y conocimientos suficientes para encauzar su explosión creativa. Pensemos, por ejemplo, en el joven Albert Einstein, que con poco más de veinticinco años publicó los artículos científicos que sentaron las bases de la física relativista y de la mecánica cuántica, dos de las grandes revoluciones del siglo xx; en el todavía más joven Steve Jobs, que con veintiún años fabricó en el garaje de su casa el primer ordenador personal realmente útil, con ratón y una interfaz gráfica que ahorraba la larga e incomprensible lista de comandos de otros sistemas; o en Pablo Picasso, que con veintiséis años presentó una de las primeras obras cubistas de la historia, *Las señoritas de la calle de Avinyó*, que revolucionó la concepción del arte.

Pero volvamos al deseo instintivo de los adolescentes de buscar riesgos innecesarios como parte de los procesos de experimentación que deben realizar. A ojos de los adultos, el principal problema es la inmadurez de su corteza prefrontal, que les impide prever y entender de forma razonada las posibles consecuencias de sus actos. Dicho de otra manera: aunque asumir riesgos durante la adolescencia sea, a la larga, una buena estrategia evolutiva (si nuestros antepasados no se hubiesen arriesgado a salir de África cruzando valles, desiertos, mares y desconocidos macizos montañosos, nuestra historia hubiese sido muy diferente), a corto plazo puede encerrar peligros. Esto ha sido así durante miles de años, incluso decenas y centenares de miles de años, en todas las culturas y sociedades. Recordemos las palabras de los filósofos griegos refiriéndose a los adolescentes, que podrían haber sido dichas por cualquiera de nosotros. Aristóteles, por ejemplo, hablaba de los «alocados adolescentes griegos». Sin embargo, no todo es igual. Algo ha cambiado. Y es importante.

En el pasado, las posibilidades de movimiento de los adolescentes eran más limitadas, y el autoritarismo propio de otras épocas también coartaba, hasta cierto punto, sus posibilidades de experimentación. La sociedad actual se lo pone algo más difícil, con grandes posibilidades de movilidad —no solo física, sino también mental— con el uso de internet y de las tecnologías digitales. Esto ha llevado a algunas personas a proponer que hay que tratar a los adolescentes con mano dura, de forma autoritaria, como se hacía «antes» (o como pensamos que se hacía antes). Ya lo he explicado al principio del libro, a través de algunos de los comentarios que recibió un artículo que publiqué en la prensa en el que hablaba sobre la importancia de tener presente el estado emocional de nuestros adolescentes y jóvenes. Por diversos motivos, ser autoritario con los adolescentes no es la solución.

El primero es que la sociedad, a pesar de sus vaivenes, en la actualidad integra mucho mejor a todos sus miembros, acepta su diversidad gracias al hecho de ser menos autoritaria que antaño, y eso a pesar de que siempre hay quien aboga por endurecer el autoritarismo, lo que suele ir en contra de la diversidad o de algunos tipos de diversidad. El autoritarismo es, según una de las definiciones más usadas, «un tipo de relación social del ejercicio de la autoridad que impone la voluntad de quien ejerce el poder en ausencia de un consenso construido de forma participativa, lo que origina un orden social opresivo, carente de libertad y autonomía y que, al estar fundamentado primariamente en el principio de autoridad, no admite crítica». Justo la adolescencia es la etapa de la vida en la que las personas deben buscar la autonomía personal y madurar la capacidad reflexiva, base primordial de la crítica. ¿Y cómo van a madurar de forma correcta si no se les deja ejercitar estas capacidades? En este sentido, de la misma manera que ahora los adolescentes tienen más posibilidades de tomar decisiones erróneas, también pueden tomar decisiones acertadas. Así que hay que sacar provecho de esto, ayudarlos a recabar información cuando la necesiten, a que se hagan buenas preguntas a través de las que ejerciten los procesos de reflexión y echarles una mano para que generen vivencias positivas que los alejen de las negativas.

Existen varios experimentos curiosos que explican las dificultades de los adolescentes para controlar sus impulsos y el gran deseo que muestran de buscar experiencias novedosas que les resulten recompensantes. Por ejemplo, en uno se pidió a un grupo de voluntarios de entre ocho y treinta años que mirasen fijamente una luz que aparecía en una pantalla y que apartasen la mirada cuando surgiese una segunda luz parpadeante. Se trataba de valorar la capacidad de controlar el impulso de hacer algo prohibido, en este caso de seguir mirando las luces cuando apareciese la parpadeante. En psicología se denomina «inhibición de la reacción». Se observó que los niños y las niñas no pueden gestionar esta inhibición, y siguen mirando las luces a pesar de la prohibición. Su corteza prefrontal, sede de la capacidad de inhibir conductas impulsivas, aún es muy inmadura. La mayoría de los adultos, sin embargo, apartan la mirada cuando aparece la segunda luz. Sus funciones ejecutivas, en concreto el control de los impulsos, están suficientemente maduras. Pero ¿qué sucede con los adolescentes? Algunos son incapaces de apartar la mirada a pesar de la «prohibición» de seguir mirando. Otros, en cambio, la apartan casi tan rápido como un adulto, lo que refleja los distintos ritmos de maduración del cerebro. Pero lo más interesante viene ahora. Al tiempo que realizaban esta prueba, su cerebro estaba siendo escaneado para monitorizar su actividad.

En los adultos, la actividad cerebral que les permite apartar la mirada controlando el impulso de ver qué sucede cuando aparece la segunda luz se restringe a unas zonas concretas que no se activan con demasiada intensidad. En los adolescentes que apartan la mirada, sin embargo, se activan muchas más zonas del cerebro y la actividad es muy superior. Dicho de otra manera, a pesar de que algunos adolescentes puedan dominar sus impulsos, este control exige más esfuerzo que durante la adultez. A menudo los adultos no somos conscientes del esfuerzo que deben realizar los adolescentes para moderar sus comportamientos y pensamos que deberían hacerlo como nosotros. Por supuesto, eso no justifica que tengan comportamientos lesivos para sí mismos o para los demás, sino que explica por qué tienen más dificultades para controlarse.

El sesgo en las valoraciones y la búsqueda de límites

El segundo experimento que quiero comentar se centra en la importancia de la valoración de las sensaciones de recompensa cuando son positivas, por encima de las negativas. Investigadores del University College de Londres pidieron a cincuenta y cinco personas de edades comprendidas entre los nueve y los veintiséis años —esto es, desde la segunda infancia hasta la juventud, pasando por la adolescencia— que calcularan las probabilidades de que les ocurrieran una cuarentena de desgracias diferentes, desde contagiarse de piojos hasta resultar heridos de gravedad en un accidente. Después de que hicieran sus cálculos, se les dijo cuáles eran las posibilidades reales de cada una. Pasado un tiempo, se les pidió que recordasen las probabilidades de cada suceso. Los preadolescentes y los jóvenes recordaban bastante bien cuál era el verdadero riesgo. En cambio, los adolescentes recordaban muy bien el riesgo cuando era mejor que el que originalmente habían calculado, pero no lo recordaban si había sido peor. Dicho de otra manera, el cerebro adolescente recuerda mejor las valoraciones positivas que las negativas. Las zonas del cerebro que procesan la información positiva, centradas en el estriado, uno de los puntos cardinales del cerebro adolescente, están mucho más activas que las que procesan la información negativa, ubicadas en la corteza prefrontal, otro de los puntos cardinales que, durante la adolescencia, pierde eficiencia de funcionamiento. Por eso los adolescentes tienen menos capacidad de procesar la información negativa que los adultos y una mayor inclinación a hacer actividades que entrañen riesgo.

Esta necesidad de activación del estriado, que produce grandes descargas del neurotransmisor dopamina, provoca que los adolescentes tiendan a valorar con más intensidad y eficiencia los sucesos potencialmente positivos que los negativos. Recordemos que la dopamina está implicada en las sensaciones de recompensa y placer, y de motivación y optimismo. Un ejemplo de este sesgo en la valoración de los riesgos se puede encontrar en un caso que vi a mediados de 2021 en un vídeo que se hizo viral por internet. Desde la ventana de su casa, una adolescente estadounidense observaba a una osa con dos cachorros entrando en el patio trasero de su vivienda. En un abrir y cerrar de ojos, sus perros se enfrentaron a ella y, como es lógico, la osa se defendió de los canes a zarpazos. Sin pensarlo ni un segundo, la chica dio un brinco, salió al patio y, literalmente, echó a la osa a empujones para proteger a sus perros, sin valorar las consecuencias negativas que podía tener tal acción para ella. Era mayor la valoración positiva de recompensa que esperaba obtener de forma preconsciente al sentir que había protegido a sus queridos perros que las mucho más que posibles consecuencias negativas si la osa se enfrentaba a ella. Por fortuna, nadie salió herido, ni la chica ni sus perros, y tampoco la osa o sus cachorros.

Esta mayor valoración de las sensaciones de recompensa positivas también los afecta cuando deben tomar cualquier otro tipo de decisión. Al hacérseles escáneres cerebrales en situaciones en las que deben tomar decisiones económicas, se ha visto que el estriado se activa con mucha intensidad antes de tomar una decisión que pueda entrañar grandes beneficios, aunque también implique grandes riesgos. De hecho, se activa más cuando el riesgo es mayor. El cerebro valora más positivamente el hecho de esperar una recompensa que el de recibirla. De ahí que los juegos de azar sean tan atractivos para tanta gente, y en especial para los adolescentes. Por eso se debería proteger a los adolescentes de este tipo de actividades —a menudo anunciadas por algunos de sus referentes deportivos—, pues conllevan un gran riesgo de adicción, a través de estos mecanismos placenteros asociados al riesgo y a la posibilidad, aunque muy remota, de conseguir grandes beneficios.

En resumen, todos los estudios realizados hasta la fecha demuestran que el principal indicador de la conducta de los adolescentes no es la percepción de riesgo, sino la previsión de recompensa, a pesar del riesgo. Dicho de otra manera, la impulsividad y la aceptación del riesgo se deben a la gratificación que esperan obtener a través de su propio placer y de la valoración social que les ofrecen los otros adolescentes, en forma, por ejemplo, de admiración por la actividad realizada. Esto explica el éxito de algunos de sus referentes actuales, que siguen a través de las redes sociales, como sería el caso de los *influencers*. Por cierto, se ha visto que el hecho de sentir admiración por alguien también produce ligeras descargas de dopamina y de oxitocina, la neurohormona de la socialización, lo que estimula a los adolescentes a imitar a las personas que admiran por el placer socioemocional que sienten al hacerlo.

Todo lo dicho también lleva a los adolescentes a romper con los límites establecidos como parte de su maduración personal. Ello implica que, para una buena maduración de sus capacidades cognitivas y sus habilidades mentales, deben tener límites, debemos ponérselos, sabiendo que intentarán romperlos. Y no solo eso, sino que es bueno que rompan algunos para ponerse a prueba a sí mismos y en relación con su entorno. Por ejemplo, recuerdo la primera vez que mi hijo mayor, siendo adolescente, salió de noche con sus amigos.

Nos preguntó a qué hora debía volver a casa. Era un sábado por la tarde, y tanto él como sus compañeros merecían, y siguen mereciéndose, mi confianza. Tras hablarlo con mi esposa, íbamos a decirle que como muy tarde podía regresar a la una de la madrugada, pero nos contuvimos y le preguntamos: «¿A qué hora crees que debes volver?». A lo que respondió: «¿A las doce va bien?», y asentimos. Le oímos regresar a la una y cuarto. Había roto el límite, pero de forma controlada. Al día siguiente le preguntamos cómo les había ido y si se habían divertido, y le pedimos que, si algún día volvía más tarde de la hora convenida, por favor nos avisase. Lo ha hecho siempre, casi sin excepción (también es bueno que alguna vez haya roto este límite, y seguramente se sorprenderá el día que lea este párrafo).

La ausencia de límites por parte de los progenitores, o si los que les ponemos están demasiado alejados de la realidad, no contribuye a una buena maduración del cerebro de nuestros hijos adolescentes, porque no habrá transgresión posible. Pero como la buscarán de forma preconsciente, romperán otro tipo de límites, lo que con mucha probabilidad les pondrá en situaciones peligrosas para ellos y para los demás. Según diversos trabajos, la negligencia parental en el establecimiento de límites es una de las causas principales de delincuencia juvenil, adolescentes y jóvenes que buscan la transgresión de esta manera, porque no la hallan en sus familias. Ahora bien, una aplicación demasiado rígida de estos límites, que les impida explorarlos, o unas amonestaciones muy severas que no vayan acompañadas de apoyo emocional (no olvidemos su hiperreactividad emocional), no contribuirá a una buena maduración del cerebro. En el capítulo anterior hemos hablado de los efectos negativos de una educación demasiado estricta sobre la construcción del cerebro y la personalidad. Además, una rigidez excesiva puede limitar la producción de dopamina, neurotransmisor que, como se ha dicho, promueve no solo las sensaciones de placer y de recompensa sino también las de motivación y optimismo. En el siguiente apartado trataremos el tema de la motivación y el optimismo. Desde la perspectiva evolutiva, este impulso de romper límites se ha visto favorecido por la selección natural, ya que ha permitido a los humanos explorar nuevos ecosistemas y formas de vida. Es parte de nuestra humanidad, y el punto de inflexión se encuentra en la adolescencia. En gran medida, el desarrollo social y cultural de la humanidad se sustenta en esta característica adolescente, que a su vez se relaciona, como se ha dicho, con la creatividad.

MOTIVACIÓN, OPTIMISMO Y PLACER

La dopamina es un neurotransmisor crucial para el cerebro. No es el único, por supuesto, y todos son igual de imprescindibles para su buen funcionamiento. Sin embargo, la dopamina está implicada en aspectos cognitivos clave para entender el cerebro de los adolescentes y su comportamiento, así que vamos a hablar un poco más de ella. Su función como molécula neurotransmisora fue descubierta en 1952, y desde entonces no ha dejado de ganar fama en los estudios sobre el cerebro. Está asociada a los circuitos de recompensa, entre los que se encuentra el estriado. Hemos hablado en diversas ocasiones del estriado y de su función, ya que es uno de los tres puntos cardinales del triángulo del cerebro adolescente. Lo que no hemos contado es cómo se descubrió la importancia de esta zona del cerebro. Como sucede en muchas ocasiones en ciencia, fue un hallazgo casual de dos psicólogos canadienses, James Olds y Peter Milner.

Corría el año 1954, justo dos años después del descubrimiento de la dopamina como molécula neurotransmisora. Estaban probando una hipótesis según la cual la estimulación eléctrica del cerebro provocaba sensaciones desagradables. Por supuesto, no lo hacían con personas, sino con ratas. La idea era muy simple: iban colocando electrodos en distintas áreas del cerebro que provocaban una pequeña descarga eléctrica cuando las ratas pasaban por un rincón concreto de la jaula. Muy rápido, las ratas aprendían qué rincón debían evitar para no experimentar las sensaciones desagradables. En un momento dado, pusieron los electrodos en una zona profunda del cerebro muy poco conocida en aquella época, y cuál fue su sorpresa al ver que las ratas, cuando descubrían qué sucedía al acercarse al rincón de la jaula donde se activaban los electrodos, no dejaban de pasar una y otra vez por allí. Como es lógico, dedujeron que la estimulación eléctrica de esa zona del cerebro no producía sensaciones desagradables, sino todo lo contrario: placer. Habían descubierto la función del estriado, que no tardaron en asociar con la dopamina.

En el corazón del sistema de recompensa del cerebro se encuentran el estriado como estructura neuronal y la dopamina como su neurotransmisor. Ahora bien, si se compara con los adultos, se ha visto que el cerebro de los adolescentes libera más cantidad de dopamina cuando es estimulado por situaciones recompensantes. Además, si la situación recompensante tiene un origen social, la mantiene más tiempo. Dicho de otra manera, las situaciones recompensantes producen más placer a los adolescentes que a los adultos, en especial cuando la recompensa tiene un origen social. Pero, mucha atención: también se ha visto que, en condiciones basales, es decir, cuando no hay un estímulo especial, el cerebro adolescente produce menos cantidad de este neurotransmisor. Estos hechos tienen consecuencias notables. Por un lado, explican la importancia que dan a las interacciones sociales, en especial con otros adolescentes, como ya hemos comentado. Hace que se sientan a gusto durante largo tiempo. De ahí el gran poder de atracción que ejercen las redes sociales en cualquiera de sus formatos.

Al mismo tiempo, también justifica el deseo de los adolescentes de experimentar situaciones nuevas, de buscar novedades que les sean recompensantes, ya que el nivel de placer que notan es superior al de los adultos y los preadolescentes. Pero también indica que, en ausencia de situaciones estimulantes, su sensación de placer, motivación y optimismo (cabe recordar que la dopamina está implicada en estos tres procesos) es también menor que en cualquier otra etapa de la vida. Por eso muchas veces parecen desanimados, abatidos, desasosegados, con tendencia a ver el vaso medio vacío en lugar de medio lleno, acentuando la sensación de preocupación ante los problemas con que se encuentran. Los adolescentes tienen momentos de gran alegría, cuando se activa su estriado, pero también de tristeza y preocupación cuando no lo hace, en situaciones que podrían ser neutras para un adulto.

Encontramos aquí otro punto de posible incomprensión de los adultos con respecto a sus hijos o alumnos adolescentes. Situaciones que a un adulto no le producirían alegría ni desánimo, que le parecerían neutras, pueden ser vistas con pesimismo por un adolescente, ya que su nivel basal de dopamina es más bajo. O con una alegría desbordada, en el otro extremo.

Por supuesto, conviene recordar que no hay dos personas iguales. El circuito de la dopamina es complejo, con diversos genes implicados, y cada uno de ellos con distintas variantes. Esto hace que, de partida, haya adolescentes más predispuestos a la motivación y al optimismo, mientras que a otros les costará más encontrar sus fuentes de motivación. También las experiencias previas juegan un papel fundamental. Hemos visto en capítulos anteriores que determinadas experiencias vividas durante la infancia pueden producir un efecto desmotivador durante la adolescencia.

La dopamina no solo se relaciona con el estriado. Se sabe que otra parte del cerebro fundamental durante la adolescencia, la corteza prefrontal, también presenta muchos receptores para este neurotransmisor. Además, los circuitos neuronales de la corteza prefrontal que presentan estos receptores se reorganizan de manera extensa durante esta etapa de la vida, lo que explica la dificultad que suelen tener los adolescentes para enfocar sus deseos y sus motivaciones hacia objetivos concretos, ya que requiere planificación y reflexión. A menudo, los padres y los profesores pensamos que nuestros hijos y nuestros alumnos, a pesar de todo lo que les damos y hacemos por ellos (o de todo lo que creemos darles y ofrecerles), no lo aprovechan lo suficiente para preparar su futuro. O que nosotros lo aprovecharíamos mejor. No sé si nosotros como adultos lo aprovecharíamos mejor, pero si los adolescentes fuésemos nosotros, es muy probable que lo aprovecháramos como ellos, con las mismas dificultades para enfocar nuestros objetivos y encontrar nuestras motivaciones. Ahora bien, podemos ayudarles a enfocar mejor su futuro. ¿Cómo? Se ha demostrado que, si prevén que una actividad les proporcionará sensaciones socioemocionales recompensantes, mejora su capacidad de planificación y de reflexión, y también se optimiza la capacidad de tomar decisiones y el control de sus impulsos emocionales. Veamos un caso concreto.

Uno de los experimentos que lo demuestran es muy divertido. Se pidió a un grupo de voluntarios que fijasen la mirada en un punto luminoso situado en el centro de una pantalla. De vez en cuando se hacía aparecer un segundo punto en un extremo de la pantalla. En ese instante, los voluntarios debían dirigir su mirada hacia el extremo opuesto. Solo eso: mirar al extremo opuesto de la pantalla de donde aparecía el segundo punto. Quizá parezca sencillo, pero implica un enorme control cognitivo de los impulsos, porque de forma innata tendemos a mirar el nuevo punto de luz, no a dirigir la vista hacia el extremo opuesto. Si el experimento se hace así, sin más, el número de errores entre los adolescentes es muy elevado, mucho más que cuando se hace con adultos. Sin embargo, si se les promete una determinada recompensa por cada acierto, el número de estos aumenta de una forma espectacular. Saber que les espera algún tipo de situación recompensante mejora la capacidad de fijar sus objetivos y motivaciones. De nuevo, el papel de los adultos es fundamental para proporcionarles situaciones que vean de manera positiva, para no dejar sus respuestas en manos de los otros adolescentes o de los *influencers* que ahora están tan de moda.

DE LA MOTIVACIÓN EXTRÍNSECA A LA INTRÍNSECA

Llegados a este punto, es necesario distinguir entre dos tipos de motivación: la interna o intrínseca y la externa o extrínseca. Como su nombre indica, la motivación intrínseca es la que surge del interior de la persona con el fin de satisfacer sus deseos y sus necesidades, incluidos los de autorrealización y crecimiento personal. Se activan las zonas de control de las funciones ejecutivas y el estriado, por lo que seguimos manteniéndonos dentro del triángulo del cerebro adolescente.

La motivación extrínseca, en cambio, se basa en todos aquellos estímulos o recompensas que necesita recibir el individuo de su entorno para realizar una determinada acción o actividad, o para poner mayor interés y empeño en ella. En este sentido, la valoración positiva y la aceptación por parte del entorno son el factor principal de motivación extrínseca durante la adolescencia. Así, se ha demostrado que uno de los factores más importantes en la progresión académica satisfactoria de los adolescentes son las expectativas que los padres, los profesores y la sociedad en su conjunto ponen en ellos. La influencia que ejercen las creencias de una persona en el rendimiento de otra se conoce como «efecto Pigmalión». Consiste en la influencia potencial que ejerce la creencia de una persona en el rendimiento de otra. Debe su nombre al personaje mitológico Pigmalión, un escultor que se enamoró de una estatua que había tallado, y, al final, de tanto desear que fuese una persona real, esta acabó cobrando vida. Estas expectativas son interpretadas por los adolescentes como la confianza que se les demuestra, lo que implica un refuerzo positivo con sensaciones de recompensa asociadas, contribuyendo a su motivación. Ser adolescente y oír decir, como a veces sucede, que los adolescentes «son unos vagos que solo piensan en divertirse», que «son unos irresponsables», o que «no valoran todo lo que se les da», es la mejor manera de conseguir que solo piensen en divertirse, sean irresponsables y no valoren su entorno. Mis hijos, como otros adolescentes, se me han quejado muchas veces de estas afirmaciones entre mayores, en programas de televisión o por parte de opinadores de medios de comunicación. Y hubo un caso en que lo vi muy claro: cuando comenzó la pandemia de la COVID-19, en algunos medios se acusaba a los jóvenes de ser los propagadores de la enfermedad, y se les llamaba irresponsables porque algunos, una auténtica minoría, intentaban saltarse las restricciones. Con gran desasosiego, lo oí en varias ocasiones. Como si muchos adultos no lo intentasen también...

La capacidad de automotivación —buscar uno mismo sus propias motivaciones que estimulen los procesos asociados, como el optimismo— empieza a madurar en la adolescencia y termina durante la juventud. En la infancia, los niños y las niñas tienden a motivarse a partir de las novedades de su entorno que para ellos son causa de sorpresa. Es una manera instintiva de favorecer los aprendizajes sobre todo lo que los rodea. A partir de la adolescencia, la capacidad de automotivación empieza a madurar, lo que implica que los elementos de motivación extrínsecos deben coexistir con espacios para que busquen sus propias motivaciones intrínsecas, como camino hacia la madurez personal. Sin embargo, quizá el momento crucial se produce en la preadolescencia. Los preadolescentes ya conocen muchos elementos del entorno, encontrar novedades que los sorprendan no es fácil, pero la capacidad de automotivación todavía no ha empezado a madurar. Es el momento en que puede producirse el denominado «apagón emocional», capaz de repercutir gravemente en el desarrollo de la adolescencia. El apoyo emocional a los preadolescentes y el hecho de generarles entornos motivadores resulta crucial para el desarrollo posterior de la adolescencia. Como se ha dicho en diversas ocasiones, la adolescencia se empieza a forjar desde el nacimiento, incluso antes.

Sea como fuere, la motivación siempre implica un mayor aporte de energía al cerebro en forma de glucosa y oxígeno, los únicos sustratos que utilizan las neuronas en condiciones normales para obtener energía metabólica. Esto implica que, cuando está motivado, el cerebro puede funcionar con más eficiencia, y también que podamos estar más tiempo trabajando sin notar cansancio. Ahora combinemos este hecho con la menor producción de dopamina que hace el cerebro adolescente en condiciones basales, cuando nada lo estimula de manera especial. En ausencia de motivación, el cerebro adolescente está más «cansado» y funciona con menos eficiencia, algo que suele notarse en muchos adolescentes. No están más cansados porque sean unos «vagos», sino porque no están bastante motivados.

Otro aspecto importante que hay que tener en cuenta con relación a la motivación —que como se ha dicho está relacionada con sensaciones de bienestar y recompensa y con el optimismo— es el denominado *arousal*, palabra de origen inglés que se usa para describir el estado de activación cerebral. El nivel de activación cerebral depende de diversas estructuras, entre las que destacan, de nuevo, la amígdala, el estriado y la corteza prefrontal, los famosos puntos cardinales del triángulo cerebral de la adolescencia, esta vez con la concurrencia del tálamo, una estructura que está muy cerca de la amígdala y que marca el umbral de atención. Para lograr una buena activación cerebral, a veces puede resultar útil una pequeña dosis de estrés, siempre leve o como mucho moderado, y de corta duración, jamás crónico. Ya hemos hablado de las consecuencias negativas del estrés agudo o crónico. El estrés leve o moderado, si es puntual, muy puntual, activa la atención y evita las distracciones «periféricas». En cierto modo, es uno de los efectos del estado emocional de sorpresa que hemos tratado en el capítulo anterior.

Por ejemplo, los que nos dedicamos a la docencia solemos llamar la atención de nuestros alumnos haciendo alguna pregunta motivadora al entrar en clase. No se trata de que sea una pregunta relacionada con el currículo, y mucho menos de puntuar la respuesta que nos den. La idea es generar un pequeño reto que los estimule a centrar la atención, a recuperar los conocimientos previos y a usar la imaginación para relacionar los distintos elementos de la respuesta. Esto produce una leve descarga de adrenalina que los activa, pero en ningún caso pasa de ser un estrés leve, sin posibilidad de cronificarse. Si la pregunta que les hacemos se relaciona con el currículo, corremos el riesgo de que en algunos alumnos —los que todavía no han asimilado esa lección— se produzca una descarga excesiva de adrenalina que les haga llegar a un estrés moderado que se podría mantener durante toda la clase. Llevado al terreno familiar, se trata, por ejemplo, de comentar cualquier suceso que, en apariencia, no tenga relación directa con lo que nos interesa que nos cuenten, para que se active su cerebro, pero de forma relajada. Porque, aunque el estrés sea leve, si se cronifica puede tener efectos perjudiciales. Se ha demostrado que el estrés leve cronificado puede producir anhedonia, la incapacidad para experimentar placer y de reaccionar ante los estímulos placenteros, lo que provoca la pérdida de interés o satisfacción en casi todas las actividades de la vida. Dicho de otra manera, es la incapacidad para disfrutar de la vida. Y ya hemos comentado varias veces la importancia crucial de las sensaciones de recompensa, satisfacción y placer.

Por último, también se ha demostrado que el esfuerzo y los retos activan el estriado, por lo que son, en sí mismos, recompensantes. Por lo tanto, el esfuerzo por progresar y la voluntad necesaria para adquirir nuevos conocimientos pueden actuar sinérgicamente con otros mecanismos de motivación, lo que activa el cerebro. Los adolescentes también deben esforzarse y sentir que tienen por delante retos que deben superar. No se lo tenemos que dar todo hecho, no debemos ponérselo demasiado fácil y masticado, por decirlo así. Sería contraproducente. Del mismo modo que necesitan límites para tener la posibilidad de romperlos, necesitan retos que les exijan cierto esfuerzo. Ahora bien, en un estudio científico publicado en 2018 se demostró que, para que el esfuerzo genere sensaciones de recompensa, debe ser percibido como valioso por el individuo de forma subjetiva. Este es el punto. Se ha visto que, para decidir si un esfuerzo merece la pena, de manera instintiva el cerebro calcula los costes y los beneficios que puede proporcionar, y este balance contribuye de forma crucial a la decisión que se tome. Dicho de otra manera, el esfuerzo y el reto que se perciben como realizables motivan y activan el cerebro. Pedir a los adolescentes que realicen esfuerzos que ellos no consideren asequibles es la mejor manera de desmotivarlos. En este contexto, las experiencias que han tenido durante la infancia resultan cruciales, ya que constituyen la base de datos que usa el cerebro para realizar dicho balance. Es una simple cuestión de costes y beneficios filtrada por las particularidades del cerebro adolescente. Así, una persona cuyo ambiente social y educativo ha sido previamente recompensante —a través, por ejemplo, de las miradas de aprobación y estímulo de su entorno— será más proclive a aceptar nuevos esfuerzos y retos.

CONSUMO DE DROGAS Y OTRAS SUSTANCIAS TÓXICAS

Uno de los problemas más graves con que deben lidiar los adolescentes y la sociedad en general es el consumo de sustancias tóxicas, tanto estimulantes como relajantes. Existen diversos tipos de drogas, algunas legales como el alcohol y muchas más ilegales o que se consumen sin supervisión médica. Según los datos de la «Encuesta sobre uso de drogas en Enseñanzas Secundarias en España» en jóvenes de catorce a dieciocho años, publicada en 2016, de media, los adolescentes empiezan a consumir alcohol a los catorce años, edad parecida a la del inicio de consumo de tabaco. Respecto al consumo de cánnabis, se sitúa en torno a los dieciséis o diecisiete años; el de drogas de diseño como el éxtasis, a los diecisiete años, y el de cocaína a los dieciocho, la misma edad promedio en que se inicia el consumo de psicofármacos como tranquilizantes y estimulantes de uso clínico que a menudo se toman de forma no controlada. Por supuesto, no todos los adolescentes consumen, pero los datos son alarmantes. Según diversas encuestas, el porcentaje de adolescentes que consumen cánnabis cada semana ronda el 15 por ciento, y el de los que consumen alcohol alguna vez al mes se acerca al 70 por ciento, de los cuales algo más de un 20 por ciento reconoce haberse emborrachado en alguna ocasión durante los treinta días anteriores a la encuesta. El consumo de psicofármacos para tratar la depresión, la ansiedad o los trastornos del sueño se acerca al 15 por ciento.

Todas esas sustancias producen daños en el cerebro, aunque algunas estén normalizadas, y eso es muy importante durante la adolescencia dados los profundos procesos de reorganización que experimentan las redes neuronales. Algunas de estas sustancias cuentan incluso con aceptación social, pero no por eso dejan de ser dañinas. No quiero extenderme demasiado en estos aspectos, pero creo que es fundamental dar algunos datos como elemento de concienciación. El consumo de tabaco, por ejemplo, no solo afecta a los pulmones y al sistema cardiovascular de los fumadores. Se ha visto que, tras el consumo de unos pocos cigarrillos, el cerebro de los adolescentes empieza a remodelarse y crea nuevos receptores para la nicotina, lo que promueve la adicción y dificulta el dejar de fumar. Una de las zonas que resultan más dañadas por la nicotina son las conexiones neuronales que usan la serotonina, un neurotransmisor, como la dopamina, pero con unas funciones algo diferentes. Se relaciona con los estados de ánimo y la gestión emocional, y se ha visto que los déficits de serotonina inducen estados depresivos.

En cuanto al alcohol, se sabe que produce efectos sedantes y desinhibitorios, además de afectar al sistema digestivo y a algunos órganos internos, como el hígado. Causa adicción con mucha facilidad, tanta que la Organización Mundial de la Salud la clasifica como una droga dura, al mismo nivel que la heroína. Sin embargo, su consumo está normalizado en muchas sociedades, y a veces es difícil concebir una fiesta o un rato de diversión que no incluya ingerir al menos una bebida alcohólica. A pesar de estar prohibida su venta a los menores de edad, los adultos no solemos dar buen ejemplo a los adolescentes. En su caso, además, hay un aspecto que puede agravar su consumo. El cerebro adolescente, en comparación con el adulto, puede manejar mejor los aspectos sedantes de estas bebidas —el mareo, la resaca y la falta de coordinación—, lo que hace que sientan que pueden beber más y esto acentúa los efectos sobre el cerebro y agrava la adicción. El alcohol excita otro neurotransmisor denominado «GABA» (ácido gamma-aminobutírico), relacionado con los efectos sedantes de esta bebida. Sin embargo, el cerebro de los adolescentes tiene menos receptores para este neurotransmisor, así que pueden beber más y notar menos sus efectos. Sin embargo, el alcohol tiene otras consecuencias devastadoras para el cerebro, en especial en el adolescente: reduce la producción de conexiones neuronales en algunas zonas del cerebro, entre las que destaca el hipocampo. Recordemos que la función del hipocampo es gestionar la memoria. Dicho de otra manera, perjudica la retención de aprendizajes en la época de la vida donde se deben adquirir una enorme cantidad de nuevos conocimientos. También afecta a algunas redes neuronales implicadas en las funciones ejecutivas y en el estado de ánimo, lo que acentúa la posibilidad de sufrir trastornos emocionales, impulsividad y depresión.

Por lo que respecta a la marihuana, en algunos sectores sociales se cree que no es perjudicial, o que no es tan perjudicial como el tabaco, ya que es más «natural». Craso error. Natural no significa inofensivo, igual que artificial no significa perjudicial. Una de las moléculas que absorbe el cuerpo al consumir marihuana es el THC (tetrahidrocannabinol), que llega muy rápido al cerebro. El cerebro humano produce unas sustancias parecidas llamadas «endocannabinoides» que afectan a muchos procesos mentales y corporales. Por ejemplo, contribuye a regular la consolidación de la memoria y la respuesta al estrés, además de participar en otros procesos corporales como el apetito y el sistema inmunitario. El THC de la marihuana interfiere con los receptores de los endocannabinoides que fabrica el propio cerebro, por lo que interfiere en la memoria y en el estado de ánimo, dificulta la respuesta al estrés e influye en otros aspectos de la salud, ya que afecta al sistema inmunitario. Por otro lado, altera la formación de determinadas conexiones neuronales, hecho que multiplica por cinco la posibilidad de manifestar trastornos psiquiátricos durante la edad adulta, como psicosis, depresión mayor, ansiedad o esquizofrenia. Incluso se ha visto que disminuye el coeficiente de inteligencia que, como se ha visto en un capítulo anterior, se modifica durante la adolescencia en función de las experiencias que se tienen. Por supuesto, no todos los adolescentes se verán afectados de la misma manera. El grado de afectación depende del consumo que hagan y de ciertas predisposiciones genéticas, pero en cualquier caso tiene efectos perjudiciales.

Todavía peores son los efectos de las drogas duras, como el éxtasis y, en general, todos los derivados de las anfetaminas. Se ha visto que interfieren con los mecanismos normales de actuación de tres neurotransmisores: la serotonina, relacionada con los estados de ánimo; la dopamina, vinculada a la motivación, el optimismo y las sensaciones de placer y recompensa; y la norepinefrina, que interviene en la atención, entre otros aspectos cognitivos. No quiero extenderme más en estas descripciones porque creo que ya ha quedado clara la importancia de evitar que los adolescentes se inicien en el consumo de estas sustancias. Pero aún queda una que se consume cada vez en más cantidad y de una forma más precoz: las bebidas energéticas.

Las bebidas energéticas nacieron en Asia en la década de los sesenta del siglo xx, aunque no llegaron a Europa hasta finales de los ochenta. Según un estudio de la Agencia Europea de Seguridad Alimentaria, a mediados de la década de 2010 casi el 68 por ciento de los adolescentes tomaba bebidas energéticas en algún momento. Estas bebidas suelen tener en común dos componentes psicoactivos: la cafeína y la taurina. La cafeína es un estimulante cerebral que se sabe que aumenta la producción de adrenalina, una hormona de la que ya hemos hablado en relación con el estrés. De ahí los efectos estresantes de las bebidas con cafeína y que repercutan especialmente en los adolescentes, puesto que, de forma natural, tienen el nivel de estrés más acentuado. La taurina, a su vez, interfiere con el neurotransmisor GABA, lo que potencia la atención. De ahí su uso muy generalizado: en principio, favorecen la atención y son estimulantes. Sin embargo, como recoge un estudio publicado en 2019 por el Instituto Nacional de Salud, el consumo de estas bebidas durante la adolescencia puede alterar la memoria y el estado de ánimo, además de producir insomnio (y ya hemos hablado de la importancia del sueño). Dado que el cerebro es plástico y va realizando conexiones en función de las condiciones ambientales que encuentra, el consumo reiterado de estas bebidas tiene efectos a largo plazo en los patrones de conexiones que puede inducir, aunque de momento no haya muchos estudios realizados para valorarlo.

Se han identificado diversos factores que pueden inducir al consumo de drogas entre los adolescentes. Destacan la sensación de disgusto y desasosiego por una sociedad que consideran injusta; para experimentar placer, por curiosidad y para buscar nuevas sensaciones; como válvula de escape ante situaciones conflictivas, como el rechazo familiar o huir de problemas personales, entre ellos la sensación de estrés y ansiedad; y para facilitar el contacto y la integración con otros adolescentes y jóvenes. Sea como fuere, a nivel cerebral las sustancias tóxicas resultan adictivas porque estimulan químicamente los circuitos de recompensa del cerebro a través de alguno de los puntos de actuación del neurotransmisor dopamina. Como durante la adolescencia el cerebro busca la activación de los circuitos de recompensa, si esta activación es insuficiente —es decir, si no encuentran elementos de motivación suficientes o si no sienten que sus esfuerzos se ven valorados por el entorno—, buscarán las sensaciones de recompensa por otros medios. Y, como actúan sobre el sistema dopaminérgico de recompensa del cerebro, una de las maneras en que buscan llenar este hueco es a través del consumo de sustancias estupefacientes. Por eso es tan importante favorecer que los adolescentes mantengan la motivación y reciban estímulos recompensantes por otras vías —sociales, deportivas, familiares, educativas, etcétera—, lo que contribuye a disminuir la probabilidad de que se inicien en el consumo de estas sustancias tóxicas.

Un último apunte sobre esta cuestión. Se ha visto que las drogas consumidas durante la adolescencia, como la marihuana, promueven que se produzcan determinadas marcas epigenéticas en las células sexuales, óvulos y espermatozoides, de las personas que las consumen, las cuales pueden llegar a transmitirse a sus descendientes. Recordemos del capítulo 3 que las marcas epigenéticas son moléculas que se añaden al material genético y que, sin alterar su mensaje, contribuyen a regular su funcionamiento. Pues bien, en este caso se ha visto que las personas nacidas con estas marcas —que, repito, en algunos casos pueden deberse al consumo de sustancias estupefacientes por parte de alguno de sus progenitores cuando era adolescente— aumentan la probabilidad de que, al alcanzar la adolescencia, sufran problemas de impulsividad, ansiedad y depresión. La responsabilidad para con nuestros hijos empieza antes de que nos hayamos planteado si queremos ser padres o no.

EL CEREBRO SOCIAL EN LA ADOLESCENCIA: EL GRUPALISMO

Nos vamos acercando al final de las explicaciones sobre el cerebro de los adolescentes, y nos queda hablar de un tema relevante que ha ido emergiendo en otros muchos puntos del libro: el enorme deseo de socialización de los adolescentes. Establecer y formar lazos sociales es una necesidad humana básica. Sobrevivimos como individuos y como especie porque nos apoyamos unos a otros, por lo que establecer relaciones con los demás es una de las fuerzas más motivadoras para el cerebro. Durante la adolescencia, se produce un desapego progresivo de los progenitores, que hasta ese momento habían constituido el núcleo central de la vida de los niños y las niñas. Esto implica, necesariamente, que deban compensarlo estableciendo nuevos vínculos, a poder ser con otros adolescentes. Es la forma que tienen de ir explorando su sitio en la sociedad y con quiénes podrán contar. De manera desesperada, buscan estar con otros adolescentes, y cualquier comentario que digan o cualquier gesto que hagan sus compañeros tendrá una importancia crucial para ellos. Para bien y para mal. Se ha visto que las áreas del cerebro que gestionan las interacciones sociales se activan con más intensidad y durante más tiempo que en los adultos, lo que refleja la importancia que, de forma innata, dan a las interacciones sociales. Por eso, lo que más sacude las emociones de un adolescente es sentirse ignorado por su entorno.

Hay un experimento realizado en 2010 por investigadores del Reino Unido que lo demuestra. Pidieron a un grupo de personas, adolescentes y adultos, que participasen en un juego en línea en el que diversos jugadores debían ir pasándose un balón digital para marcar un gol al otro equipo. Pensaban que estaban jugando juntos, con personas reales, pero todo era una simulación interactiva. Cada jugador estaba solo con su simulacro, programado para pasar el balón tres veces al jugador real durante los dos primeros minutos de juego, y después ya no hacerlo más. De esta manera, se provocaba que el jugador real pensase que sus compañeros, que creía reales, habían decidido no contar con él. Simultáneamente, se monitorizaba su actividad cerebral y se evaluaban sus respuestas conductuales. Por supuesto, a ninguno de los voluntarios le sentó bien verse excluido, ignorado por los que supuestamente eran de su grupo, pero las diferencias entre adolescentes y adultos fueron muy significativas. A los primeros, las zonas del cerebro que reflejan la ansiedad se les activaron muchísimo más. Después les pasaron un test para valorar distintos parámetros psicológicos, y todos los adolescentes puntuaron más alto que los adultos en ansiedad y en un bajo estado de ánimo. Dicho de otra manera, una de las peores cosas que le puede suceder a un adolescente es sentirse excluido. Las consecuencias a medio y largo plazo para la construcción de su cerebro pueden ser enormes. De ahí la trascendencia de atajar rápido cualquier situación de acoso entre los adolescentes, y de que los adultos les hagamos sentir que nos importan por ellos mismos.

A través de la interacción con otros adolescentes, también ponen a prueba sus habilidades y las de sus compañeros en todos los aspectos. Harán lo que sea para sentirse integrados y partícipes en un grupo. Recuerdo el día que, sin darme cuenta, critiqué unas acciones que había realizado el amigo de uno de mis hijos. ¡Me saltó a la yugular para defenderlo!

Por supuesto es una expresión metafórica, pero hizo falta un buen rato para que se calmase. Esta identificación con un grupo se denomina «grupalismo», y tiene unas consecuencias muy interesantes.

El grupalismo es la tendencia innata a sentirnos integrados en un grupo social y buscar esa unión. Forma parte de nuestra manera de ser. Desde el nacimiento, los bebés aprenden a distinguir a «los suyos» de «los demás», y reaccionan de manera diferente ante unos y otros. Hay un experimento que siempre me ha hecho mucha gracia. El primer día de clase, se pide a los alumnos de primer curso de la universidad, que no se conocen de nada, que hagan un trabajo en grupo. El profesor los distribuye aleatoriamente en varios equipos y les pide que, durante una semana, realicen la tarea encomendada dentro de su respectivo grupo. Cada día se les pasa un pequeño cuestionario para valorar cómo avanza el trabajo, pero el objetivo real es evaluar cómo se están consolidando los grupos. Dos o tres días después de empezar el trabajo ya se detecta lo que se denomina «regla de doble moral». Muy rápido, los estudiantes distinguen a «los suyos» de «los demás», y los tratan de forma diferencial, a veces de manera muy acusada. Por el simple hecho de haber compartido un par de días trabajando juntos en algo que les interesa y les motiva, de haber compartido retos y dificultades, sorpresas y alegrías, los «suyos» les parecen más trabajadores, más listos, más fiables e incluso más interesantes y guapos que los «demás», a quienes no han llegado a conocer. Nuestro cerebro busca identificarse e integrarse con un grupo, y distinguirse de los demás. Por este motivo los miembros de un grupo de adolescentes tienden a vestir de manera similar, a adoptar expresiones comunes e, incluso, a enfrentarse a miembros de otros grupos. Este hecho explica —que no justifica— las peleas verbales y a veces físicas que se pueden producir entre grupos de adolescentes. También puede ayudar a explicar —pero repito, en ningún caso justificar— algunos casos de acoso en los que un miembro de un grupo ve a un compañero como «distinto», como si perteneciera a otro grupo y ese no fuera su lugar. Reitero que contribuye a explicarlo pero jamás lo justifica, porque hay medios para evitarlo, y esa debería ser una prioridad social por los daños que causa a todos los implicados.

En este sentido, cabría preguntarse por qué otros adolescentes se suman a estos agravios, que pueden llegar a ser brutales. De nuevo el grupalismo nos proporciona una explicación, no una justificación. Voy a contaros otro experimento que me fascina por sus implicaciones. Lo realizó el psicólogo estadounidense de origen polaco Solomon Asch en 1956. Es una experiencia que se ha replicado muchas veces en diferentes contextos y siempre ha arrojado los mismos resultados.

Regresemos a una clase de la universidad de primer curso, pero esta vez adentrado el año académico. Se pide a un alumno que vaya a realizar una tarea fuera de clase y, mientras está fuera, se explica al resto que, cuando regrese su compañero, el profesor hará una pregunta absurda y que todos deben responder de manera errónea, una pregunta muy simple que se pueda responder con un sí o un no. Cuando vuelve el alumno «ingenuo» —este es el nombre que se le suele dar en los trabajos científicos—, el profesor hace una afirmación absurda, la que han pactado, y, dirigiéndose a la clase, pide que levante la mano el que esté de acuerdo con dicha afirmación. Todos levantan la mano como han convenido, menos el alumno ingenuo, que se da cuenta de que la afirmación es absurda. Sin embargo, en la mayoría de los casos, tras un par de segundos de duda y titubeo, el ingenuo también levanta la mano. Su cerebro le ha enviado una señal a la que no se puede resistir: «Estás siendo diferente al resto del grupo. Para mantenerte dentro, tienes que comportarte como los demás». Por eso los adolescentes tienden a seguir las pautas de su grupo, a menudo sin plantearse si son las más adecuadas o justas. En el experimento original realizado por Asch, les pidió que contestaran a una serie de preguntas respecto a un supuesto test de visión en el que debían comparar una figura modelo con otras tres figuras posibles, siendo las semejanzas muy obvias, para ver hasta qué punto el estudiante ingenuo se amoldaba a la respuesta errónea de sus compañeros.

METACOGNICIÓN Y EMPATÍA

El contexto social cambia del todo durante la adolescencia. Es un tema que, de forma tangencial, ha ido apareciendo muchas veces a lo largo del libro. Los adolescentes deben potenciar y trabajar sus habilidades sociales y, como con cualquier otra habilidad, esto solo se consigue mediante la práctica, el ensayo y el error. Esto implica aprender a inferir el estado mental y emocional de las personas con quienes se relacionan para conocer sus intenciones *a priori*. En todo ello intervienen numerosos factores, desde la capacidad de reconocer las expresiones faciales a ir dominando cada vez más su control cognitivo. Es decir, volvemos a encontrarnos con los tres puntos cardinales de la adolescencia: las funciones ejecutivas (la corteza prefrontal), las emociones (la amígdala) y la búsqueda de recompensas (el estriado). No quiero repetir temas y conceptos que ya han ido apareciendo en las páginas anteriores, como la maduración asincrónica de estas regiones cerebrales y las funcionen que gestionan. Me referiré ahora a dos aspectos que no hemos abordado y que están muy relacionados con la capacidad socializadora, aunque también intervienen en otros muchos aspectos de la vida y de los comportamientos de los adolescentes: la autoconsciencia y la metacognición.

Ambos ma duran progresivamente durante la adolescencia, y su función biológica es permitir la monitorización de los estados mentales propios. A mediados de este periodo vital, hacia los quince años (aunque la maduración del cerebro presenta mucha variabilidad, como se ha dicho varias veces), las habilidades básicas de pensamiento de los adolescentes empiezan a ser comparables a las de los adultos, en especial en cinco áreas: la atención, tanto selectiva como la capacidad de focalizarla en dos o más estímulos al mismo tiempo; la memoria, tanto por lo que se refiere a la memoria de trabajo a través de las funciones ejecutivas como también a largo plazo, a través del hipocampo; la velocidad de procesamiento de la información a través de la integración de las distintas áreas del cerebro, entre las que se incluye el cuerpo calloso; y la organización, a través de los procesos de metacognición y autoconsciencia.

La metacognición se define como la capacidad cognitiva que permite pensar y reflexionar sobre los pensamientos de uno mismo y sobre los propios procesos de pensamiento, lo

que implica la capacidad de monitorear de forma consciente la actividad mental propia durante el proceso de pensamiento. Incluye entender las propias capacidades y el grado
de conocimiento alcanzado, percibir la dificultad de una
tarea y saber usar estrategias para adquirir nuevos conocimientos. Todo ello permite que, poco a poco, los adolescentes adquieran un mejor conocimiento acerca de sí mismos,
que vayan madurando la capacidad de regular sus aprendizajes y de racionalizar la necesidad de realizar esfuerzos
cognitivos. Es importante destacar que la metacognición
también permite identificar los propios errores, lo que posibilita reconducir las actividades o los pensamientos que los
han generado y evita que se cometan de nuevo, a pesar de
que durante la adolescencia el concepto de «error» está
muy vinculado a la percepción que les transmite su entorno.
Por ejemplo, su cerebro puede percibir como un «error» no
compartir una «fechoría», por así decir, con sus compañeros, como acosar a otro compañero, porque lo aleja de su
grupo. Pero todo ello teniendo siempre en cuenta que cada
cerebro sigue su propio ritmo de maduración, que depende
de factores intrínsecos a su biología, como los genéticos y
epigenéticos, de las experiencias vitales y la estimulación
que reciba a través de ensayos y errores, y de las sensaciones
de recompensa, que contribuyen al establecimiento de conexiones sinápticas que, a su vez, hacen surgir las funciones
mentales en un bucle que se retroalimenta.

El crecimiento de la metacognición implica un incremento progresivo de la capacidad de los adolescentes de planificar su futuro, es decir, de seleccionar las estrategias más apro-
piadas y los recursos necesarios para desempeñar una tarea;

en la monitorización del desarrollo de las tareas para reconducir su desarrollo cuando sea necesario; y en la evaluación
del producto final y de la eficiencia con la que se ha realizado
una tarea, lo que a su vez conlleva la posibilidad de incluir la
reevaluación de las estrategias utilizadas. Por eso la adolescencia es la época de las grandes preguntas existenciales:
¿quién soy?, ¿dónde estoy?, ¿por qué las cosas son como son
y no de otra manera?, ¿adónde quiero ir?, etcétera. En este
sentido, es importante que los adultos los ayudemos a plantearse buenas preguntas, pero no que se las respondamos. Se
ha demostrado que, cuando una persona responde a sus propias preguntas, se activa el estriado y se libera dopamina, lo
que produce sensaciones de placer y bienestar, y genera motivación y optimismo. Además, se libera serotonina, lo que
mejora su estado de ánimo. Por eso debemos ayudarles a que
se planteen buenas preguntas para que las puedan responder
por sí mismos. No importa que las respuestas nos gusten o
no. Están explorando su entorno, y deben dar todo tipo de
respuestas.

En cuanto a la autoconsciencia, es el proceso mental que
nos permite ser conscientes de que somos conscientes. Dota
a las personas de una capacidad extraordinaria para interpretar el mundo y responder reflexivamente a sus novedades e
incertidumbres. Hay varias áreas cerebrales implicadas en la
autoconsciencia que maduran durante la adolescencia, todas
necesarias pero ninguna suficiente por sí misma, por lo que
esta facultad reside en las conexiones dinámicas, pasajeras y
fluctuantes que establecen entre ellas. Cuando el cerebro es
estimulado por alguno de los órganos de los sentidos, envía
una señal hacia el tálamo, la estructura neuronal que filtra los

estímulos e identifica los que pueden ser relevantes y deben tenerse en cuenta. Esto permite focalizar la atención e incrementar el nivel de actividad cerebral. Durante la adolescencia sucede algo curioso (o tal vez no tan curioso, ahora que ya hemos visto muchos de los secretos del cerebro adolescente). Dado que lo que más valoran es el contacto social con otros adolescentes, fijan su atención en estos aspectos más que en cualquier otro. Muchas veces, en clave educativa, las aulas con adolescentes son difíciles de manejar porque cualquier comentario o movimiento que hagan sus compañeros los distrae de lo que los docentes queremos que hagan, pero ellos no están distraídos, sino muy atentos a sus compañeros. Como no lo podemos evitar, la solución, de nuevo en clave educativa, es aprovecharlo en su propio beneficio. Es lo que se llama aprendizaje entre iguales (*peer instruction* en inglés). Se trata de que ellos mismos preparen aspectos de aprendizaje y los compartan con sus compañeros.

Regresemos al tálamo, el centro neuronal de la atención. Se conecta con diversas áreas del cerebro, entre las que destacan la corteza prefrontal, el estriado, la amígdala y también, en este caso, el hipocampo, que gestiona la memoria. De nuevo, en el centro del proceso encontramos los tres puntos cardinales del cerebro adolescente. Estas conexiones aportan las experiencias previas y los estados emocionales a la percepción consciente, lo que permite que el tálamo priorice las informaciones entrantes significativas en función de estos parámetros y de las recompensas esperadas. Solo entonces las informaciones priorizadas son transmitidas a la corteza cerebral, donde al final se hacen conscientes y se racionalizan.

Todo ello contribuye a que el pensamiento de los adolescentes pueda ser progresivamente más abstracto y sofisticado, palabras que definen muy bien las interacciones sociales. También hace que los adolescentes sean más hábiles para debatir, lo que se relaciona con el desarrollo de las capacidades sociales. Sí, los que tenemos o hemos tenido hijos adolescentes conocemos muy bien sus ansias por debatir y la pasión desbordada que ponen en ello. Deben experimentar con los debates para perfeccionar esta habilidad, y muchas veces usan a los padres como *sparring*. Recuerdo una anécdota de cuando era adolescente. Una amiga del grupo de montañismo, con el que por entonces practicaba alpinismo, nos contó que se había pasado dos horas discutiendo de forma ininterrumpida con su padre sobre la conveniencia de que le dejase hacer una salida en víspera de exámenes, una travesía que, además, entrañaba cierto riesgo. Según nos dijo, después de dos horas consiguió convencer a su padre (o se dejó convencer, exhausto), tras lo cual ella, satisfecha, repuso: «Pues ahora me quedo; no iré de excursión». En ese momento, para ella, para su cerebro, era más importante debatir y ver que era capaz de salirse con la suya que venir de excursión con nosotros, sus amigos. Y nos lo contó orgullosa. Todos la felicitamos por haber «derrotado» a su padre. Sí, nuestros hijos e hijas adolescentes deben debatir con nosotros, y a veces se saldrán con la suya. Es la forma de perfeccionar sus habilidades sociales, aunque nosotros, los adultos, terminemos exhaustos.

Como he avanzado, la metacognición y la autoconsciencia son imprescindibles para el desarrollo y la maduración del denominado «cerebro social». Esta expresión designa de forma conjunta todas las áreas del cerebro implicadas en la cognición social y en la comprensión de los demás, e incluye los tres puntos cardinales del cerebro adolescente, junto con algunas otras zonas. Una de ellas es la que gestiona la empatía, la capacidad de reaccionar emocionalmente ante las experiencias emocionales de los demás. Es decir, es la habilidad que nos permite ponernos en el lugar de otros, en su piel, como se suele decir, para tratar de entender, comprender y experimentar sus sentimientos, deseos, percepciones, ideas y acciones. Es un comportamiento social innato que se activa durante la adolescencia. Por eso los adolescentes son muy susceptibles a su entorno social y a los sucesos que observan en sus compañeros. Es, como se ha dicho, un comportamiento social innato, pero también se puede entrenar y fomentar para mejorar la autorregulación emocional y las relaciones sociales estables. Gracias a la capacidad de empatía, se pueden desarrollar otras emociones sociales cruciales como la generosidad, el altruismo y la cooperación. De hecho, aunque a veces pueda parecer lo contrario, los adolescentes suelen ser más altruistas que los niños y las niñas, e incluso que los adultos. Por eso es más fácil que se animen a realizar cualquier actividad que tenga un trasfondo social de ayuda a otras personas que hacerlo por cualquier otro motivo. Todo eso los lleva también a adquirir sus primeros compromisos sociales y políticos, al tiempo que los hace más susceptibles a la manipulación, ya que la capacidad reflexiva sigue en proceso de maduración. Esta es la razón por la que suelen ser más radicales en sus opciones y sus opiniones, aceptan sin discusión proclamas hechas por sus compañeros y cuestionan la autoridad que no encaja con sus preconceptos. Los vaivenes del cerebro adolescente influyen en todos los ámbitos de su vida. Sin ellos no existiría la adolescencia ni tampoco la humanidad tal y como la conocemos.

Resumen

Los adolescentes deben adoptar una conducta experimental porque van a establecer su autonomía a través de las nuevas vivencias. Esta búsqueda de novedades, estimulada por la obtención de sensaciones recompensantes, se relaciona con la creatividad, lo que convierte la adolescencia en una etapa crucial de la humanidad y los lleva a romper con los límites establecidos. Esto implica que, para una buena maduración de sus capacidades cognitivas y sus habilidades mentales, debemos ponerles límites, sabiendo que intentarán romperlos y que incluso incurrirán en riesgos innecesarios. Pero es sano que lo hagan. Así va madurando su autonomía personal y las capacidades reflexivas, lo que los ayuda a recabar información cuando la necesiten y a que se planteen buenas preguntas, que nosotros no debemos responderles. Hacerlo por sí mismos les resulta motivador y recompensante. Las situaciones recompensantes producen más placer a los adolescentes que a los adultos, en especial si la recompensa tiene un origen social. Sin embargo, cuando no hay ningún estímulo, el cerebro adolescente produce menos sensaciones de placer, motivación y optimismo. Por eso muchas veces parecen desanimados, abatidos y desasosegados, lo que acentúa la sensación de preocupación ante los problemas con que se encuentran. Además, la relativa inmadurez del control de las funciones ejecutivas hace que tengan más dificultades para enfocar sus deseos y motivaciones hacia objetivos concretos.

Los adolescentes también deben esforzarse y sentir que tienen por delante retos que deben superar; no debemos dárselo todo hecho. El esfuerzo genera sensación de recompensa, pero para ello debe percibirse como valioso y asequible. Además, dada la incidencia de consumo de sustancias tóxicas, es importante favorecer que los adolescentes mantengan la motivación y reciban estímulos recompensantes por otras vías —sociales, deportivas, familiares, educativas, etcétera—, sabiendo que lo que valoran más negativamente es el rechazo social. Por eso todo lo visto hasta ahora se puede resumir en tres palabras: estímulo, ejemplo y apoyo.

6

¿Qué quiere aprender el cerebro de un adolescente? ¿Y cómo quiere hacerlo?

Sin pensarlo dos veces, de manera inesperada, se soltó de la rama en la que se sujetaba y, de un brinco, saltó tan lejos como pudo, sin saber si llegaría a alcanzar el destino que había previsto. Su madre chilló angustiada, y sus compañeros lo miraron boquiabiertos, sin apenas pestañear. No comprendían el porqué de tal acción. Ni él mismo sabía por qué lo había hecho. Mientras cruzaba el espacio que separaba ambas ramas, notaba que el aire agitaba su pelo con vehemencia. O tal vez se le estaba erizando por la emoción. Su pensamiento estaba fijo en una idea simple: saltar, saltar, saltar... En ningún momento se planteó el riesgo que entrañaba, ni mucho menos las consecuencias de su acto. Al cabo de poco más de un segundo, lapso que a todos les pareció una eternidad, sus fuertes y ágiles dedos rozaron la rama hacia la que se dirigía y, en el último instante, justo antes de precipitarse al vacío, cuando el fatal desenlace parecía más cerca que nunca, consiguió agarrarse a ella. Sus compañeros empezaron a gritar y a agitar los brazos en alegre algarabía, mientras su madre suspiraba aliviada. Y él, satisfecho, mostró su gozo con poderosos chillidos.

Ya no recordaba que hacía unas semanas se dedicaba a jugar casi siempre solo, como los compañeros que habían nacido en fechas similares. Se entretenía jugando con guijarros, hojas, pequeñas ramas dispersas por el suelo y hormigas. Y siempre que podía se sujetaba con fuerza al cuerpo de su madre, para dejarse llevar. Ahora, sintiéndose mayor, empezaba a asumir sus primeros riesgos, unas acciones que sus mayores nunca harían, pero que, sin duda, también hicieron durante su juventud. Y le gustaba mostrar su gozo. Cada vez que lo hacía, sus compañeros se le acercaban y hacían monerías similares. Y cuando un compañero mostraba su gozo tras haber realizado una acción que parecía descabellada, él hacía otro tanto. Les encantaba imitar a los mayores, a veces de forma exagerada, mientras estos los observaban con paciencia.

Sin darse cuenta, jugando entre ellos e imitando las acciones de los mayores, en poco tiempo aprendieron lo más importante de su vida, aquello que los marcaría para siempre. No solo cómo conseguir comida y protegerse de las fieras, sino también que sus compañeros estaban allí y que los mayores, aunque a veces se quejasen y, enfadados, les mostrasen los dientes en señal de desaprobación, también estarían allí. Ni por un momento se les pasaba por la cabeza que un día no muy lejano los mayores serían ellos, y que observarían con paciencia cómo los jóvenes los imitaban y tomaban riesgos absurdos. No podían imaginar tal situación porque los chimpancés son incapaces de anticiparse al futuro. Para ellos, solo existe el presente y un vago recuerdo de lo que fue su pasado.

Hace poco más de una década un grupo de científicos italianos escribió un artículo en el que comparaba el juego de los chimpancés con el humano. Las diferencias más importantes que encontraron es que, en los chimpancés, la etapa inicial de su infancia, cuando las crías juegan solas, es muchísimo más breve que en las personas. Rápidamente, los chimpancés empiezan a jugar entre ellos. Todo lo demás son similitudes. En cuanto empiezan a interactuar con sus compañeros, el juego es cada vez más complejo, como el de los niños y las niñas. Como a ellos, también les encanta imitar a los adultos y, al final de su infancia, durante un también breve periodo de tiempo, toman riesgos innecesarios. Ya hablamos en el capítulo 2 de que, aunque los chimpancés no tienen una adolescencia como tal —pasan casi de la infancia a la juventud—, también experimentan una época en la que ponen a prueba sus habilidades, a veces de manera absurda, como el protagonista del relato de este capítulo.

El juego es la forma instintiva que tienen todos los mamíferos de adquirir nuevos conocimientos durante la infancia. Permite que las crías ensayen comportamientos adultos en un entorno bastante protegido, unas actividades que en ese momento les son innecesarias pero que serán cruciales en el futuro. Dicho de otra manera, el juego es la preparación para la vida adulta. Los seres humanos lo hacemos igual. La forma instintiva de adquirir conocimientos del entorno es a través del juego. La definición de «jugar» que da la RAE es muy explícita en este aspecto: «Hacer algo con alegría con el fin de entretenerse, divertirse o desarrollar determinadas capacidades». Desarrollar capacidades con alegría, que, como veremos, equivale a «aprender con confianza».

De entre todos los mamíferos, los más parecidos a nosotros, los más cercanos desde la perspectiva evolutiva, son los chimpancés y los bonobos. Y eso se nota en el juego. Cuando juegan entre ellos, los chimpancés subadultos muestran expresiones de gozo. No podemos decir textualmente que sonrían, pues sus expresiones emocionales son algo diferentes a las nuestras, pero sin duda muestran gozo. Y cuando un chimpancé muestra su gozo, los demás tienden a acercársele para interactuar con él, colaborando. Es una muestra clara de aprendizaje social. La alegría, como hemos comentado en capítulos anteriores, es una emoción básica que transmite confianza, y a nivel de redes neuronales y de los neurotransmisores implicados se asocia con la motivación y el optimismo. Confianza, motivación y optimismo son algunos de los elementos clave en educación.

En este capítulo quiero incidir en algunos aspectos educativos del cerebro adolescente de los que no hemos hablado todavía, para dar una visión general de qué busca su cerebro cuando quiere adquirir conocimientos nuevos, además de cómo quiere adquirirlos. Como has visto, todo lo dicho hasta ahora puede resultar útil e interesante tanto a padres y madres como a maestros y educadores. Espero que también los gestores educativos saquen algunas ideas provechosas. Lo que voy a explicar en este capítulo también será útil para todos, pues la educación debe ser una tarea social común en la que se impliquen las familias, los centros educativos y la sociedad en general. Mi intención es proporcionar una visión general del cerebro adolescente en clave educativa que complemente todo lo expuesto.

Por cierto, decía al inicio de esta introducción que el juego de los chimpancés y el de los humanos tienen muchos elementos en común, y que en ambos casos el objetivo biológico de esta actividad que parece lúdica es adquirir conocimientos sobre el entorno. Pero también presentan grandes diferencias, como es lógico. El juego humano es mucho más complejo e incluye grandes dosis de abstracción y anticipación. Además, no se detiene en la infancia. Continúa durante toda la adolescencia, puesto que es una época durante la que estamos biológicamente preparados para realizar grandes aprendizajes. Y tampoco se detiene ahí, porque los jóvenes y los adultos seguimos jugando durante toda nuestra vida, lo que se relaciona con la gran capacidad de aprendizaje que mantenemos en la edad adulta.

Hay, además, otro elemento diferenciador que resulta clave en la adolescencia. Las personas podemos anticipar el futuro, pensar en lo que puede suceder y en lo que vamos a necesitar. Los chimpancés no. Su vida es el presente, con leves recuerdos de su pasado, pero sin anticipación. Por ejemplo, se ha visto que los chimpancés utilizan algunos elementos como herramientas. No las fabrican como tales, porque para ello es imprescindible la creatividad, pero usan piedras para cascar nueces y pequeñas ramitas que deshojan para capturar hormigas dentro de un hormiguero, ya que estos insectos son uno de sus manjares favoritos. Por eso en el relato decía que las crías jugaban con guijarros, hojas, ramitas y hormigas. Cuando en su deambular buscando comida encuentran un árbol con deliciosas nueces, cogen una piedra para abrirlas y se dan un festín. Al terminar, van a buscar otro árbol, pero por muy útil que haya sido esa piedra, no se la llevan. La abandonan. Cuando encuentran otro nogal bien cargado, buscan una nueva piedra por los alrededores. Si no la encuentran, se quedan sin comérselas. Son incapaces de anticipar que en un futuro, quizá muy cercano, volverán a necesitarla, y por eso, una vez usada, la abandonan en vez de llevársela. Como veremos seguidamente, esta capacidad de anticipación tiene importantes repercusiones educativas durante la adolescencia.

LA ADOLESCENCIA ES UNA SEGUNDA OPORTUNIDAD, PERO HAY QUE APROVECHARLA

Ya he comentado en capítulos anteriores que el cerebro adolescente sigue siendo muy plástico y flexible, lo que significa que continúa realizando muchas conexiones neuronales nuevas en respuesta no solo a los programas genéticos internos, sino también, en especial, a los estímulos ambientales: familiares, sociales, educativos, etcétera. Durante la adolescencia, el cerebro prioriza la generación de conexiones de larga distancia, es decir, relaciona distintas zonas de este órgano implicadas en la generación y la gestión de distintas capacidades cognitivas, tanto racionales como emocionales. Traducido en términos educativos, este hecho implica que los adolescentes tienen una enorme capacidad para realizar aprendizajes transversales, y que este tipo de conocimientos son los que van a usar con más eficiencia durante su vida. Por eso la adolescencia, junto con la juventud, es la época de los grandes aprendizajes: educación secundaria, bachillerato y formación profesional de todo tipo y estudios universitarios. Dicho de otra manera, el cerebro no solo permite, sino que prefiere y favorece la adquisición de aquellos aprendizajes que considera que, en algún momento, le servirán para algo, especialmente en situaciones distintas a las que se han usado durante el aprendizaje. No se trata de aprender matemáticas, historia, lengua o lo que sea porque sí, sino con relación a algo que, a la larga, les pueda resultar ventajoso.

El razonamiento que hay detrás es simple. La adolescencia es el paso de la infancia, en la que dependemos de todo y para todo de los adultos, a una juventud y edad adulta en la que vamos a depender en gran medida de nosotros mismos, lo que implica que tendremos que afrontar situaciones y retos inesperados de forma autónoma. La mayoría de los retos que se van planteando a lo largo de la vida incluyen diversos aspectos del entorno de forma simultánea. Pocas veces nos encontramos ante un reto que, para su resolución, podamos aplicar solo nuestros conocimientos en historia, matemáticas, ciencias naturales o lengua, por citar algunas de las materias típicas de la educación secundaria. Si aprendiésemos para hacer siempre lo mismo ante una misma situación, cuando se produjese un escenario nuevo y distinto no sabríamos cómo responder. Nos quedaríamos bloqueados, o la respuesta sería más bien inútil.

El hecho de que el cerebro relacione aspectos diferentes que parecen desconectados, y que favorezca estos aprendizajes transversales, conlleva generar redes neuronales más complejas y amplias, las cuales, combinadas con las capacidades reflexiva y creativa, permiten dar respuestas nuevas a situaciones imprevisibles a partir de un conjunto finito de conocimientos. Pongamos una comparación: si siempre hiciésemos un estofado de ternera con patatas y guisantes de la misma manera, con los mismos ingredientes y cantidades, el día que en el mercado no encontrásemos, por ejemplo, guisantes no podríamos proceder de otra manera y ayunaríamos. No se nos ocurriría introducir ninguna novedad ante el reto de preparar el estofado sin esta legumbre, como usar zanahorias para sustituir los guisantes (o añadidas a todo lo anterior). No es ejemplo baladí. He conocido a personas que se bloquean cuando algún aspecto de su entorno no es exactamente como están acostumbradas a verlo o como esperan que sea. Lo he visto incluso en alumnos que he tutorizado en la universidad. El último caso que recuerdo es el de un chico que hizo un muy buen trabajo final de grado excepto en uno de los apartados, «La discusión», que no redactó siguiendo los estándares. Se olvidó de los «guisantes», por decirlo de alguna manera. No conseguí hacerle entender que eso no afectaba al resto de los apartados de su trabajo, por los que obtuvo una muy buena calificación, pero que esa pequeña carencia tenía que quedar reflejada en el resultado global, lo que solo implicaba un par de décimas tras hacer todas las medias preceptivas, que están muy bien reguladas por la normativa. Pero para él tenía que ser «todo o nada». Vivió la situación como un fracaso en sus estudios, y debo reconocer que no fui capaz de hacerle cambiar de opinión, de conseguir que se diese cuenta de que el resto de su trabajo tenía una gran calidad. En clave educativa, tanto desde los centros educativos como desde las familias debemos transmitir esta idea de transversalidad y flexibilidad en los aprendizajes, incorporando aspectos reflexivos y creativos para favorecer la integración y la generación de respuestas novedosas ante situaciones también nuevas.

Quiero aprovechar esta situación descrita para enfatizar un par de cuestiones que ya han salido en diversos apartados: la importancia de la resiliencia y de la exigencia. En ocasiones, dando conferencias sobre neurociencia educativa, algunas personas me han preguntado si con estas propuestas no estaremos consiguiendo que los adolescentes y los jóvenes sean menos resilientes o tolerantes al esfuerzo. En estas preguntas suele haber siempre un punto de crítica, pero debo decir que cuando me las han formulado —excepto quizá un par de veces— han sido críticas constructivas que me han ayudado a mejorar mis exposiciones. La resiliencia, entendida como la capacidad de adaptación ante una situación perturbadora o adversa, y el esfuerzo, que es el empleo enérgico del vigor y la actividad del ánimo para conseguir algo venciendo dificultades, son imprescindibles en la construcción integral de los adolescentes. No hay que ahorrarles dificultades, situaciones adversas ni tareas exigentes, pero hay que estar siempre a su lado para que no se sientan solos ante ellas, ayudándoles en lo preciso, pero dejando que sean ellos los que tomen la dirección correcta. Y, por supuesto, debemos valorar que las adversidades y las tareas exigentes sean adecuadas a su edad y a sus capacidades, llevándoles un poco más allá de su zona de confort, pero no demasiado lejos para evitar que se desmotiven o, todavía peor, que se desconecten de su maduración. En este sentido, las actitudes de algunos adolescentes y jóvenes —por ejemplo, al hacer «botellones» de forma descontrolada— pueden reflejar esta desconexión con su capacidad de gestionar su propia maduración. En estas situaciones, muchos de ellos buscan perder el control ante un entorno que perciben demasiado exigente, y en el que no encuentran el apoyo adecuado. Y no es que sea muy estricto, es que no perciben el sostén de los adultos, en especial de sus progenitores y sus educadores. Por poner un ejemplo en clave universitaria: cuanto más difícil, compleja o exigente sea una asignatura, más tutorizaciones debe estar dispuesto a realizar el docente para transmitir confianza a sus alumnos. No es para solucionar los problemas con que se puedan encontrar, sino para que se sientan acompañados durante el proceso de aprendizaje.

También durante este periodo el cerebro elimina algunas conexiones como parte del podado neuronal típico de la adolescencia. Como se ha dicho en capítulos anteriores, algunas de las conexiones que se eliminan lo hacen de forma programada, lo que permite que, progresivamente, se vayan perdiendo los comportamientos típicos de la infancia que no resultarán útiles durante la juventud y la edad adulta. Otras, en cambio, se eliminan por falta de uso y estimulación. En conjunto, el proceso de podado neuronal permite que el cerebro gane en eficiencia global de funcionamiento y lo libera de una carga excesiva, lo que deja espacio para que se generen conexiones nuevas adecuadas a las necesidades de la juventud y la edad adulta.

Sin embargo, el hecho de que también se pierdan las conexiones que están en desuso —no porque nunca vuelvan a ser necesarias sino porque las exigencias que ponemos a los adolescentes no las contemplan— puede significar una pérdida de aprendizajes que podrían haber acabado siendo útiles en algún momento. Este es un aspecto de especial relevancia en educación. Voy a poner otro ejemplo. El currículo actual de educación infantil y parte del de primaria incluyen habilidades plásticas y estéticas primordiales, centradas, por ejemplo, en el arte y la música. La estética, entendida de forma general como la rama de la filosofía que estudia la esencia de la percepción, forma parte del desarrollo humano, tanto desde la perspectiva evolutiva como del crecimiento y la maduración de cada persona. Los primeros objetos que además de ser útiles contemplan también aspectos estéticos se deben al *Homo sapiens* moderno. En el capítulo 2 hemos hablado de la evolución humana, y dijimos que se produjo un cambio trascendental hace de unos ochenta mil a cien mil años. Este cambio incluyó un incremento en la complejidad de la capacidad lingüística y se produjo a la par con las primeras manifestaciones artísticas. También se ha analizado con detalle el desarrollo de las capacidades estéticas y perceptivas durante la infancia, emparejadas al desarrollo de capacidades cognitivas básicas, como las emocionales y las relacionadas con las funciones ejecutivas.

Continuemos con este ejemplo. Desde una perspectiva educativa, el arte y la música son dos áreas primordiales. El arte estimula la creatividad, la exploración y el uso de los sentidos, al tiempo que activa áreas del cerebro implicadas en la abstracción. Ya hemos hablado de la importancia de la creatividad, las emociones y la capacidad de exploración a cualquier edad, incluida la adolescencia, donde las emociones se encuentran a flor de piel y el cerebro los impulsa a buscar novedades. También es importante la capacidad de abstracción, ya que nos permite aislar conceptualmente una propiedad o una función concreta de un objeto y pensar qué es, ignorando otras propiedades del objeto en cuestión. La abstracción es clave en los procesos de reflexión y razonamiento, que como se ha dicho maduran durante la adolescencia, y se encuentra en el origen de una actividad cultural tan básica como la lectura, puesto que los símbolos escritos son abstractos. La letra «E», por ejemplo, no tiene un sonido por sí misma; se lo asignamos culturalmente —aunque hay diferencias idiomáticas en su pronunciación—, haciendo un proceso de abstracción. También la lógica y las matemáticas precisan de dosis de abstracción para ser comprendidas y utilizadas.

La música, a su vez, activa los sistemas emocionales del cerebro. Como el arte, también estimula la creatividad, la exploración y el uso de los sentidos, y activa zonas del cerebro implicadas en actividades lingüísticas, de lógica y de matemáticas. No en vano la música es un tipo de lenguaje, como el arte, y en sus ritmos se esconden los principios lógicos de las matemáticas. Son, en definitiva, dos actividades clave que contribuyen a la construcción de cerebros plásticos, maleables y estimulados durante la infancia. En parte, los currículos actuales así lo contemplan, aunque en mi opinión de manera insuficiente. Ahora bien, en cuanto nuestros hijos y nuestros alumnos alcanzan la secundaria, al final de la pubertad y al inicio de la adolescencia, de repente estas materias tienden a desaparecer de los currículos o se perciben como secundarias. ¿Es que tal vez ya no son útiles?

Por supuesto, durante la adolescencia el cerebro debe adquirir otros muchos conocimientos, por lo que es necesario, e incluso imprescindible, reequilibrar la balanza de lo que deben aprender. Pero el arte y la música, por citar dos ejemplos, siguen siendo importantes, puesto que forman parte de nuestro cerebro, de nuestro pasado evolutivo y de nuestro desarrollo como seres humanos. No se conoce ninguna cultura que no haya desarrollado formas artísticas y estructuras musicales. En muchos casos, el hecho de que al llegar a la adolescencia se abandonen estas actividades puede suponer una pérdida innecesaria e incluso contraproducente de conexiones neuronales mediante podado neuronal, tanto por su desuso como por su falta de valoración. No significa que debamos apuntar a nuestros hijos a toda suerte de actividades extraescolares para que mantengan estos y otros muchos aspectos; ya hemos hablado de los perjuicios del estrés y de que toda persona necesita descansar y tener ratos diarios de ocio para evitar que el estrés se cronifique. Implica que en los centros educativos debemos continuar valorando y manteniendo las actividades que forman parte indisociable del ser humano, y que, desde la perspectiva educativa, continúan siendo importantes para el desarrollo integral de los adolescentes por la estimulación que suponen a todos los niveles: creatividad, emocionalidad, abstracción, etcétera.

Lo mismo podría decirse de las actividades colaborativas, en las que diversos alumnos aportan elementos diferentes para alcanzar un aprendizaje común. Son muy habituales en educación infantil y primaria, pero en ocasiones disminuyen en la educación secundaria hasta casi desaparecer en bachillerato y en algunos otros estudios postobligatorios, dada la gran cantidad de materia que se supone que deben aprender. Pero resulta que, como seres sociales, la colaboración forma parte de nuestra esencia, y es importante cultivarla por sí misma y también como camino para profundizar en la empatía. No permitir que los adolescentes colaboren activamente en las clases implica que puedan perder algunas o muchas de las conexiones que facilitan esta tarea. No las perderán todas, por supuesto, ya que colaborar de manera social es un instinto básico, pero es una característica que se puede ver mermada. Esto suele verse en las aulas universitarias. En una de las asignaturas que imparto, Análisis genético, los alumnos deben responder a tres cuestionarios online durante el curso, como parte de la evaluación continua. Cada uno consta de quince preguntas tipo test, la mayoría de las cuales son problemas que deben resolver para ver qué respuesta es la correcta. Tienen acceso a estos cuestionarios durante diez días, y en ese tiempo los alumnos pueden conectarse tantas veces como quieran. Al final se les pide que guarden las respuestas que crean correctas, que servirán para la nota global de la asignatura. Pues bien, siempre digo a mis alumnos que no se conformen respondiendo a las preguntas solos, que queden con sus compañeros, las resuelvan entre todos y que al final cada uno rellene su cuestionario. Lo único que les pido es que no respondan a ninguna pregunta si no la han entendido, por qué la respuesta es esa y no otra. Es decir, los estimulo a que colaboren para que profundicen en sus propios aprendizajes. Muchos lo hacen de este modo, pero cada curso me encuentro con un número significativo de alumnos que se resisten a colaborar con sus compañeros, llevados en muchos casos por un afán competitivo innecesario en este estadio de aprendizaje. Es posible que el sentimiento individualista que se transmite durante el bachillerato —ya que al final la nota que obtengan de PAU, EBAU o EVAU (según la denominación de cada comunidad) será cien por cien competitiva— merme la capacidad innata de colaboración, lo que a mi juicio es una lacra que el sistema educativo debería resolver.

Y podría continuar, pero sirvan estos ejemplos para reflexionar sobre qué límites queremos poner al podado neuronal que se produce por desuso. Tanto la plasticidad como el podado neuronal son un arma de doble filo en la adolescencia. Bien usados, pueden incrementar la flexibilidad cognitiva y las capacidades de nuestros alumnos y nuestros hijos e hijas, al trabajar aspectos que no se hayan potenciado antes, e incluso reconducir actitudes que consideremos inadecuadas. Nunca debemos olvidar que el cerebro es muy plástico. Sin embargo, si se usan sin cuidado, pueden producir el efecto contrario, la merma de las capacidades o la adquisición de actitudes contraproducentes. Por eso el título de este apartado especifica que «la adolescencia es una segunda oportunidad, pero hay que aprovecharla».

Si tenemos claras las prioridades educativas de los adolescentes, incluso la genética juega a nuestro favor. ¿Recuerdas que en el capítulo 2 hablamos de genética? En él comenté el tema de la heredabilidad. La he definido de manera sencilla como el peso de la genética en las diferencias interpersonales que existen en cualquier característica cognitiva (de hecho, en cualquier característica biológica). Por ejemplo, la heredabilidad de la inteligencia ronda el 70 por ciento en los adultos, lo que significa que el 70 por ciento de las diferencias en inteligencia entre una persona y otra, medidas a través de un test psicológico estándar, se deben a nuestros genes. Y el resto, un 30 por ciento, es responsabilidad del ambiente, esto es, de los estímulos familiares, del contexto histórico y social y, por supuesto, del tipo de educación recibida. Pues bien, se ha visto que estos valores de heredabilidad no son constantes a lo largo de la vida, sino que varían según la etapa vital. En algunos momentos, las influencias ambientales son mayores que en otros. Por lo que se refiere a los aspectos cognitivos, por norma general la influencia genética es menor durante la primera infancia, lo que refuerza el gran peso de la educación, la estimulación y los aprendizajes de esta etapa. Y también, curiosamente, hay menos influencia genética durante la adolescencia (figura 16). Dicho de otra manera, los aspectos ambientales tienen mucha importancia durante la adolescencia, más que durante la preadolescencia y la juventud. La adolescencia es una segunda oportunidad durante la cual,

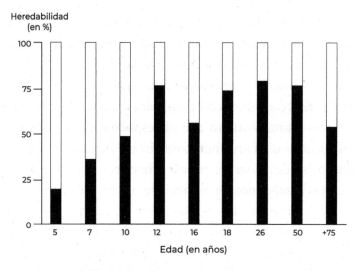

FIGURA 16. Heredabilidad del coeficiente de inteligencia en función de la edad. Las barras indican la influencia genética en cada etapa. El espacio que queda blanco en la parte superior de cada barra indica la capacidad de influencia ambiental. Obsérvese que el ambiente tiene más influencia en la infancia y la adolescencia, lo que reafirma que esta etapa vital es una segunda oportunidad. Fuente: Modificado de D. Bueno (2019).

a través de la educación y de los estímulos que se les proporcionan, de las experiencias que viven y también, por supuesto, de cómo las viven (esto es, el estado emocional que tienen), se termina de forjar cómo serán de adultos. Ahora bien, como ya se ha dicho, igual que es una segunda oportunidad en positivo que permite afianzar su confianza y su empoderamiento, también lo puede ser en negativo, si pierden el apoyo emocional de su entorno o adquieren malos hábitos a través de modelos de imitación erróneos.

APRENDER, ¿PARA QUÉ?

Las reflexiones del apartado anterior nos llevan a unas preguntas clave a cualquier edad, también durante la adolescencia. Una es: ¿para qué tiene que servir la educación? Pero hay otras más básicas y primarias: ¿por qué el cerebro quiere aprender?, ¿qué necesidad tiene para hacerlo? Empecemos por estas últimas, puesto que su respuesta es cien por cien biológica y nos da un montón de pistas e ideas sobre las maneras más adecuadas de educar a nuestros hijos y nuestros alumnos basándonos en el funcionamiento del cerebro. De hecho, es una pregunta que, sin duda, los padres o los maestros de adolescentes hemos oído muchas veces en boca de nuestros hijos o alumnos: «¿Por qué tengo que aprender esto?». A veces no es fácil encontrar una respuesta razonada y razonable, más allá de un típico y anodino «Tienes que aprenderlo porque toca».

Para empezar diremos que, para la especie humana, aprender es un instinto biológico. Lo que acabemos aprendiendo tiene grandes componentes culturales, ya que cada persona adquiere unos conocimientos u otros, unas habilidades y actitudes u otras, en función de la cultura y la sociedad donde ha nacido y donde vive, del contexto histórico y también, por supuesto, de los currículos educativos que haya, que varían entre países y comunidades. Por poner un ejemplo: aprender a hablar también es un instinto biológico. O mejor dicho, la capacidad de desarrollar un lenguaje oral es instintiva. Todas las personas aprenden a hablar por contagio de lo que escuchan. Nadie enseña a los bebés cómo deben hablar. Les repetimos palabras para que perfeccionen la dicción y vayan construyendo frases cada más complejas, pero el aprendizaje básico de la lengua oral es instintivo. No obstante, qué idioma o idiomas se aprenden durante la primera infancia por simple contagio es una cuestión cultural. Depende del idioma o los idiomas que hablen sus progenitores o que se usen de forma habitual en la sociedad donde viven.

Un instinto es un conjunto de pautas de reacción o comportamiento que contribuyen a la conservación de la vida del individuo y de la especie. Esto implica que, de alguna manera, el hecho de aprender debe estar vinculado a nuestra supervivencia. Ahora bien, ¿cómo sabemos que aprender es un instinto y a qué aspectos de nuestra supervivencia se vincula? Comprender la respuesta a estas preguntas implica aprovechar un poco mejor las bases biológicas de este instinto. Así que vamos a ello. Hay varios razonamientos que indican que aprender es un instinto, y todos ellos nos dan pistas sobre cómo quiere ser educado el cerebro. Para empezar, nunca podemos dejar de aprender, aunque nos lo propongamos. Por el mero hecho de levantarnos por la mañana, hablar con quienes convivimos, salir a la calle, ir al centro educativo o al trabajo, hablar y escuchar a compañeros y maestros, leer un libro, oír la radio, ver la televisión, reflexionar sobre algo, etcétera, nuestro cerebro va adquiriendo conocimientos y experiencias, aunque a menudo no seamos conscientes de muchos de ellos. Si una mañana nos levantamos y, hartos de haber estado aprendiendo durante toda nuestra vida, decidimos no aprender nada nuevo ese día, por mucho empeño que pongamos, no podremos evitarlo. Es más, quizá el simple hecho de haber estado pendientes de no aprender nada nuevo hará que todavía nos fijemos más en lo que hacemos y aprendamos más cosas.

Aunque no lo parezca, este es un recurso que los docentes empleamos de vez en cuando. Por ejemplo, como ya he comentado en este capítulo, desde hace ocho o nueve años, durante el segundo semestre del curso, imparto la asignatura de Análisis genético, por lo general a estudiantes del grado de Biotecnología. Es una asignatura con pocos conocimientos teóricos, pero obliga a razonar mucho para aplicar estos conocimientos a contextos muy diversos. Hay una clase que siempre me ha costado más, la dedicada a la genética cuantitativa. Pues bien, cada curso, cuando empiezo esa clase, digo a mis alumnos: «Lo que os voy a contar ahora no entra en el examen». En definitiva, que no hace falta que se lo aprendan. Casi todos apartan el papel y el bolígrafo o el ordenador con el que se disponían a tomar apuntes, se sientan cómodamente y... ¡prestan más atención que si les hubiese dicho que era un punto importante del temario! En veinte minutos les explico los fundamentos de la genética cuantitativa y, entonces, por sorpresa, generando un momento puntual de estrés, les digo:

«Lo siento, os he engañado: ¡sí que entra en el examen!». Por unos segundos percibo cómo se sofocan. Y añado: «Pero no os preocupéis; ahora lo repito todo con calma para que podáis tomar apuntes». Y eso es lo que hago en los treinta minutos que quedan de clase. Los primeros veinte minutos les permiten comprender lo más importante de ese tema, y se fijan porque piensan que no es necesario aprenderlo. Creen que es algo así como una curiosidad. Y las curiosidades despiertan interés y atención; activan el interés y la atención de los adolescentes con más intensidad que los asuntos que puedan parecer importantes.

Ya tenemos un primer punto: aprender es un instinto porque no lo podemos evitar, aunque queramos. Y nos da una primera indicación de cómo favorecer los aprendizajes, aportando anécdotas y curiosidades, pequeñas sorpresas y novedades, a lo que queremos transmitir. Pero todavía hay más, mucho más.

Cuando los llevamos a la práctica, todos los instintos generan sensaciones de recompensa y placer. Es la manera que tiene el cerebro de asegurar que los cumplamos cuando sea necesario para garantizar nuestra supervivencia y la de la especie. Recordemos que un instinto es un conjunto de pautas de reacción o de comportamiento que contribuyen a la conservación de la vida del individuo y de la especie. Por ejemplo, comer y beber son instintos relacionados con nuestra supervivencia. Si no comemos o no bebemos, morimos de desnutrición o de deshidratación. Por supuesto, lo hacemos cuando notamos hambre o sed, pero después de comer y beber sentimos cierto bienestar, una relajación placentera. Es la recompensa asociada al cumplimiento de ese instinto. Como habrás supuesto, la parte del cerebro que se encarga de esto es el estriado, que los adolescentes buscan activar a toda costa. No entro aquí a tratar un tema muy grave, el de los trastornos de alimentación como la anorexia. Se calcula que afecta casi al 5 por ciento de los adolescentes españoles y mayoritariamente, pero no solo, a las chicas. Las causas de esta disociación del instinto de comer tienen diversos orígenes, desde la influencia de determinados cánones de belleza insanos hasta el estrés. Incluso se ha visto que hay cierta propensión genética. Desde hace más de una década se detecta un incremento sostenido del porcentaje de adolescentes afectados, y uno de los motivos es el aumento de estrés entre los adolescentes.

Otro ejemplo de las sensaciones de recompensa y placer asociados a los instintos es aparearnos. Podemos hacerlo por muchos motivos, pero el instinto biológico básico es la reproducción. Sin apareamientos no nos reproduciríamos, y la especie se extinguiría. Por eso aparearse va asociado al placer. Esto no quita que sea también un poderoso generador de vínculos sociales, lo que todavía enfatiza más la utilidad del placer asociado a este instinto.

Y un último ejemplo relacionado con este punto. Somos una especie social, y socializamos por instinto. Cuando nacemos, una de las primeras cosas que nos llama la atención a los pocos días de abrir los ojos es la cara de los demás, lo que inicia el camino de la socialización. Por eso nos gusta estar con compañeros y amigos, y compartir con ellos nuestras experiencias. Durante la adolescencia, el cerebro adolescente busca sin tregua socializar con sus iguales, lo que, de no producirse, incrementa la sensación de soledad y el nivel de estrés, como hemos comentado en el capítulo 2. A modo de resumen, la sensación de soledad durante la adolescencia puede afectar mucho a la autoestima y propiciar la manifestación de ansiedad y depresión.

Pero vayamos ahora a la pregunta clave. Si aprender es un instinto biológico, debería proporcionar sensaciones de recompensa, bienestar y, tal vez, incluso placer. Siempre que comento este punto en alguna de mis conferencias me viene a la cabeza un párrafo que leí en un libro del físico experto en museología Jorge Wagensberg, *El gozo intelectual*. En él reproduce una conversación con un amigo suyo en la que dicen que el placer que les da aprender y reflexionar intelectualmente sobre lo que aprenden iguala e incluso supera el del apareamiento. Sin necesidad de llegar tan lejos (o tal vez sí), si aprender es un instinto, debemos demostrar que produce, como mínimo, sensaciones de recompensa. ¿Lo hace? Sí. Se ha visto, por ejemplo, que cuando un bebé aprende una palabra y ve que su entorno la reconoce y la valora, su cerebro produce una descarga de dopamina que le genera sensaciones de recompensa y placer tan intensas que le animan a querer aprender una nueva palabra. Lo repito para que quede claro: las sensaciones de recompensa y placer se generan cuando ve que su entorno reconoce y valora la palabra que ha aprendido. Por eso la escucha activa por parte de los progenitores estimula a sus hijos e hijas a aprender a hablar y a enriquecer su lenguaje. Y también todo lo contrario: los progenitores que no escuchan a sus hijos e hijas, o aquellos a los que incluso les estorban los balbuceos de los bebés, impiden su adquisición del lenguaje hablado, imprescindible para aprender después a leer y a escribir y para elaborar ideas y pensamientos complejos, como se ha dicho en apartados anteriores. Recordemos, además, que la dopamina es un neurotransmisor asociado al placer, la motivación y el optimismo. Este es el placer que se relaciona con el aprendizaje. Así que, para dar una primera respuesta al título de este apartado, «Aprender, ¿para qué?», diré que aprendemos por instinto, por la sensación de recompensa y el placer que nos produce. Los procesos de aprendizaje deberían proporcionar, por consiguiente, sensación de recompensa. De esta forma se ajustarían más a la biología del aprendizaje.

Ahora bien, no es infrecuente que con el paso de los años algunas personas disocien el hecho de aprender de la sensación de recompensa. Por eso es más útil analizarlo en bebés y durante la primera infancia. Los bebés son, en este sentido, vírgenes. Aprenden por instinto, por el placer que les provoca aprender. Al llegar a la adultez, algunas personas conservan esta asociación entre aprender y la sensación de recompensa, pero otras no. Estoy convencido de que perteneces al primer grupo. Si no mantuvieras ciertas sensaciones de recompensa al adquirir nuevos conocimientos, ¿por qué ibas a leer este libro? Por supuesto, con el paso de los años, las sensaciones de placer asociadas a los aprendizajes tienden a disminuir. De alguna forma, el cerebro cree que cada vez le quedan menos cosas por aprender; lo que es falso: es mucho más lo que nos queda por aprender que lo que sabemos. Pero la sensación puede ir disminuyendo. Es normal. El problema es cuando desaparece de golpe, algo que en algunos chicos y chicas se produce durante las etapas finales de la infancia, la preadolescencia o la adolescencia. ¿Por qué?

De manera indirecta, ya hemos comentado el motivo: la

descarga de dopamina se produce cuando vemos que lo que hemos aprendido es reconocido y valorado por nuestro entono. En los adultos no es necesario que sea así. Nuestra corteza prefrontal ha madurado y somos capaces de buscar nuestras propias motivaciones y recompensas. Muchas veces sabemos cosas que nadie sabe que sabemos, pero que nos dieron grandes recompensas mientras las aprendíamos. Un amigo mío, por ejemplo, compañero de excursiones y travesías por los Pirineos, está aprendiendo a hablar chino de manera autodidacta por el placer que le provoca aprender un idioma que, *a priori*, parece complejo por los sonidos y la escritura que utiliza. A menudo nos muestra sus progresos, y nuestras caras de asombro le provocan sensaciones placenteras, pero básicamente lo aprende sin esperar una recompensa externa, solo por simple placer íntimo. Ahora bien, durante la infancia, la corteza prefrontal no está madura, y en la adolescencia pierde eficiencia de funcionamiento. Igual que las niñas y los niños, los adolescentes necesitan sentir que, de algún modo, reconocemos el esfuerzo que hacen para adquirir conocimientos. Y este es otro de los puntos clave en educación, que se desprenden de cómo funciona el instinto biológico de aprender. Voy a explicarme.

Durante la primera infancia, lo habitual es que cualquier progreso de nuestros hijos o alumnos lo vivamos con alegría, lo que se traduce en el reconocimiento que ellos perciben. Después, poco a poco, aprender pasa a convertirse en una obligación, y estos reconocimientos se debilitan e incluso pueden llegar a desaparecer. Esto es muy grave cuando tendemos a valorar sus progresos según sus calificaciones. Hay alumnos con más predisposición a sacar mejores notas que otros. Si los valoramos solo bajo este prisma, algunos se verán siempre o casi siempre bien valorados, mientras que otros no lo estarán nunca o casi nunca. En esta tesitura, ¿por qué esforzarse en aprender si nadie valora ese esfuerzo? Y aquí está el truco, en el esfuerzo. Se ha visto que, cuando un niño o un adolescente se esfuerza y ve que ese esfuerzo se reconoce, en su cerebro también se produce una descarga de dopamina. Lo mismo nos sucede a los adultos, por supuesto. Cuando en el trabajo nuestro jefe o nuestros compañeros reconocen el esfuerzo que hemos dedicado a determinada tarea, ¿no notamos que nos aumenta la motivación y nos sentimos más felices? Estas sensaciones se pueden resumir en una sola palabra: dopamina. Hay otros neurotransmisores implicados, como la serotonina (estado de ánimo proactivo), la acetilcolina (memoria), las endorfinas (placer suave y relajación), pero este es uno de los centrales.

Llevado a contextos educativos, tanto en el seno familiar como en cualquier centro de formación, debemos reconocer el esfuerzo que hacen nuestros hijos y nuestros alumnos para que su cerebro no disocie el hecho de adquirir nuevos conocimientos —de aprender— de la sensación de recompensa. Como decíamos al final del capítulo 5, lo que los adolescentes y los niños y las niñas necesitan es estímulo y apoyo. No que se lo pongamos todo fácil y cuesta abajo, como discutíamos en el apartado anterior, sino que los estimulemos y los apoyemos en los retos que se van encontrando. Este estímulo y apoyo nacen de la valoración y el reconocimiento. Y también añadía, en el capítulo 5, que necesitan ejemplo. Deben ver que a nosotros, sus progenitores y sus maestros, también nos gusta aprender cosas nuevas, para que tengan un buen modelo que puedan imitar.

Todo lo dicho no implica que debamos estar siempre valorando todas y cada una de las cosas que hacen ni tampoco hay que faltar a la verdad. Si alguna tarea se podría haber hecho mejor, también deben saberlo. Se trata de mantener un ambiente de valoración conjunta por los avances realizados, y de sensaciones de apoyo mutuo para ir mejorando todo lo que pueda mejorarse, que siempre es mucho. Y todo ello tanto en los centros educativos como en casa. Los reproches, como decíamos en los capítulos anteriores, solo nos alejan de nuestros alumnos y nuestros hijos adolescentes. En cambio, el apoyo y el estímulo, incluida la reconducción propositiva de lo que debe mejorarse, nos acerca a ellos y a ellas.

Aprendemos porque es un instinto que, bien mantenido, genera sensaciones de recompensa. Pero todavía queda otro aspecto importante que debemos demostrar. Si aprender es un instinto biológico, debe ir asociado a la supervivencia. Hablaremos de ello en el siguiente apartado.

La última pieza del puzle: de qué manera el aprendizaje se relaciona con la supervivencia

Los adolescentes, como también las niñas y los niños, aprenden del entorno, de sus experiencias y de cómo las viven, y, por supuesto, de aquellos conocimientos que los progenitores, los maestros y la sociedad en general les transmitimos de forma más o menos expresa. Ahora bien, ¿por qué el cerebro se empeña en ir adquiriendo estos conocimientos? ¿Por qué no se conforma con los que adquirió, por ejemplo, durante la infancia, como hacen el resto de los mamíferos, a excepción de la brevísima etapa de casi adolescencia de los chimpancés y los bonobos? Por un motivo muy sencillo. Aunque no nos demos cuenta, nuestro cerebro, como el de los adolescentes, está siempre valorando el momento presente a través de la información que nos llega de los órganos de los sentidos, y lo compara con las experiencias acumuladas, incluidos los estados emocionales con que se vivieron. Después, usa esa información para hacer proyecciones de futuro e intentar anticiparse a cualquier cambio y novedad, decidiendo en función de todos estos parámetros cuál es el mejor curso de acción. Cuantas más experiencias se tengan, más probable será que el cerebro acierte el curso de acción que debe seguir. Y estos aciertos incrementan las posibilidades de supervivencia.

Aprendemos para tener la posibilidad de anticiparnos mejor a futuros inciertos y cambiantes, donde, sin duda, se producirán novedades. Si estos cambios encierran algún peligro, el hecho de anticiparlos nos permitirá protegernos, lo que incrementará nuestras posibilidades de supervivencia. Pero no siempre debemos protegernos. Si hay algún cambio que conlleva una oportunidad, anticiparla permitirá que la aprovechemos mejor, y eso también repercutirá favorablemente en nuestra supervivencia. Si no anticipamos las oportunidades, cuando nos demos cuenta ya estarán pasando de largo. Aprendemos de forma constante para anticiparnos cada vez mejor. De nuevo, estos hechos tienen relevancia en la educación y nos traen nuevas ideas para enfocar nuestra relación con los adolescentes.

Por un lado implica que, para favorecer la adquisición eficiente de nuevos conocimientos, los adolescentes deben percibir una posible utilidad futura. Pero no cualquiera, sino una aplicable a contextos nuevos, ya que ese es el objetivo biológico de aprender. Implica, por consiguiente, que en la transmisión y la adquisición de conocimientos debemos favorecer buenas dosis de reflexión y creatividad, junto con los conceptos o procesos que queramos transmitir. Y que debemos centrarnos en las habilidades. Los conocimientos factuales, como la lista de capitales europeas o un ciclo metabólico como el de Krebs —que es el que permite transformar los alimentos que ingerimos en la máxima cantidad de energía metabólica posible— pueden resultar muy interesantes en determinados contextos, pero es posible que cambien con el tiempo. La lista de países europeos se ha incrementado estas últimas décadas, por ejemplo, con la disgregación de la antigua Yugoslavia y la independencia de los Estados bálticos; y a pesar de haber sido muy estudiado, cualquier conocimiento científico es susceptible de sufrir pequeños cambios en el futuro, a medida que se vayan acumulando nuevos conocimientos.

Es importante tener algunos o muchos de estos conocimientos, por supuesto, para disponer de elementos de referencia donde ir anclando los nuevos aprendizajes. Pero, así como los aspectos factuales pueden ir cambiando con el tiempo, las habilidades son más constantes. Capacidad de análisis reflexivo y crítico, de gestión emocional, de resiliencia, de esfuerzo, de trabajo colaborativo y también individual, de aprendizaje autónomo, de memorización, de planificación, de toma de decisiones, etcétera, son tan necesarios ahora como en el futuro. Y eso el cerebro lo percibe.

Por otro lado, no siempre respondemos, ni todo el mundo

responde, de la misma manera ante un cambio o novedad. No me refiero a cómo aplicamos las experiencias previas ante cualquier situación actual para anticipar el futuro, sino a la tendencia que todos tenemos a reaccionar de una determinada forma ante una novedad. Llevado al extremo, hay personas que, ante un cambio o una novedad, tienden a responder muy a menudo con miedo, mientras que otras lo hacen con curiosidad (figura 17). Nadie está anclado en uno de estos dos extremos. Todos nos movemos en alguna posición intermedia. Y a veces respondemos de una forma y otras, de otra, pero todos mostramos una tendencia a sesgarnos hacia el miedo o la curiosidad.

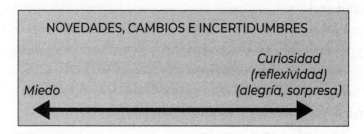

Figura 17. Las dos maneras opuestas de reaccionar a una novedad, cambio o incertidumbre. Todos estamos en alguna posición intermedia y no siempre respondemos de la misma manera, pero solemos mostrar una tendencia a responder con más miedo que curiosidad o con más curiosidad que miedo.

Como se ha comentado en otros capítulos, el miedo es una emoción básica e impulsiva que nos conmina a escondernos o a huir ante una posible amenaza. Es una de las mejores maneras de protegernos. Cuando la amenaza es real, el miedo es imprescindible. No el pánico, que resulta bloqueante, sino el miedo como mecanismo de autoprotección. Ahora bien, el problema está en responder de forma habitual con miedo sin saber si el cambio que se produce es una amenaza o una oportunidad (o si es neutro). Las personas que suelen responder con miedo son menos transformadoras, porque si se transforman encontrarán novedades, que rehuirán; también son poco proactivas, porque estas personas generan novedades, que también rehuirán. Además, su calidad de vida será inferior porque en su vida se producirán cambios y novedades, lo que implica que vivan con cierta sensación de temor e incomodidad. No olvidemos que vivimos en un entorno dinámico y cambiante. Por último, les costará más adquirir nuevos aprendizajes, porque siempre aprendemos cosas nuevas, y, por el hecho de ser nuevas, las vivirán con incomodidad. No aprendemos jamás cosas que ya sabíamos; en todo caso, las recordamos.

En cambio, las personas que tienden a responder con curiosidad suelen ser más transformadoras, porque las novedades no les dan miedo. También son más proactivas, porque las novedades que generan les despiertan la curiosidad. Y la curiosidad es, en cierto modo, placentera. Activa el estriado, que como sabemos es el centro cerebral que genera las sensaciones de recompensa. En consecuencia, lo tienen más fácil para aprovechar las oportunidades. Por ello, analizan las novedades para ver qué son. Si representan una amenaza, está bien tener algo de miedo, entendido como un sistema de autoprotección. Pero si son una oportunidad, estarán listas para aprovecharla.

Así como el miedo es una emoción básica, la curiosidad es una mezcla de reflexividad salpicada de emociones, como la alegría entendida como confianza y la sorpresa. Ya hemos hablado de todos estos aspectos en capítulos anteriores, pero a modo de resumen podemos recordar que la reflexividad surge del control de las funciones ejecutivas que maduran durante la adolescencia. La alegría, a su vez, es una emoción que transmite confianza, y para ser curiosos debemos confiar en nosotros mismos y en nuestro entorno. Si no lo hacemos, se nos activará la amígdala en modo miedo. Por último, la sorpresa activa la atención a través del tálamo, y la motivación, las sensaciones de recompensa y placer y el optimismo a través del estriado y de la dopamina. En definitiva, la curiosidad es un cóctel muy energizante para seguir progresando en la vida y, por supuesto, también lo es para que nuestros hijos y nuestros alumnos adolescentes continúen progresando en su vida.

¿Adónde quiero llegar con todo esto? Muy simple. En este esquema, entre el miedo y la curiosidad, la principal diferencia son los estados emocionales y el control de las funciones ejecutivas. Si queremos fomentar alumnos e hijos transformadores y proactivos capaces de gestionar y dirigir su vida, debemos avivar el cultivo de la curiosidad en cualquier proceso educativo, es decir, la reflexividad, la confianza y la sorpresa. Volvemos al mismo punto de antes: estímulo, apoyo (especialmente emocional) y ejemplo. Estímulo para potenciar la curiosidad, la sorpresa y la reflexividad; apoyo para mantener e incrementar la confianza y la autoconfianza; y ejemplo para transmitirles modelos de conducta. Estas deberían ser las claves de una educación que mira hacia el futuro.

¿Para qué tiene que servir la educación?

Un par de apartados atrás preguntaba de manera retórica para qué tiene que servir la educación, pero decía que antes de responder a esta pregunta debíamos plantearnos otras, como por qué el cerebro quiere aprender y qué necesidad tiene de hacerlo. Ya hemos dado respuesta a estas dos últimas preguntas, así que llega el momento de abordar la primera. A pesar de ser una pregunta retórica, tiene más importancia de la que parece. El cerebro adolescente es, como se ha dicho muchas veces, un órgano muy flexible y adaptable que va adquiriendo conocimientos y experiencias del entorno para adaptarse a él, para «sobrevivir», usando una terminología más radicalmente biológica. Esto implica que se puede adaptar a todo, o a casi todo. Es capaz de asimilar cualquier estrategia educativa. Ahora bien, recordemos que todo lo que aprende —y en especial cómo lo aprende— va configurando, despacio pero de forma progresiva, las redes neuronales, por lo que influye en cómo se comportará esa persona en el futuro, en cómo se percibirá a sí misma y a los demás y en cómo se relacionará con su entorno. Dicho de otra manera, el cerebro adolescente es capaz de adaptarse a cualquier sistema educativo, pero cada sistema favorecerá un tipo de conexiones u otras, un tipo de caracteres u otros. Y aquí se encuentran las principales diferencias que dan sentido a esta pregunta: ¿para qué tiene que servir la educación?

Por ejemplo, un adolescente educado a través del temor —como el temor a suspender, a quedar en ridículo, a que los compañeros se rían de él, a que sus profesores le riñan, a que sus padres lo vean como un fracasado...— construirá una serie de redes neuronales asociadas a los conocimientos y las experiencias que adquiera, que serán algo diferentes a un adolescente educado a través de la confianza, el reto, la curiosidad, el estímulo y la valoración de los esfuerzos que realiza. Si regresamos a la discusión del apartado anterior sobre las distintas maneras de reaccionar ante un cambio o novedad (véase la figura 17), en el primer caso estaremos ayudándole a que se incline hacia el miedo.

A nivel cerebral, además, el miedo y la ira están muy relacionados. La ira es, como se ha dicho en capítulos anteriores, otra de las emociones básicas que puede generar con facilidad reacciones de agresividad. La relación entre miedo e ira es muy lógica. Ambas emociones sirven para responder ante una amenaza, sea real o imaginada. El miedo nos conmina a escondernos o a huir, y la ira, a enfrentarnos agresivamente. Por eso muchas veces se presentan juntas, aunque en distintas proporciones. El miedo, cuando genera ira, es también una fuente de agresividad. Dicho de otra manera, las estrategias educativas que se sustentan en el miedo contribuyen a formar personas y sociedades menos transformadoras y proactivas, más crédulas y sumisas ante las imposiciones autoritarias y, al mismo tiempo, con niveles más elevados de agresividad intrínseca. En cambio, en el segundo caso, educar a través de la confianza, el reto, la curiosidad y el estímulo contribuye a formar personas más transformadoras y proactivas, más reflexivas y empoderadas.

Lo mismo podemos decir de los sistemas educativos demasiado exigentes y rígidos, que pueden generar estrés crónico en muchos adolescentes, o sistemas muy laxos, en los que no haya estímulos y retos suficientes y no se les conmine a esforzarse, en el sentido de hacerles salir de vez en cuando de su zona de confort. Ya hemos hablado de los efectos del estrés cuando se cronifica sobre muchos aspectos del comportamiento y de la personalidad, y de la importancia de los retos y los estímulos con acompañamiento socioemocional. En este sentido, tampoco es lo mismo un sistema educativo que enfatice el papel de las tutorías y de los aspectos socioemocionales positivos y propositivos dentro del aula que otro que se base en la individualidad y en la competencia exagerada entre los alumnos adolescentes. Todo ello influye en la construcción del cerebro, lo que hace que nos preguntemos para qué tiene que servir la educación. Es una mirada a largo plazo. Según cuál sea la respuesta que demos a esta pregunta, las estrategias educativas que deberemos seguir serán unas u otras. También influirá en los contenidos, pero las discrepancias no serán demasiado importantes. La diferencia radical se encuentra en cómo los transmitimos y qué estrategias usamos.

Ahora bien, llegados a este punto es necesario hacer una advertencia. La respuesta a esta pregunta no la dan —ni pueden darla— la neurociencia o la pedagogía. La neurociencia nos dice que el cerebro se adapta a todo, pero según cómo lo hagamos las redes neuronales que se vayan formando seguirán unas vías u otras, lo que influirá en las respuestas y las conductas de las personas. La pedagogía nos nutre de recursos valiosísimos e imprescindibles para transmitir conocimientos de forma efectiva de mil y una maneras. La respuesta a esta pregunta debe nacer, primero, de cada persona en particular, y después de un pacto social que los centros educativos deben adaptar y ajustar a la idiosincrasia del entorno social y cultural donde se encuentran. Además, la respuesta que demos siempre tendrá matices ideológicos. Si alguien nos dice que hay una estrategia educativa neutra, que no incluye ideología, miente, ya que a través de la educación estamos preconfigurando algunos aspectos de la sociedad del futuro. Y ahí hay ideología.

Por ejemplo, llevado al extremo —pero sabiendo que solemos movernos en situaciones intermedias—, la educación puede servir para formar profesionales muy bien formados, con muchos conocimientos, muy competentes y que compitan entre ellos, y que uno de sus principales objetivos vitales sea sobresalir en su campo profesional. La educación puede servir para esto, y las estrategias para conseguirlo están bien identificadas: trabajo y estudio tan individual e individualista como sea posible; exámenes eliminatorios de alto nivel para seleccionar a los alumnos más «brillantes» según ese sistema educativo —aunque quizá no lo son en otros aspectos también valiosos para la construcción integral de una persona—, y que descarten al resto de los alumnos que a lo mejor presentan excelentes cualidades en otros aspectos, etcétera. Hay sociedades muy competitivas que basan su educación en esto.

También puede servir para formar personas que sepan integrarse en su entorno, que participen de su grupo social, pero que no se sientan sujetos proactivos y transformadores, sino que sean, por así decir, crédulos y sumisos, que acepten las cosas tal como son y que piensen que es mejor que nada cambie, por si acaso. Las estrategias educativas se basan en el temor, la falta de crítica, de reflexividad y de curiosidad dentro de las aulas, en la memorización acrítica de conocimientos y en la repetición textual durante los exámenes. También hay sociedades, en especial las de raíz autoritaria, que de algún modo usan este sistema.

El siguiente ejemplo se basa en mi ideal de lo que debería ser la educación. Repito, en mi ideal, por lo que tiene una dosis ideológica importantísima (como también la tienen los ejemplos anteriores). La educación puede servir para dignificar a las personas, como herramienta para promover una vida más digna. La palabra «dignidad», sin embargo, puede significarlo todo o nada, según la definamos. En este contexto, para mí la dignidad implica diversos factores. Primero, el respeto por las diferencias, porque todos los adolescentes son distintos (genética y ambientalmente diferentes), lo que en educación implica ajustar los retos, los estímulos y las exigencias a sus necesidades y sus posibilidades reales, siempre con el apoyo emocional necesario. No significa no ser exigente porque sí, sino ajustar el grado de exigencia para provocar estímulo, para ayudarles a salir de vez en cuando de la zona de confort y para que aprendan a lidiar con las dificultades y las decepciones, pero sin generar nunca estrés crónico. Y siempre, repito, siempre, proporcionándoles el acompañamiento emocional necesario.

Segundo, asumidas las diferencias, darles las máximas posibilidades para que puedan seguir creciendo cognitivamente durante toda su vida. Esto implica no solo hacerlo de modo intelectual, sino también emocional, con empoderamiento, capacidad reflexiva, resiliencia, etcétera.

Tercero, incluye también aspectos profesionalizadores (los del primer objetivo teórico que he mencionado), pero como una parte de un global mucho más amplio, no como un objetivo final preferente. Los incluyo porque la profesión es una parte importante de la vida de los adultos, y creo que cómo la desarrollamos y la vivimos influye en la dignidad humana.

Y cuarto, también incorpora aspectos socializadores (los del segundo objetivo teórico), ya que somos una especie social y debemos armonizar nuestra vida con la de los demás, pero no como sujetos pasivos, crédulos y sumisos, sino todo lo contrario, como personas curiosas y transformadoras, proactivas y reflexivas, capaces de decidir y gestionar nuestro propio futuro individual y colectivo. Todo lo comentado en los capítulos anteriores sobre el cerebro adolescente se guía por este objetivo.

BREVE INVENTARIO PARA EDUCAR UN CEREBRO ADOLESCENTE Y NO DESESPERAR EN EL INTENTO

Estamos a punto de finalizar este capítulo y aún quedan en el tintero muchos aspectos, ideas y reflexiones en torno a la educación de los adolescentes. Sin embargo, como he dicho al empezar, terminaría siendo una repetición de lo dicho hasta ahora filtrado por el prisma educativo. Salvando las distancias debidas a los diversos roles que debemos ejercer como progenitores o educadores, lo que sirve para padres y madres también sirve para maestros y maestras, porque el cerebro adolescente es el mismo. Por este motivo, quiero poner en forma de lista algunos de los aspectos que considero más importantes en educación y que ya han sido tratados con anterioridad.

- Durante el día, el cerebro adolescente se activa algo más tarde que el de los niños y los adultos. Por decirlo de algún modo, su ciclo circadiano se retrasa. Forzarles a que se levanten a las ocho de la mañana puede ser contraproducente. Si no podemos cambiar los horarios escolares, al menos no los carguemos demasiado durante la primera o las dos primeras clases de la mañana.

- El cerebro percibe lo que los demás piensan de esa persona, y termina asumiéndolo como propio. Confiar en nuestros alumnos hará que confíen más en sí mismos. Pensar que pueden salir airosos de un reto incrementa las probabilidades de que lo consigan. Debemos estar muy atentos a cómo los miramos, ya que la mirada refleja nuestro estado emocional, y los afectará e influirá.

- El cerebro adolescente busca socializar con sus iguales a toda costa y a cualquier precio. Aprovechémoslo. Generemos dinámicas de grupo y diseñemos estrategias de aprendizaje colaborativo y de formación entre iguales. Démosles un «precio» sano, para entendernos.

- Dejemos espacio para que ejerciten sus funciones ejecutivas. La corteza prefrontal, donde se generan y gestionan, está en proceso de maduración, así que estimulémosla. Démosles la oportunidad y el tiempo necesarios para que planifiquen, reflexionen, decidan y ajusten su estado emocional. En este contexto, cuando digo que debemos darles tiempo me refiero no solo a cantidad de tiempo, en minutos, sino también a calidad, con estímulo y apoyo, pero sin estrés (o con un estrés leve muy acotado en el tiempo).

- Dejemos que se muevan. Evolutivamente, el cerebro se

ha adaptado a una vida más tranquila que la que solemos llevar, pero con mayores dosis de movimiento. Tanto el ejercicio físico como la relajación son imprescindibles para que mantengan un buen equilibrio cerebral y emocional.

- Proporcionémosles retos a su alcance que estimulen su motivación. Tratemos de satisfacer su deseo de buscar novedades y romper límites de forma sana. No se lo pongamos todo demasiado fácil y propiciemos que, de vez en cuando, deban salir de su zona de confort, pero controlemos que el nivel de exigencia jamás los sobrepase. En cualquier situación, deben contar con nuestro apoyo emocional.

- Dejemos que descansen entre clase y clase y no los saturemos con trabajos extraescolares. Deben aprender muchas cosas, y es muy bueno que lo hagan, pero también han de tener momentos de ocio al día, pues los ayudarán a descubrir quiénes son y quiénes quieren ser.

- Siempre que debamos reconducir alguna actitud (lo que en algunos momentos de la adolescencia puede darse con cierta frecuencia), hagámoslo de forma propositiva, como una oportunidad, no como un punto final.

Y pensemos siempre en la adolescencia como una segunda gran oportunidad que no cierra ni concluye nada. El cebero sigue siendo plástico durante la juventud y la edad adulta, así que siempre hay tiempo y oportunidades para que sigan creciendo cognitivamente, trabajen sus habilidades y se vayan conociendo, lo que les permitirá redirigir su propia vida.

Resumen

Aprendemos por instinto, y la adquisición de conocimientos que se perciban como útiles para el futuro genera sensaciones de recompensa. Por consiguiente, los procesos de aprendizaje deberían proporcionar estas sensaciones. Se ha visto que, cuando un adolescente se esfuerza y ve que ese esfuerzo se ve reconocido por su entorno, su cerebro produce una descarga de dopamina que estimula el optimismo y la motivación. Se trata de mantener un ambiente de valoración conjunta por los avances que se hacen y de sensaciones de apoyo mutuo.

El cerebro prefiere y favorece la adquisición de aquellos aprendizajes que considera que, en algún momento, le servirán para algo, en especial en situaciones distintas a las que se han usado durante el aprendizaje. Por ello es importante profundizar en habilidades como la creatividad, la capacidad de análisis reflexivo y crítico, la resiliencia, el esfuerzo, la gestión emocional, el trabajo colaborativo e individual, la memorización, la planificación, la toma de decisiones, etcétera. Si queremos potenciar alumnos e hijos transformadores y proactivos, más capaces de gestionar y dirigir su propia vida, en cualquier proceso educativo debemos fomentar el cultivo de la curiosidad, es decir, la reflexividad, la confianza y la sorpresa. No debemos ahorrarles dificultades ni situaciones adversas o exigentes que los lleven de vez en cuando un poco más allá de su zona de confort, pero hay que estar siempre a su lado para que no se sientan solos, dándoles apoyo emocional.

La plasticidad y el podado neuronal son armas de doble filo durante la adolescencia. Bien usadas, pueden permitir que se incremente la flexibilidad cognitiva y las capacidades de nuestros alumnos y nuestros hijos adolescentes, trabajar aspectos que no se hayan potenciado antes e incluso reconducir actitudes que consideremos inadecuadas. Pero si se usan sin cuidado pueden producir el efecto contrario, la merma de capacidades o la adquisición de actitudes contraproducentes. Las claves de una educación que mira hacia el futuro deberían ser el estímulo, el apoyo emocional y el ejemplo: estímulo para potenciar la curiosidad, la sorpresa y la reflexividad; apoyo emocional para mantener e incrementar la confianza y la autoconfianza; y ejemplo para transmitirles modelos de conducta.

7

Los adultos también fuimos adolescentes (y gracias a eso podemos ser adultos)

Cuenta la leyenda que hace muchos años, en un pueblecito situado en los valles del sur de un pequeño país, vivía una familia de zapateros. Una noche, durante la cena, el padre le dijo a su hijo mayor:

—Hijo, has crecido, ya eres un muchacho. Debes aprender un oficio para ganarte la vida y, en el futuro, formar tu propia familia. Además, necesito ayuda en la zapatería. Se acerca el invierno, y ya sabes que es la época en la que más gente viene a comprar zapatos para protegerse los pies del frío.

Sus otros hijos escuchaban atentamente. La madre sonrió orgullosa y añadió:

—Tienes mucha suerte, hijo mío. Tu padre es el mejor zapatero del país. Aprende todo lo que él sabe y mantén la tradición de hacer zapatos como lo hacían tu abuelo y tu bisabuelo.

Al día siguiente empezó como aprendiz en la zapatería. Curtir la piel, la más resistente del mercado, cortarla de forma precisa y coserla con el mejor hilo de la comarca se convirtieron en tareas habituales para él. Zapatos de piel, hechos únicamente con piel, así era como su padre los hacía desde siempre. Aprendió el oficio con rapidez y empezó a hacer zapatos tal como su padre le había enseñado.

Sin embargo, un día, mientras estaba con sus amigos, tuvo una idea. Uno de ellos, casi de su misma edad, que era leñador como su padre, comentó que la corteza del alcornoque siempre se notaba caliente al tacto y que jamás se enfriaba. ¿Por qué no añadir una fina capa de corcho al interior del zapato, como una segunda suela, para que en invierno, al pisar la escarcha, el pie no se enfriase tanto? Sin pensárselo dos veces, lo probó sin decírselo a su padre.

Cuando este vio lo que había hecho, le amonestó muy seriamente:

—Hijo mío, así no es como te he ensañado a hacer zapatos. Acabas de desperdiciar piel de la mejor calidad, hilo del más resistente y un tiempo muy valioso. ¿Cómo se te ha ocurrido semejante cosa? ¿Quién querrá comprar zapatos con un pedazo de corcho dentro? Pero ¿qué tienes en la cabeza? ¿Por qué no te limitas a hacer lo que te he ensañado? Tengo muchas esperanzas puestas en ti, no me decepciones otra vez.

El hijo, molesto, salió de la zapatería dando un portazo. Esa noche, al llegar a casa, el padre explicó lo sucedido a toda la familia durante la cena, y lo remató diciendo:

—No sé dónde iremos a parar. ¿Por qué los muchachos ya no obedecen a sus padres? ¿Qué será de nosotros? ¿Por qué no puede hacerlo como yo lo he hecho siempre?

Entonces, desde una esquina de la mesa, la más cercana al hogar, se oyó la pausada y siseante voz de la abuela:

—Hijo mío —dijo dirigiéndose al padre—, es igual que tú. Parecéis hechos con la misma masa y horneados en el mismo horno. ¿No recuerdas cuando tú eras el aprendiz de tu padre, que en paz descanse, y un día, sin decirle nada, pusiste unos cordones a los zapatos para que se sujetasen mejor al pie y no se quedasen enganchados en el barro los días de lluvia? ¿Por qué crees, si no, que tenemos la fama de ser la mejor familia de zapateros del país? Tu padre también se enfadó contigo, y tú también diste un portazo. Pero ahora todos los zapatos llevan cordones, y quién sabe si pronto no llevarán todos una lámina de corcho. ¿Cómo puede ser que no te acuerdes?

Estamos llegando al final del libro. Hemos explicado cómo es y cómo se va construyendo el cerebro de los adolescentes, y cómo estos procesos biológicos, que se empiezan a fraguar desde la primera infancia, explican muchos de los comportamientos que manifiestan, por no decir todos. Y estos comportamientos suelen provocar que choquen con sus padres o sus maestros. Esto plantea una pregunta: si nosotros también fuimos adolescentes, ¿por qué a veces nos resulta tan difícil entenderles? ¿Tan diferente fue nuestra adolescencia de la suya? ¿O solo depende del punto de vista con que interpretamos lo que hacen?

Porque, ¿desde qué punto de vista miramos e interpretamos las actitudes de los adolescentes? ¿Bajo qué prisma los observamos y los juzgamos? ¿Desde la perspectiva de cuando éramos adolescentes, en un contexto histórico y social un tanto diferente al actual? ¿Desde la visión que tenemos en nuestra adultez, con muchas experiencias acumuladas de las que los adolescentes carecen, y con algo menos de plasticidad neuronal de la que tienen ellos? ¿A través de lo que recordamos de nuestra adolescencia o de lo que queremos recordar de esa época, como le sucedía al zapatero del relato con que he iniciado el capítulo? Este es el quid de la cuestión. Empezaremos reflexionando sobre el final de la adolescencia.

MÁS ALLÁ DE LA ADOLESCENCIA
(PERO ANTES DE LA ADULTEZ)

No hay una edad fija para que acabe la adolescencia, ni tampoco un punto de inflexión que se pueda determinar con precisión. Como cualquier proceso de crecimiento, la maduración de todos los sistemas cerebrales y de los comportamientos que gestionan se va produciendo progresivamente. Cada persona sigue su ritmo, en función de factores biológicos y genéticos, y también del contexto donde se haya formado y viva, de las experiencias que haya tenido y del apoyo que reciba de su entorno. Estas diferencias me las encuentro muy a menudo en la universidad. Desde hace una década y media soy tutor de un grupo de treinta estudiantes a los que sigo desde que ingresan en la facultad al terminar el bachillerato, con dieciocho años, hasta que acaban cuatro años más tarde. En ese momento comienzo de nuevo el ciclo con treinta estudiantes nuevos que acaban de empezar sus estudios. Al inicio del curso siempre convoco una reunión para conocernos. Aparte de hacer las presentaciones de rigor, les pregunto sobre sus motivaciones e intereses y qué esperan de su paso por la universidad. Sus respuestas y sus comentarios me permiten intuir su grado de madurez.

Hay una frase que he oído muchas veces entre algunos profesores de la universidad, y a menudo también entre los de bachillerato: «Los alumnos nos llegan cada vez más inmaduros». Asimismo, he oído demasiadas veces que «cada vez llegan con menos conocimientos», pero no voy a entrar en este tema. Es posible que tengan menos conocimientos factuales o que recuerden menos detalles, pero sin duda la educación actual es diferente a la de antaño y ha incluido también competencias y habilidades que son cruciales para que los alumnos puedan desarrollarse por sí mismos en el futuro. Ante un porvenir cambiante e incierto, la mejor garantía de éxito personal y de empoderamiento se consigue con unas buenas habilidades de gestión personal y de capacidad de adquisición de conocimientos nuevos a medida que estos se vayan produciendo o que vayan siendo necesarios para aplicarlos a situaciones y contextos imprevisibles, que sin duda son los que se van a encontrar. Por descontado, deben tener conocimientos factuales, pero el equilibro entre conocimientos puros y duros y la capacidad de aplicarlos y combinarlos de forma novedosa se ha desplazado hacia este segundo término de la ecuación. Pero, como digo, no voy a ahondar en este tema, sobre el que he escrito muchas veces en otros libros sobre neuroeducación.

¿Es cierta, sin embargo, la primera frase: «Los alumnos nos llegan cada vez más inmaduros»? Solo en parte o en algunos casos, pero no en la mayoría. Cuando tengo la primera reunión con los alumnos que tutorizo, algunos han iniciado ya la juventud, y muchos todavía se mantienen en las etapas finales de la adolescencia. Cuatro años más tarde, cuando han acabado los estudios, casi todos son ya unos jóvenes hechos y derechos. Por el camino han terminado de madurar, y a ello ha contribuido, sin duda, el incremento de responsabilidades que deben asumir. Ni siquiera yo, su tutor, los «persigo» si los resultados no son los esperados. Ellos deben tomar la decisión de buscar ayuda cuando la necesiten, sabiendo que me van a encontrar cuando me precisen. Y también deben decidir cómo reorientar sus estudios a medida que avancen. El sentido de responsabilidad que adquieren es uno de los principales detonantes de este cambio. De vez en cuando hay alguno que, al terminar los estudios, todavía no ha concluido el tránsito hacia la juventud. Recuerdo el caso de una chica que, justo al final del cuarto curso, el último, me pidió mantener una reunión porque se sentía incapaz de decidir cuál quería que fuese su futuro. Ni siquiera estaba segura de si quería seguir estudiando, hacer un máster, ni, por supuesto, qué máster podía gustarle o interesarle más. O si prefería empezar a buscar trabajo ni qué tipo de empleo satisfaría mejor sus inquietudes. Como he comentado en capítulos anteriores, el paso por la adolescencia debe permitir a los chicos y chicas dejar de ser solo los protagonistas de su vida para convertirse también en sus directores. Para mí, es un punto clave en el tránsito de la adolescencia a la juventud. En este sentido, mi experiencia en los casi veinticinco años que llevo dando clases en la universidad es que el grado de madurez con que nos llegan los nuevos estudiantes no ha cambiado de forma significativa. Pero eso no quiere decir que no haya cambios.

El principal cambio que se percibe es el del empoderamiento que les transmiten sus progenitores y la sociedad en general. Como argumenté en el capítulo 1, los adolescentes solo dejan de comportarse como tales cuando su entorno de adultos, esto es, sus progenitores y la sociedad en general, deja de tratarlos como adolescentes irresponsables o sin responsabilidades y los incorpora al mundo de los adultos en igualdad de derechos y deberes. Igualdad absoluta de derechos y responsabilidades, si se me permite enfatizarlo aún más. Mientras los adultos de su entorno no asumamos que son adultos jóvenes con menos experiencia y, por consiguiente, con un índice de errores quizá superior, pero jóvenes adultos, en definitiva, no concluirán su maduración. Y eso suele resultar complejo, en especial cuando continúan viviendo en el entorno familiar y queremos que sigan a pies juntillas las normas que les impusimos durante la adolescencia, o que nos obedezcan sin buscar consenso.

Siguen siendo nuestros hijos e hijas, o nuestros alumnos en el instituto o en los cursos que estén realizando, pero llega un momento en que debemos considerarles y tratarles como iguales en derechos y deberes. Con roles diferentes, por supuesto —los padres no somos sus colegas ni los profesores sus compañeros—, pero siendo todos adultos y tratándolos como tales, con el respeto y la confianza debidos. Por este motivo los jóvenes que se independizan antes o los que en lugar de seguir con sus estudios se ponen a trabajar, suelen dejar atrás algunos comportamientos adolescentes un poco antes. Esto no significa que para terminar de madurar deban independizarse físicamente: tenemos que reconocer su nuevo estatus. Quizá en algunos casos haya cambios y adquieran la madurez algo más tarde, pero eso a menudo sucede porque los adultos no les dejamos que lo hagan antes, y esto incluye también los modelos que imitan a través, por ejemplo, de las redes sociales. No se trata de dejarles total libertad, pues sería contraproducente (recordemos la cuestión de los límites que hemos abordado en el capítulo anterior). Tampoco los adultos que convivimos bajo un mismo techo tenemos total libertad unos con respecto a otros, porque para convivir es necesario mantener algunas normas básicas de convivencia. Se trata de que las normas que nos aplicamos a nosotros también dejemos que se las apliquen ellos, sin imponer nuestra voluntad de forma autoritaria.

Que dejen atrás la adolescencia y entren de lleno en la juventud, sin embargo, no implica que hayan concluido los aprendizajes que los llevan a construir su propia identidad y su personalidad, la visión que tienen de sí mismos. El cerebro de los jóvenes sigue siendo muy plástico, pero a diferencia de los adolescentes empieza a contar con cierto bagaje de experiencias. Eso los lleva a pensar que sus habilidades de aprendizaje son mejores que nunca, y así es. La combinación de plasticidad y experiencia que se produce durante la juventud no volverá a producirse nunca. A medida que nos vamos haciendo mayores, acumulamos experiencia, pero la plasticidad del cerebro, aunque nunca se detenga, va disminuyendo lenta y progresivamente. Durante la infancia y la adolescencia, la plasticidad era máxima, pero carecían de experiencia. Por eso la juventud combina los elementos necesarios para que sea la época de los grandes cambios autodirigidos, cuando por fin podrán vivir según se vean a sí mismos. De ahí la gran importancia de la construcción de la personalidad en la adolescencia que hemos tratado en los capítulos anteriores. Ese será el punto de partida de su adultez. Gracias a la conectividad que se establece en la corteza prefrontal, durante la juventud mejoran las capacidades de organización y de abstracción, la sensatez, la perspicacia y el sentido de la perspectiva. Según algunos trabajos, como el realizado por el psicólogo social Kenneth Kensington, los años que van de los veinte a los treinta, esto es, entre la adolescencia y la primera madurez, son una época de libertad y cambio —y también de indecisión— en la que deben terminar de resolver las tensiones surgidas durante la adolescencia. Y así llegan a la adultez, momento en que, si han elegido tener hijos, empezarán a pensar en cómo será la adolescencia de estos. Regresemos ahora a la pregunta clave que planteaba en la introducción de este capítulo: ¿por qué nos cuesta tanto entender a los adolescentes? ¿Por qué, generación tras generación, como mínimo desde la Grecia clásica, se ha pensado que la adolescencia va siempre a peor?

ADOLESCENTES VS. ADULTOS (O *ALIEN VS. PREDATOR*)

Empecemos reanalizando algunos de los aspectos clave del cerebro adolescente que contrastan con el cerebro adulto, y que, por consiguiente, pueden ser fuente de incomprensión y malentendidos. No son conceptos ni ideas nuevas, sino una recopilación de media docena de características que debemos tener en cuenta cuando valoremos las actitudes de los adolescentes, porque quizá difieran de las que tendríamos nosotros en situaciones similares siendo ya adultos.

Es posible que todos los aficionados a las películas de ciencia ficción y de acción tengamos en mente dos de las sagas

más prolíficas de la historia del séptimo arte: *Alien*, que vio la
luz en 1979 de la mano del director Ridley Scott, y *Predator*,
cuya saga empezó en 1987 bajo la dirección de John McTier-
nan. Ambas coincidieron en 2004 en el filme *Alien vs. Predator*, de Paul W. S. Anderson, que ha tenido diversas secuelas,
también en novelas gráficas, fanzines y juegos de ordenador.
¿Qué tienen que ver estas películas con el tema de este apartado? Salvando las diferencias, a menudo los adultos vemos a
los adolescentes como si fuesen una suerte de «alienígenas»
que nos devoran, como los *aliens* de estas películas, y los adolescentes creen que los adultos queremos «darles caza» sin
razón aparente, casi como si fuese un deporte, como los *pre-
dators*.

En el caso de los adolescentes y los adultos, sin embargo,
la contraposición que implica el latinismo *versus* (abreviado
vs.) no es tal, puesto que para ser adulto es condición indispensable haber sido antes adolescente. ¿Cuáles son algunos
de los principales elementos de fricción? Uno de los diversos
aspectos que hay que considerar es la valoración diferencial
que adolescentes y adultos hacemos ante los estímulos externos. Como se comentó en su momento, los adolescentes valoran con más intensidad todos los refuerzos que les llegan
de su entorno, tanto si son positivos como negativos, y los
usan como patrón de medida para valorar la importancia y la
utilidad de los aprendizajes que realizan y de las experiencias que viven. Esto significa que determinadas situaciones a
las que los adultos daríamos poca importancia o incluso
ninguna, los adolescentes las viven con una intensidad e implicación emocional enormes. No debemos menospreciar las
valoraciones que hacen; aunque para nosotros no sean im-

portantes, para ellos lo son y mucho. El hecho de infravalorar o llegar a despreciar cómo se sienten ante una situación puede favorecer que nos pierdan confianza o se sientan ninguneados, lo que a la larga perjudicará la comunicación e incluso la percepción que tengan de sí mismos, su autoconcepto.

Un ejemplo muy visible de esta diferencia entre las valoraciones de los adolescentes y los adultos la podemos encontrar en el impacto que tiene la música. Posiblemente, las canciones que todavía hoy, como adultos, nos gustan más son las que escuchábamos durante nuestra adolescencia. Por lo que se refiere a mí, no hay ningún grupo musical que me haga vibrar más que AC/CD, Status Quo, Pink Floyd, Supertramp, ELO o especialmente cualquiera de los muchos cantantes o grupos de rockabilly que escuchaba, estilos musicales muy diferentes entre sí pero que de una manera u otra marcaron mi adolescencia. Sin embargo, quizá si ahora escuchase estos estilos musicales por primera vez, de adulto, no les daría demasiada importancia. Ni siquiera sé si me gustarían. El motivo es que la música activa los circuitos emocionales y de recompensa del cerebro. La música que escuchamos durante la adolescencia dejó una huella muy profunda en nuestro cerebro porque vivimos las recompensas y los estados emocionales que nos proporcionó con mayor intensidad.

Otro aspecto importante que debemos considerar es cómo los adolescentes y los adultos controlamos nuestros impulsos. Como también se ha dicho, a pesar de que los adolescentes pueden controlar sus impulsos, este control les exige más esfuerzo cognitivo que el que se requiere durante la adultez, lo que implica que no pueden mantener este control durante demasiado tiempo. Además, las situaciones de estrés —que de por sí limitan la eficiencia de las funciones ejecutivas— alteran mucho más profundamente esta capacidad. Por este motivo, cuando discutimos con nuestros hijos o hijas adolescentes, debemos ser muy conscientes de no impulsarles más allá de la pérdida de control. Mejor exponer nuestras razones y escuchar las suyas cuando la tensión y el estrés se hayan rebajado. Además, el esfuerzo que deben hacer por controlar sus impulsos a menudo se refleja en su rostro, en un rictus tenso que a veces podemos interpretar como rechazo hacia nosotros o hacia las exigencias del momento, pero que en realidad es solo una muestra del esfuerzo de autocontrol que están realizando. Dicho de otra forma, con frecuencia los adultos no somos conscientes del esfuerzo que deben realizar los adolescentes para controlar sus comportamientos porque a nosotros nos cuesta menos, y también por ese motivo los adolescentes tienden a presionarnos de manera inconsciente para que al final nosotros también perdamos el control, y «nivelar» así la situación.

Tanto la valoración que hacen de los estímulos externos como la mayor dificultad que tienen para controlar sus emociones y sus impulsos hace que los adolescentes tengan momentos de gran euforia y alegría, pero también de gran tristeza y preocupación, ante situaciones que podrían ser prácticamente neutras para un adulto. Esto se convierte en otro posible punto de incomprensión y fricción. Por ejemplo, no es inhabitual que lleguen a casa hechos un basilisco por algún comentario poco afortunado que les haya hecho un compañero o compañera, o un profesor o profesora, quizá con la mejor de las intenciones. Tras encerrarse en su habitación dando un portazo, a lo mejor conseguimos averiguar de qué se trata por los exabruptos que sueltan, y lo más probable es que entonces pensemos que se trata de una nimiedad. ¡Pero no debemos decírselo ni dárselo a entender! Para ellos es algo trascendental, y muchas veces piensan que esa situación marcará un antes y un después en su vida. No necesitan nuestras explicaciones, solo buscan saber que estamos cerca por si nos necesitan (aunque nos echen de la habitación si entramos en ese momento). Y para que aprecien el hecho de que estamos cerca es necesario que confíen en nosotros, lo que se consigue mostrándoles nuestra confianza, incluso en los peores momentos. No se trata de darles siempre la razón ni de obviar las conductas que pensamos que son reprobables y que debemos reconducir. Lo importante es encontrar el momento más adecuado para razonar con ellos, alejados del estrés del momento, sintiendo la confianza y el respeto mutuos a través de las miradas y los gestos.

Prosigamos con otros aspectos que pueden generar incomprensión. Ha llegado el turno de recordar qué le sucede a la corteza prefrontal: sus redes neuronales se reorganizan de manera extensa durante esta etapa de la vida, lo que explica la dificultad que a menudo tienen los adolescentes para enfocar sus deseos y sus motivaciones hacia objetivos concretos, y para planificar a largo plazo la forma de conseguirlos. Con frecuencia, los adultos pensamos que nuestros hijos e hijas, o nuestros alumnos y alumnas, no aprovechan suficientemente bien «todo» lo que les damos y «todo» lo que hacemos por ellos para preparar su futuro. O que son unos vagos y no aprovechan sus posibilidades por pereza. Quizá a veces les pueda la pereza, como también a los adultos, pero eso no significa que sean unos vagos. Recordemos que, cuando no hay nada que lo estimule de manera especial, el cerebro adolescente produce menos dopamina que el de los adultos. Este hecho, combinado con la mayor dificultad que tienen para planificar el futuro debido a las reorganizaciones neuronales, hace que, en ausencia de motivación, el cerebro adolescente esté más «cansado» y funcione con menos eficiencia que el de un adulto. Pero recordemos que no se muestran cansados porque sean unos holgazanes, sino porque no están motivados.

La motivación madura durante la adolescencia, por lo que al final de esta etapa deberían ser capaces de buscar sus propias fuentes de motivación a largo plazo. Pero mientras dure, las principales motivaciones estarán asociadas a las sensaciones de recompensa y placer. En este contexto, cabe recordar que la anticipación de sensaciones socioemocionales recompensantes mejora su capacidad de planificación y reflexión, así como la capacidad de tomar decisiones y el control de los impulsos emocionales. Es una baza que podemos utilizar en su favor, ayudándoles a que anticipen estas situaciones. Pero para ello vuelve a ser necesario que confíen en nosotros, lo que equivale a decir que deben notar nuestra confianza en ellos. Si se rompe esta cadena de confianza, puede que busquen estas recompensas de otras maneras poco saludables para ellos mismos y para la maduración de su cerebro.

Por último, pero conectado con este apoyo emocional y la confianza compartida, debemos evitar a toda costa que perciban nuestros problemas personales como algo que vaya con ellos. Me explico. La vida no es siempre un camino de rosas, y por desgracia nos encontramos con situaciones duras ante las que muchas veces no sabemos cómo reaccionar: la pérdida del trabajo, problemas económicos, la muerte de un ser muy querido o una ruptura de pareja, por citar algunos casos. En estas situaciones que nos afectan mucho a nivel emocional, debemos proteger a toda costa su estabilidad emocional, puesto que, como hemos visto, es clave para un buen desarrollo y para que maduren y adquieran una percepción adecuada de sí mismos y de su entorno. Por difícil que sea, y a veces lo es, nuestros esfuerzos deben dirigirse a que conserven esta estabilidad, sin ponerlos jamás en medio de nuestros problemas, ya sea como excusa o como solución. Porque los hijos, a cualquier edad, nunca deben ser la excusa ni la solución. La plasticidad de su cerebro, que por un lado los hace tan fuertes, es también su talón de Aquiles, su mayor fragilidad. En el capítulo 4 he usado esta expresión: son más fuertes y, paradójicamente, también más frágiles.

Dicho de otra manera, y para concluir este apartado, si queremos entender a los adolescentes debemos intentar pensar y sentir como ellos, imaginar cómo nos sentiríamos en esa situación si fuésemos adolescentes o cuando éramos adolescentes. Y eso no resulta nada fácil porque ya no somos adolescentes y los contextos sociales han cambiado. A lo mejor durante nuestra adolescencia discutíamos con nuestros padres porque queríamos estar más tiempo jugando al balón o paseando por la calle, y ahora lo hacen para estar más tiempo usando las redes sociales y conectados a juegos en línea. Sin embargo, el deseo irrefrenable de socializar sigue siendo el mismo, expresado de distinta manera porque el mundo ha ido cambiando. Los circuitos neuronales de nuestro cerebro no son como los suyos, si en algún momento lo fueron, y eso impide que pensemos como ellos. Lo único que podemos hacer es inferir qué deben estar pensando y sintiendo a partir todos estos conocimientos. Aun así puede resultar complejo, porque solemos alterar nuestras memorias biográficas. Veámoslo en el siguiente apartado.

La memoria se reconstruye cada vez que la utilizamos (y por eso creemos que los adolescentes actuales son peores)

Todos recordamos muchos momentos de nuestra adolescencia. Quizá, si nos pidiesen que hiciésemos una lista con los diez momentos más importantes de esta etapa de la vida, no tardaríamos ni un minuto. Si nos pidiesen que hiciésemos dos listas, una con los diez momentos más agradables y otra con diez situaciones traumáticas, tampoco tardaríamos demasiado. Nos parece que recordamos nuestra adolescencia a la perfección, y que podemos ponernos en la piel de nuestros hijos o nuestros alumnos adolescentes. Y cuando no los entendemos pensamos que es porque no hacen lo que deben. Pues siento decepcionarte si pensabas esto, ya que la realidad es muy distinta.

Como se ha explicado en el capítulo 2, el cerebro va almacenando la información que recibe en patrones de conexiones neuronales, es decir, las experiencias que tenemos, los aprendizajes que realizamos y los estados emocionales que vivimos. Este proceso afecta a los recuerdos que mantenemos de forma consciente, que llegado el momento podemos evocar a voluntad. Y también a todos los que se han almacenado de forma preconsciente, que no por eso son menos importantes en cuanto a su influencia sobre nuestros comportamientos y actitudes, en cómo nos percibimos a nosotros mismos y en cómo nos relacionamos con los demás. Hay un fenómeno psicológico con grandes implicaciones pedagógicas que lo ilustra a la perfección: el efecto Pigmalión. Como se dijo en un capítulo anterior, consiste en la influencia potencial que ejerce la creencia de una persona en el rendimiento de otra.

Se puede aplicar a muchos aspectos de la vida, y se ha demostrado en diversos trabajos realizados en varios ambientes: educativos, laborales, sociales, etcétera. Por ejemplo, se ha visto que, si un empleado recibe la aceptación periódica de su jefe y valoraciones positivas de lo que hace, su rendimiento es superior y su desempeño más preciso que si estuviese recibiendo críticas. Sin duda, todos tenemos experiencias de jefes o compañeros de trabajo que nos hacen sentir bien con nosotros mismos y con las tareas que realizamos, y por eso nos sentimos más motivados y la eficiencia de nuestro trabajo es superior. O de profesores durante nuestra etapa estudiantil que nos hacían sentir a gusto con las tareas, aunque las notas no fuesen demasiado buenas. En mi caso, todavía voy de vez en cuando a tomar café con tres de mis profesores de bachillerato, ahora ya jubilados. Para mí, lo que tienen en común es justo eso: me hacían sentir apoyado y comprendido, incluso cuando las cosas no iban demasiado bien. Me gusta decir con orgullo que algunos alumnos que tuve en mi primer empleo todavía me envían un e-mail de vez en cuando, acordándose de mí. Y alguno me ha dicho que me recuerda porque le transmitía confianza. Estoy hablando de la primera mitad de la década de 1990, cuando estuve trabajando como profesor de Ciencias y Geografía en un centro educativo de Barcelona, con chicos y chicas de doce a catorce años. Fue antes de que empezase a trabajar como profesor en la universidad, mientras redactaba mi tesis doctoral. No conseguí beca para mi tesis porque mis notas no eran brillantes (un notable de media, para que nos entendamos), y este trabajo se convirtió en mi sustento económico durante años. Pero aprendí muchísimo más de esta manera, así que estoy muy agradecido a todas las personas que conocí, incluidos mis alumnos, y a las experiencias que tuve.

Pues bien, una simple mirada, mueca, sonrisa, gesto, cualquier nimiedad que podamos hacer de forma preconsciente puede quedar almacenada en el cerebro, condicionando (pero sin determinar) algunos de nuestros comportamientos. Una mirada puede parecer poca cosa, pero muchas miradas durante mucho tiempo en una misma dirección ejercen un efecto poderoso. Llevado al campo de este libro y relacionándolo con el efecto Pigmalión, mirar a nuestros hijos con confianza desde la infancia deja una huella en su cerebro que favorece que confíen más en sí mismos y en nosotros. Mirarlos con satisfacción influye en que estén más satisfechos. Hacer gestos de aprobación los hace sentir más valorados. Compartir sus decepciones sin infravalorarlas hace que se sientan más comprendidos. Se van estableciendo conexiones neuronales, la mayoría de forma preconsciente, pero ahí están. Y también en nuestro cerebro de adulto.

¿Adónde quiero ir a parar con toda esta explicación? Por un lado a que, sin darnos cuenta, tendemos a reproducir con nuestros hijos e hijas adolescentes la educación que recibimos y cómo nos miraban y trataban nuestros padres y maestros. Pero nuestros hijos son diferentes, como también nosotros. Por descontado, también es diferente el contexto social donde viven, comparado con el que vivimos nosotros en la adolescencia. Tenemos muchos recuerdos en nuestras conexiones neuronales de los que no somos conscientes, pero desde las sombras influyen en cómo nos comportamos y nos relacionamos con nuestros hijos e hijas adolescentes.

Pero todavía hay más. Decía al inicio de este apartado que el cerebro va almacenando la información que recibe en patrones de conexiones neuronales. Es el sustento de la memoria, incluida la memoria biográfica, todo lo que recordamos de nuestra vida pasada, adolescencia incluida. Pero esta memoria no es como un libro que una vez impreso ya no cambia. Se encuentra en un estado dinámico de reconstrucción constante. Cada vez que recordamos algo de nuestro pasado, el cerebro lo revive y lo «mezcla» con otros recuerdos y con el estado emocional que tenemos al recordarlo. Dicho de otra manera, cada vez que evocamos nuestra adolescencia, sin darnos cuenta la alteramos un poco. Como he comentado provocadoramente en el primer párrafo de este apartado, aunque nos parezca que recordamos nuestra adolescencia a la perfección, la realidad es muy distinta. Recordamos una versión sesgada, a veces mucho, de lo que fue nuestra adolescencia. Y esto también dificulta que entendamos a los adolescentes actuales.

Por ejemplo, seguro que en algún momento de nuestra adolescencia tuvimos que decidir qué estudios elegíamos. Quizá muchos lo hicimos con cierta rapidez, de forma clara, y a otros les costó más. O eso es lo que nos dice nuestra memoria. Tal vez pasamos muchos días dando vueltas al asunto, pero al final nuestra memoria tiende a quedarse con la decisión final, acompañada de nuestras últimas reflexiones. El resto ha desaparecido porque, desde la perspectiva temporal, ha dejado de ser importante. Y cuando vemos a nuestros hijos e hijas perderse en un mar de cavilaciones tal vez pensamos que son unos indecisos, que rehúyen las responsabilidades, etcétera, cuando es posible que pasáramos por lo mismo. Pero no lo recordamos porque nuestra memoria se ha ido alterando con el paso del tiempo.

Nos da la sensación de que toda nuestra vida ha ido siguiendo el curso que nos hemos marcado porque hemos perdido la visión de las muchas encrucijadas que encontramos y de las muchas dudas que nos surgieron cuando tuvimos que tomar decisiones. Vemos nuestro pasado de forma lineal porque así se construye la memoria biográfica, pero, cuando sucedió, de lineal tenía bien poco. Quizá era tan sinuosa como la vida que percibimos en los adolescentes. Tenemos la percepción de que nos marcamos objetivos vitales clarísimos, pero algunos o muchos de ellos los hemos ido reconstruyendo en función de cómo se ha ido desarrollando nuestra vida para acomodarlos, pues esta acomodación nos confiere más confianza en nosotros mismos. Posiblemente tuvimos las mismas dudas, indecisiones y sensaciones que nuestros hijos e hijas, adaptadas a una situación histórica y social un tanto diferente. La búsqueda de coherencia interna en nuestra vida hace que olvidemos muchas de las cosas que podíamos haber sido y no fuimos, o que podíamos haber hecho y no hicimos. Lo que proporciona una falsa sensación de continuidad en este proceso de autoconstrucción. Dicho de otra manera, reinterpretamos nuestro pasado, incluida nuestra adolescencia, en función de nuestro presente, lo que elimina las contradicciones típicas y necesarias de esta época vital. También por eso nos cuesta entender a los adolescentes.

Y queda otro factor que creo que es importante comentar, otro efecto psicológico que se denomina «sesgo de confirmación». Es la tendencia a favorecer, buscar, interpretar y recordar la información que confirma las propias creencias, dejando de lado o dando menos credibilidad a las informaciones o razonamientos que las contradicen. Este efecto es muy intenso cuando implica componentes emocionales. Llevado al terreno que nos ocupa, si como adultos pensamos que nosotros supimos gestionar mejor nuestra adolescencia porque nuestra memoria biográfica se ha ido alterando para proporcionarnos una mayor sensación de coherencia interna, tenderemos a favorecer las interpretaciones de los comportamientos de nuestros hijos e hijas que nos lo confirmen. Al mismo tiempo, tampoco daremos tanta importancia a los recuerdos que nos indican que, de hecho, las diferencias básicas y sustanciales, si las hay, son más bien escasas. Todo ello nos lleva a pensar, a menudo, como ya hacían los filósofos de la Antigüedad, que «los jóvenes de hoy no tienen control y están siempre de mal humor. Han perdido el respeto a los mayores, no saben lo que es la educación y carecen de toda moral» (Aristóteles); «Faltan al respeto a sus mayores, desdeñan la ley y se rebelan en las calles inflamados de ideas descabelladas. Su moral está decayendo. ¿Qué va a ser de ellos?» (Platón); «La juventud de hoy es maleducada, desprecia a la autoridad, no respeta a sus mayores y chismea mientras debería trabajar» (Sócrates); o «Los jóvenes son los más difíciles de

manejar. Si los tratáis con familiaridad, se tornan irrespetuosos; si los ponéis a distancia, se resienten» (Confucio). Cambia el contexto, pero no la adolescencia en sí ni lo que buscan
los adolescentes. Lo buscarán de una manera u otra, pero la
base sigue siendo la misma.

HAGAMOS LO QUE QUEREMOS QUE HAGAN
(O NO HAGAMOS LO QUE NO QUEREMOS
QUE HAGAN)

Estamos llegando al final del libro y nos queda un último
tema por tratar. Para ser sincero, seguro que se han quedado
muchos temas importantes en el tintero. Cada adolescente,
cada familia y cada contexto social y cultural son distintos.
Seguro que cada lector se planteará sus propias preguntas y
reflexiones. Por eso a lo largo de todo el libro he destacado
las generalidades más comunes. Y en este sentido nos queda
todavía una generalidad que considero crucial: aunque muchas veces no lo parezca, nuestros hijos e hijas adolescentes
nos imitan, como también lo hacían antes de alcanzar la adolescencia. A menudo vemos en ellos aspectos de nuestra forma de hablar, gesticular, caminar, razonar, actuar, etcétera.
No siempre somos capaces de reconocerlo, porque en ocasiones no queremos ver en nosotros estos aspectos del comportamiento, pero es así. Cada adolescente tiene su propio carácter, por supuesto, pero si nos fijamos bien, están adquiriendo
muchos de nuestros dejes. Seguro que lo hemos observado en
los hijos e hijas de amigos y parientes, igual que ellos lo ven en los
nuestros. Más difícil suele ser observarlo en los propios hijos,

pero sucede de la misma manera. ¿Por qué tienden a imitarnos y qué consecuencias tiene esto?

Es sencillo. Es una de las maneras innatas que tenemos de adquirir nuevos conocimientos, a través de la imitación. De forma preconsciente, el cerebro valora que, «si la persona que me alimenta y me protege ha sobrevivido hasta la edad adulta, es que su forma de comportarse y de actuar es adecuada para sobrevivir, por lo que, si hago lo mismo que ella, tendré las mismas oportunidades». Por supuesto, esta es una explicación cien por cien biológica, pero recordemos de los primeros capítulos que todos nuestros comportamientos instintivos están de una u otra forma vinculados con la supervivencia. Imitamos por instinto, nuestros hijos e hijas tienden a imitarnos por instinto porque así garantizan un poco más su supervivencia. Por este motivo, el cerebro tiene mecanismos específicos para ello.

Las responsables son las llamadas «neuronas espejo», y la historia de su descubrimiento es curiosa. Poco antes del final del milenio pasado, un equipo de científicos que estudiaba circuitos neuronales en chimpancés hizo un hallazgo inesperado. Estaban examinando qué neuronas se activaban cuando un chimpancé hacía unos movimientos concretos. Como recompensa, tras cada movimiento certero le daban un plátano, su manjar preferido, para mantener su motivación. Cuentan que, durante un descanso, uno de los investigadores cogió uno de los plátanos, lo peló y se lo empezó a comer. Para sorpresa de los investigadores, los sensores que registraban la actividad neuronal del chimpancé empezaron a registrar datos, pero estos no reflejaban ningún tipo de queja del chimpancé, al estilo «¡Eh, deja esos plátanos, que son para mí!», sino que eran iguales a los que se producían cuando era él quien estaba pelando y comiéndose un plátano.

Dentro de su cerebro, en una zona denominada «corteza motora», la responsable de los procesos de planificación, control y ejecución de los movimientos voluntarios, encontraron un grupo de neuronas que se activan de la misma manera tanto si los chimpancés ejecutan unos determinados movimientos como si, en lugar de hacerlos ellos, ven cómo los hacen otros monos o seres humanos. Vienen a ser una especie de espejo neuronal dentro del cerebro que refleja las acciones de los demás. Esto les permite imitar los movimientos que ven hacer a otros chimpancés, lo que forma parte de sus procesos de aprendizaje.

Las personas también tenemos neuronas espejo. Según se ha visto, tenemos más que los chimpancés y, además, se encuentran en muchas otras áreas del cerebro, incluida la corteza prefrontal, donde se gestionan las famosas funciones ejecutivas. De hecho, a nivel académico se discute si existen unas neuronas específicas para esta función de imitación o si todo el cerebro se comporta como un gran espejo capaz de imitar lo que hacen los demás. Aunque esta distinción es muy importante a nivel neurocientífico, para el propósito de este libro no implica diferencia alguna. Nuestros hijos e hijas nos imitan desde el nacimiento porque su cerebro se lo ordena. Si quieres, compruébalo, o intenta recordar qué hacían tus hijos de bebés. Solemos jugar con ellos haciéndoles muecas una y otra vez para que sonrían, y ellos nos miran con los ojos bien abiertos y, de repente, en lugar de sonreír, su cara reproduce esa misma mueca. Las neuronas espejo han entrado en acción. Por supuesto, los niños y los adolescentes no solo nos imitan a nosotros, imitan también, muchas veces sin darse cuenta, la forma de vestir, el vocabulario, las expresiones faciales, los gestos, etcétera, de sus compañeros.

Al activarse y desactivarse las neuronas espejo, se van estableciendo conexiones neuronales, como en cualquier proceso de aprendizaje, en consonancia con lo que imitan, lo que contribuye a moldear su cerebro y con él, algunos patrones de conducta. A costa de repetir lo que sea, se establecen y robustecen determinadas conexiones neuronales, lo que condiciona el comportamiento durante la edad adulta. Ver es hacer. O, como se suele decir, hay que predicar con el ejemplo.

Así, decirle a un niño o a un adolescente que trate con respeto a los demás minutos después —o antes— de que hayamos insultado a otro conductor por habernos cerrado el paso con su vehículo, lo único que hace es enseñarle a no ser respetuoso con los demás, y además a ser hipócrita. Tal como suena. Por eso mismo, tratarles con respeto y mostrándoles confianza induce en ellos respeto y confianza hacia nosotros. Si les gritamos por cualquier nimiedad o mostramos ira o frustración, poco a poco estaremos «implantando» estas respuestas conductuales en su cerebro. Y, repito, el sistema de neuronas espejo funciona desde el nacimiento, así que la adolescencia se empieza a trabajar desde la primera infancia.

De igual forma, si cuando llegamos a casa cansados del trabajo nos quejamos sobremanera de que hemos tenido que estar en nuestro puesto quince minutos más de lo que establece nuestro horario, después nos resultará más difícil convencerles de que, al terminar el instituto, deben seguir trabajando y estudiando en casa. Por supuesto, lo podemos comentar, pero como he dicho en diversas ocasiones a lo largo del libro, lo más eficiente es hacerlo de manera propositiva. Un caso muy relevante se relaciona con el consumo de alcohol entre los adolescentes. Hemos hablado de ello en el capítulo anterior. Lo ven en compañeros algo mayores que ellos, a los que tienden a imitar, pero también es posible que lo vean en casa. No me refiero a un consumo excesivo, sino a la costumbre socialmente aceptada e incluso promocionada de que, en cualquier celebración, parece casi imprescindible tomar una bebida alcohólica. Por supuesto que la podemos tomar, pero relacionar siempre diversión y celebración al consumo de alcohol transmite un modelo a los adolescentes que puede inducirles a consumir con el único fin de divertirse. Recordemos que el metabolismo de los adolescentes les hace algo más resistentes a los efectos inmediatos de consumir alcohol, lo que, combinado con una menor eficiencia de funcionamiento de las funciones ejecutivas, los puede llevar a consumir demasiado. Y el consumo excesivo tiene repercusiones negativas para el cerebro, en especial durante la adolescencia. Lo mismo se puede decir del consumo del tabaco o de otras sustancias tóxicas. No se trata de que nos culpabilicemos por nada, sino de que seamos conscientes de los poderosos efectos de la imitación.

Por poner otro ejemplo, lo mismo podríamos decir en cuanto al sexismo o el respeto por la diversidad sexual y de género, que a veces podemos transmitir sin darnos cuenta a través de nuestros propios comportamientos, comentarios o actitudes, aunque normalmente ni siquiera nos damos cuenta de que los tenemos. También nosotros lo hemos recibido de la cultura imperante en nuestra infancia y adolescencia, y justo por eso resulta tan difícil erradicarlos. Por mucho que los eduquemos, por ejemplo, en la igualdad y el respeto, si nosotros no actuamos al cien por cien de esa forma les estaremos transmitiendo esos otros modelos.

Podríamos llevar el tema de la imitación a numerosos ejemplos cotidianos, como la resiliencia ante situaciones adversas, la empatía hacia otras personas, el respeto por la diversidad, la forma de solucionar los conflictos (por la fuerza o a través del diálogo), etcétera. Si ven que somos resilientes, les induciremos a serlo; si ven que respetamos la diversidad, les enseñaremos a respetarla, etcétera. Creo que con lo dicho hasta ahora puedes hacerte una idea de la importancia de predicar con el ejemplo, y también de la importancia de los otros modelos en que se inspiran los adolescentes, esto es, sus amistades, lo que ven en las redes sociales, etcétera. Por supuesto, se encontrarán con modelos contrarios a lo que debería ser una vida digna y dignificante, como algunos *influencers* que promueven comportamientos alimentarios inadecuados, incluidos retos basados en la anorexia, un tema complejo que está muy relacionado con la ansiedad y el estrés; que suscitan odio hacia algunos tipos de diversidad, como ideológica, sexual, etcétera; o que ensalzan determinados tipos de violencia de género, como podría ser ejercer un control sobre la pareja o atribuir diferencias encasilladoras, temas demasiado habituales que suelen verse, por ejemplo, en algunos géneros musicales, entre otros casos. No podemos evitar que encuentren estos modelos, pero podemos ayudarles a que se hagan buenas preguntas para reflexionar sobre las consecuencias de estos comportamientos para sí mismos y para los demás. Recordemos que lo importante es que se hagan buenas preguntas, pero que deben responderlas ellos porque encontrar respuestas es recompensante.

Y, repito, todo esto va quedando poco a poco almacenado en el cerebro a base de conexiones neuronales que, de un modo u otro, influirán en sus comportamientos futuros, en cómo se percibirán a sí mismos y en cómo se relacionarán con los demás. Tengamos también presente que, de la misma manera que una sola gota no es un chaparrón, un mal ejemplo no tiene por qué ser permanente. La permanencia se construye a base de repeticiones.

Sin lugar a duda, esta capacidad de imitación resulta muy útil para los procesos de aprendizaje indispensables en la especie humana. Pero también favorece que, a menudo de forma preconsciente, se perpetúen estereotipos culturales, sociales y familiares, como el sexismo, el racismo o el clasismo, por lo que es necesario que seamos muy conscientes del uso que hacemos de ella, es decir, de los modelos que transmitimos y nos transmiten de manera no consciente, con el ejemplo diario. Así, por ejemplo, si a un niño se le educa en un ambiente proclive a la violencia, al machismo, al racismo o al odio hacia los que pensamos que son diferentes, tenderá a imitar estos comportamientos. Del mismo modo, una persona educada en un ambiente que tienda a resolver los inevitables conflictos que conlleva la vida social de manera razonada y pactada, tenderá a hacerlo de la misma manera, por imitación de los procesos mentales y sociales que favorecen estas conductas. Ante nuestros hijos e hijas, lo más efectivo es predicar con el ejemplo.

Nosotros también fuimos adolescentes, y gracias a eso ahora somos adultos. Tengámoslo presente cuando tratemos con nuestros hijos e hijas, o con nuestros alumnos, si nos dedicamos a la docencia. No entenderemos todo lo que hacen, como nuestros padres tampoco nos entendían a nosotros (ni sus padres a ellos). El funcionamiento del cerebro dificulta que recordemos cómo fue exactamente nuestra adolescencia. Por eso lo más importante es el apoyo emocional y la confianza mutua.

Resumen

El paso por la adolescencia debe permitir que los chicos y chicas se conviertan en los directores de su propia vida al alcanzar la juventud adulta. Sin embargo, más allá de la imprescindible maduración biológica, los adolescentes solo dejan de comportarse como tales cuando su entorno de adultos los incorpora en igualdad de derechos y responsabilidades. En este proceso, se suelen producir malentendidos. Hay varias razones que lo explican. Por un lado, los adolescentes valoran con mayor intensidad los refuerzos que les llegan de su entorno en situaciones a las que los adultos quizá demos poca importancia, lo que puede generar incomprensiones mutuas. Además, a pesar de que según el estado de maduración pueden controlar sus impulsos, este control les exige un mayor esfuerzo cognitivo que a los adultos, y por eso no lo pueden mantener demasiado tiempo. Con frecuencia, los adultos no somos conscientes del esfuerzo que deben realizar, lo que puede llevarnos a presionarlos hasta que pierdan los estribos. No se trata de obviar las conductas que pensamos que son reprobables y que debemos reconducir, sino de encontrar el momento más adecuado para razonar con ellos, alejados del estrés, sintiendo y transmitiendo confianza y respeto mutuos a través de las miradas y los gestos. El estrés reduce la eficiencia de funcionamiento de la zona del cerebro que controla los impulsos, lo que hace que el umbral de autocontrol disminuya todavía más.

Por otro lado, cada vez que evocamos nuestra adolescencia, sin darnos cuenta alteramos un poco nuestros recuerdos. Esto hace que tengamos una versión sesgada de nuestra biografía, que la recordemos mucho más lineal de lo que fue, y esta biografía sesgada la usamos como patrón de comparación con los adolescentes. Esta reinterpretación que vamos haciendo de nosotros mismos nos hace ganar coherencia interna, pero al mismo tiempo puede alejarnos de nuestros hijos adolescentes al proporcionarnos comparaciones que no se ajustan suficientemente a la realidad.

Por último, debemos tener presente la tendencia innata de nuestros hijos e hijas para imitar las actitudes y los comportamientos que ven en su entorno, tanto de sus amigos como de nosotros. Por eso es importante proporcionales buenos modelos de relaciones humanas y de amistades, de esfuerzo y resiliencia, de autocontrol y confianza. En otras palabras, debemos predicar con el ejemplo.

Epílogo

No es fácil resumir en unos párrafos todo lo que hemos tratado en este libro, ya que la adolescencia quizá sea la época más compleja de la vida, donde no hay ninguna receta válida para todo el mundo. Quiero enfatizar este punto. Cada adolescente es diferente, como también lo somos los adultos. Y cada relación interpersonal es también distinta a cualquier otra. No hay soluciones universalmente válidas para afinar la relación con nuestros hijos o nuestros alumnos adolescentes. Creo que lo importante es conocer los puntos básicos de los procesos que se dan durante esta etapa crucial de la vida para establecer elementos de reflexión que nos permitan comprender mejor los contrasentidos inevitables, pero al mismo tiempo muy productivos, de esta etapa de la vida. Sin adolescencia, no seríamos seres humanos.

Espero que todo lo dicho sirva para que entendamos un poco mejor que los adolescentes no son unos seres extraños que van contra nosotros, sino que están cruzando una fase decisiva de su desarrollo que se caracteriza por una desincronización de los procesos de maduración. También espero que haya servido para que nos comprendamos un poco mejor al revisar nuestra propia adolescencia y explorar los motivos que hacen que, a veces, nos cueste tanto comprender a nuestros hijos y nuestros alumnos adolescentes. No debemos pretender que razonen todo lo que nos interese a nosotros o lo que creamos que les interesará a ellos, ni nos debe sorprender que busquen nuestro límite de paciencia y que lo crucen en más de una ocasión.

Dada la dificultad de este resumen, me permito escribir en forma de lista algunas de las ideas que me gustaba recordar cuando mis hijos se hallaban de pleno en esta etapa de la vida, confusa y estimulante a partes iguales. Quiero pensar que, a pesar de los inevitables contrasentidos y fricciones, si aprendemos a disfrutar de la adolescencia de nuestros hijos, esta etapa llegará a ser más estimulante que confusa:

- El cerebro se va construyendo desde la primera infancia, incluso antes, durante el desarrollo fetal, guiado por unos determinados programas genéticos pero muy influenciado por el ambiente. El ambiente social que generamos a su alrededor favorece conexiones neuronales que van a influir en la percepción que tendrán de sí mismos y en cómo se relacionarán con su entorno. Así pues, la educación de la adolescencia se inicia muchísimo antes, como mínimo desde la primera infancia.
- Seamos tolerantes con los comportamientos que nos disgustan, lo que no implica aceptarlos sin más. Hablémosles con calma de los errores que creemos que cometen, pero hagámoslo cuando el estrés no los domine y siempre de forma propositiva, sin faltar a la confianza. En caso contrario, solo agravaremos la situación.
- Los adolescentes pueden tener comportamientos absur-

dos a ojos de un adulto, y a menudo son incapaces de justificar por qué los han tenido. Hasta el adolescente que parece más sensato, obediente y con mejor control emocional cometerá alguna locura antes de concluir la adolescencia. Aceptémoslo, no lo podemos evitar. Como decía en el punto anterior, cuando lo hablemos y lo razonemos con ellos hagámoslo con calma, cuando el estrés ya no los domine, y cuando tampoco nos domine a nosotros. En caso contrario, repito, lo único que haremos será agravar la situación. No les transmitamos rechazo por sus actos. Hagamos todas las reflexiones que consideremos necesarias, pero deben percibir nuestro soporte emocional, jamás que les dejamos a su suerte o que nos provocan rechazo.

• Cuando detectemos vaivenes emocionales, expliquémosles que son normales, típicos de la adolescencia. Incluso hablémosles del «triángulo de la adolescencia», esto es, de la amígdala y las emociones, de la corteza prefrontal y las funciones ejecutivas, y del estriado y los retos y recompensas, para que puedan comprenderse un poco mejor. Quizá no disminuya la intensidad de estos vaivenes, pero les conferirá confianza en sí mismos, lo que favorecerá su maduración y su empoderamiento. Animémoslos a que intenten hacer las cosas de otro modo y a que flexibilicen sus pensamientos, para que no se enroquen en ideas tóxicas. Y si debemos reconducir alguna actitud, hagámoslo siempre de manera propositiva.

• No tengamos miedo de la adolescencia de nuestros hijos. Vivámosla con ilusión, esperanza y templanza, disfrutándola, teniendo en mente que se trata de un tránsito inevitable y muy productivo al final del cual, si nada se tuerce, emergerá un adulto confiado, empoderado y capaz de dirigir su propio destino. Aunque a menudo no lo comprendan de forma racional, los adolescentes perciben nuestro estado emocional, y eso les influye. Si vivimos esta etapa con temor y desconfianza, esto será lo que vivirán para sí. Si les transmitimos confianza, respeto y reconducción propositiva, siempre con apoyo emocional, es más fácil que adquieran seguridad en sí mismos y respeto hacia su entorno.

- Ayudémoslos a mantener el estímulo y la motivación, sin incrementar innecesariamente su nivel de estrés. Démosles espacio para que sean libres, pero con límites para que también se sientan protegidos, sabiendo que en un momento u otro intentarán romperlos. El sentimiento de desprotección, así como el estrés y la ansiedad excesivos (recordemos que el cerebro adolescente incrementa estos estados), junto con la falta de motivación y estímulo, son vías fáciles para que se inicien en el consumo de sustancias tóxicas, todas ellas perjudiciales y que dificultan la maduración armónica del cerebro.

- Demostrémosles siempre la confianza, para que confíen en nosotros y aprendan a confiar en sí mismos. Es la mejor manera de estar informados de su vida, y de saber que, cuando nos necesiten, acudirán a nosotros. Pero tengamos presente que esta confianza mutua se empieza a desarrollar desde el nacimiento y se va consolidando durante la infancia. Igual que la adolescencia es la antesala de la adultez, la infancia lo es de la adolescencia.

- Prediquemos con el ejemplo, sabiendo que tenemos una visión sesgada de nuestra adolescencia que dificulta que comprendamos a nuestros hijos e hijas adolescentes.

Para terminar, me atrevo a proponeros tres palabras «mágicas», como mágica puede ser la adolescencia si ellos la viven, y nosotros también, con plenitud:

ESTÍMULO, EJEMPLO Y APOYO

Bibliografía

Almeida, D. M.; Charles, S. T.; Mogle, J.; Drewelies, J.; Aldwin, C. M.; Spiro, A., y Gerstorf, D., «Charting adult development through (historically changing) daily stress processes», en *American Psychologist*, 2020, 75(4): 511-524.

Asarnow, L. D.; McGlinchey, E., y Harvey, A. G., «The effects of bedtime and sleep duration on academic and emotional outcomes in a nationally representative sample of adolescents», en *J Adolesc Health*, 2014, 54(3): 350-356.

Barbosa, M.; Vences, M.; Rodrigues, P. M., y Rodrigues, H., «Babies' engagement in music theater performances: A microanalytical study of the aesthetic experiences in early childhood», en *Psychology of Aesthetics, Creativity, and the Arts* (en prensa), 2021.

Barkley-Levenson, E., y Galván, A., «Neural representation of expected value in the adolescent brain», en *Proc Natl Acad Sci USA*, 2014, 111(4): 1646-1651.

Bjork, J. M.; Knutson, B.; Fong, G. W.; Caggiano, D. M.; Bennett, S. M., y Hommer, D. W., «Incentive-elicited brain activation in adolescents: similarities and differences from young adults», en *J Neurosci*, 2004, 24(8): 1793-1802.

Blackiston, D. J.; Casey, E. S., y Weiss, M. R., «Retention of memory through metamorphosis: can a moth remember what it learned as a caterpillar?», en *PLoS One*, 2008, 3(3): 1736.

Blakemore, S. J., «The social brain in adolescence», en *Nat Rev Neurosci*, 2008, 9(4): 267-277.

—, y Robbins, T. W., «Decision-making in the adolescent brain», en *Nat Neurosci*, 2012, 15(9): 1184-1191.

Blumenthal, H.; Leen-Feldner, E. W.; Babson, K. A.; Gahr, J. L.; Trainor, C. D., y Frala, J. L., «Elevated social anxiety among early maturing girls», en *Dev Psychol*, 2011, 47(4): 1133-1140.

Bueno, D., «Aggressivity, violence, sociability and conflict resolution: What genes can tell us», en *Conflictology*, 2010, 1(2): 1-9.

—, «Epigenetics and learning. How the environment shapes gene expression, and the possible consequences for learning and behaviour», en *IBRO/IBE-Unesco Science of Learning Briefings*, 2021.

—, «Growth in learning, academic attainment, and well-being», en IBRO7IBE-Unesco Science of Learning Briefings, 2021.

—, «Resilience for lifelong learning and well-being», en IBRO7IBE-Unesco Science of Learning Briefings, 2021.

—; «Exams as a source of stress: How assessments may affect learning, through stress», en IBRO7IBE-Unesco Science of Learning Briefings, 2021.

—, *Cerebroflexia,* Barcelona, Plataforma Editorial, 2016.

—, *Epigenoma,* Barcelona, Plataforma Editorial, 2018.

—, «Genetics and Learning: How the Genes Influence Educational Attainment», en *Front Psychol,* 2019, 10: 1622.

—, *Neurociencia aplicada a la educación*, Madrid, Síntesis, 2019.

—, *Neurociencia para educadores*, Barcelona, Octaedro, 2017.

—, y Forés, A., «5 principios de la neuroeducación que la familia debería saber y poner en práctica», en *Revista Iberoamericana de Educación*, 2018, 78(1): 13-25.

Burguet, M., y Bueno, D., *Educació per a una cultura de pau. Una proposta des de la pedagogia i la neurociència*, Barcelona, Edicions UB, 2014.

Comité de los Derechos del Niño de las Naciones Unidas, «General comment No. 20 (2016) on the implementation of the rights of the child during adolescence», 2016, <https://www.refworld.org/docid/589dad3d4.html>.

Cordoni, G., y Palagi, E., «Ontogenetic Trajectories of Chimpanzee Social Play: Similarities with Humans», en *PloS One*, 2011, 6(11): e27344.

Davidow, J. Y.; Foerde, K.; Galván, A., y Shohamy, D., «An Upside to Reward Sensitivity: The Hippocampus Supports Enhanced Reinforcement Learning in Adolescence», en *Neuron*, 2016, 92(1): 93-99.

Doremus-Fitzwater, T. L.; Varlinskaya, E. I., y Spear, L. P., «Motivational systems in adolescence: possible implications for age differences in substance abuse and other risk-taking behaviors», en *Brain Cogn*, 2010, 72(1): 114-123.

Eipstein, R., *The Case Against Adolescence: Rediscovering the Adult in Every Teen*, Fresno (CA), Quill Driver Books, 2007.

Fondo de las Naciones Unidas para la Infancia, «The State of the World's Children 2021: On my mind – Promoting, protecting and caring for children's mental health», Nueva York, Unicef, 2021.

Franks, N. R., y Richardson, T., «Teaching in tandem-running ants», en *Nature*, 2006, 439(7073): 153.

Galván, A., *The Neuroscience of Adolescence*, Cambridge, Cambridge University Press, 2017.

Garcés, M., *Nueva ilustración radical*, Barcelona, Anagrama, 2017.

—, *Escuela de aprendices*, Barcelona, Galaxia Gutenberg, 2020.

Gómez-Robles, A., y Sherwood, C. C., «Human brain evolution: How the increase of brain plasticity made us a cultural species», *Mètode Science Studies Journal: Annual Review*, 2016, 35-43.

Grospietsch, F., y Mayer, J., «Pre-service Science Teachers' Neuroscience Literacy: Neuromyths and a Professional Understanding of Learning and Memory», en *Front Hum Neurosci*, 2019, 13: 20.

Grossmann, T., y Johnson, M. H., «The development of the social brain in human infancy», en *Eur J Neurosci*, 2007, 25(4): 909-919.

Hein, S.; Thomas, T.; Yu Naumova, O.; Luthar, S. S., y Grigorenko, E. L., «Negative parent-ing modulates the association between mother's DNA methylation profiles and adult offspring depression», en *Dev Psychobiol*, 2019, 61: 304-310.

Hochberg, Z., y Belsky, J., «Evo-devo of human adolescence: beyond disease models of early puberty», en *BMC Med.*, 2013, 11: 113.

Hussain, M., y Anzar, M., «Parental negligence, improper parenting and enforcement of parents lead to child aggressiveness: A study», en *International Journal of Interdisciplinary Research and Innovations*, 2019, 7(1): 165-171.

Jetha, M. K., y Segalowitz, S. J., *Adolescent Brain Development. Implications for Behavior*, Oxford, Academic Press, 2012.

Jiang, N.; Xu, J.; Li, X.; Wang, Y.; Zhuang, L., y Qin, S., «Negative Parenting Affects Adolescent Internalizing Symptoms Through Alterations in Amygdala-Prefrontal Circuitry: A Longitudinal Twin Study», en *Biol Psychiatry*, 2021, 89(6): 560-569.

Konopka, G.; Friedrich, T.; Davis-Turak, J.; Winden, K.; Oldham, M. C.; Gao, F.; Chen, L.; Wang, G. Z.; Luo, R.; Preuss, T. M., y Geschwind, D. H., «Human-specific transcriptional networks in the brain», en *Neuron*, 2012, 75(4): 601-617.

Kundakovic, M., y Champagne, F. A., «Early-life experience, epigenetics, and the developing brain», en *Neuropsychoparmacology*, 2015, 40(1): 141-153.

Ladouceur, C. D.; Peper, J. S.; Crone, E. A., y Dahl, R. E., «White matter development in adolescence: the influence of puberty and implications for affective disorders», en *Dev Cogn Neurosci*, 2012, 2(1): 36-54.

Lukas, M.; Bredewold, R.; Neumann, I. D., y Veenema, A. H.,

«Maternal separation interferes with developmental changes in brain vasopressin and oxytocin receptor binding in male rats», en *Neuropharmacology*, 2010, 58(1): 78-87.

Luna, B.; Garver, K. E.; Urban, T. A.; Lazar, N. A., y Sweeney, J. A., «Maturation of cognitive processes from late childhood to adulthood», en *Child Dev*, 2004, 75(5): 1357-1372.

Lupien, S. J.; McEwen, B. S.; Gunnar, M. R., y Heim, C., «Effects of stress throughout the lifespan on the brain, behaviour and cognition», en *Nat Rev Neurosci*, 2009, 10(6): 434-445.

Martín, D.; Chafino, S., y Franch-Marro, X., «How stage identity is established in insects: the role of the Metamorphic Gene Network», en *Curr Opin Insect Sci.*, 2020, 43: 29-38.

Masten, C. L.; Eisenberger, N. I.; Pfeifer, J. H., y Dapretto, M., «Witnessing peer rejection during early adolescence: neural correlates of empathy for experiences of social exclusion», en *Soc Neurosci*, 2010, 5(5-6): 496-507.

McEwen, B. S., «Effects of Stress on the Developing Brain», en *Cerebrum*, 2011, 14.

Meinhardt-Injac, B.; Daum, M. M., y Meinhardt, G., «Theory of mind development from adolescence to adulthood: Testing the two-component model», en *Br J Dev Psychol*, 2020, 38(2): 289-303.

Mendle, J.; Leve, L. D.; Van Ryzin, M.; Natsuaki, M. N., y Ge, X., «Associations Between Early Life Stress, Child Maltreatment, and Pubertal Development Among Girls in Foster Care», en *J Res Adolesc*, 2011, 21(4): 871-880.

Pfeifer, J. H.; Masten, C. L.; Moore, W. E. (III); Oswald, T. M.; Mazziotta, J. C.; Iacoboni, M., y Dapretto, M., «Entering adolescence: resistance to peer influence, risky behavior, and neural changes in emotion reactivity», en *Neuron*, 2011, 69(5): 1029-1036.

Pozzi, E.; Simmons, J. G.; Bousman, C. A.; Vijayakumar, N.; Bray,

K. O.; Dandash, O.; Richmond, S.; Schwartz, O.; Seal, M.; Sheeber, L.; Yap, M. B. H.; Allen, N. B., y Whittle, S. L., «The Influence of Maternal Parenting Style on the Neural Correlates of Emotion Processing in Children», en *J Am Acad Child Adolesc Psychiatry*, 2019, 59(2): 274-282.

—; Bousman, C. A.; Simmons, J. G.; Vijayakumar, N.; Schwartz, O.; Seal, M.; Yap, M. B. H.; Allen, N. B., y Whittle, S. L., «Interaction between hypothalamic-pituitary-adrenal axis genetic variation and maternal behavior in the prediction of amygdala connectivity in children», en *Neuroimage*, 2019, 197: 493-501.

Redolar D. (ed.), *Neurociencia cognitiva*, Madrid, Médica Panamericana, 2015.

— (ed.), *Psicobiología*, Madrid, Médica Panamericana, 2018.

Sánchez, X.; Redolar, D.; Bufill, E.; Colom, F.; Vieta, E., y Bueno, D., *¿Somos una especie violenta?*, Barcelona, Edicions UB, 2014.

Scherf, K. S.; Smyth, J. M., y Delgado, M. R., «The amygdala: an agent of change in adolescent neural networks», en *Horm Behav*, 2013, 64(2): 298-313.

Smaers, J. B.; Gómez-Robles, A.; Parks, A. N., y Sherwood, C. C., «Exceptional evolutionary expansion of prefrontal cortex in great apes and humans», en *Curr Biol*, 2017, 27(5): 714-720.

Somel, M.; Franz, H.; Yan, Z.; Lorenc, A.; Guo, S.; Giger, T.; Kelso, J.; Nickel, B.; Dannemann, M.; Bahn, S.; Webster, M. J.; Weickert, C. S.; Lachmann, M.; Pääbo, S., y Khaitovich, P., «Transcriptional neoteny in the human brain», en *Proc Natl Acad Sci USA*, 2009, 106(14): 5743-5748.

Somerville, L. H., «The teenage brain: Sensitivity to social evaluation», en *Curr Dir Psychol Sci*, 2013, 22(2): 121-127.

—, y Casey, B. J., «Developmental neurobiology of cognitive control and motivational systems», en *Curr Opin Neurobiol*, 2010, 20(2): 236-241.

—; Jones, R. M.; Ruberry, E. J.; Dyke, J. P.; Glover, G., y Casey, B. J.,

«The medial prefrontal cortex and the emergence of self-conscious emotion in adolescence», en *Psychol Sci*, 2013, 24(8): 1554-1562.

Suffren, S.; La Buissonnière-Ariza, V.; Tucholka, A.; Nassim, M.; Séguin, J.; Boivin, M.; Singh, M. K.; Foland-Ross, L. C.; Lepore, F.; Gotlib, I. H.; Tremblay, R. E., y Maheu, F., «Prefrontal cortex and amygdala anatomy in youth with persistent levels of harsh parenting practices and subclinical anxiety symptoms over time during childhood», en *Dev Psychopathol*, 2021, 1-12.

Twenge, J., «Teens have less face time with their friends – and are lonelier than ever», en *The Conversation*, 2019, <theconversa tion.com/teens-have-less-face-time-with-their-friends-and-are-lonelier-than-ever-113240>.

Vijayakumar, N.; Allen, N. B.; Dennison, M.; Byrne, M. L.; Simmons, J. G., y Whittle, S., «Cortico-amygdalar maturational coupling is associated with depressive symptom trajectories during adolescence», en *Neuroimage*, 2017, 156: 403-411.

Wagensberg, J., *El gozo intelectual*, Barcelona, Tusquets, 2007.

Wald, C., «Neuroscience: The aesthetic brain», en *Nature*, 2015, 526(7572): 1476-4687.

Weaver, I. C.; Cervoni, N.; Champagne, F. A.; D'Alessio, A. C.; Sarma, S.; Seckl, J. R.; Dymov, S.; Szyf, M., y Meaney, M. J., «Epigenetic programming by maternal behavior», en *Nat Neurosci*, 2004, 7(8): 847-854.

Whittle, S.; Vijayakumar, N.; Dennison, M.; Schwartz, O.; Simmons, J. G.; Sheeber, L., y Allen, N. B., «Observed Measures of Negative Parenting Predict Brain Development during Adolescence», en *PLoS One*, 2016, 11(1): e0147774.

—; Simmons, J. G.; Hendriksma, S.; Vijayakumar, N.; Byrne, M. L.; Dennison, M., y Allen, N. B., «Childhood maltreatment, psychopathology, and the development of hippocampal subregions during adolescence», en *Brain Behav*, 2016, 7(2): e00607.

Wilson, E. O., *La conquista social de la Tierra*, Barcelona, Debate, 2020.

Xu, S.; Liu, P.; Chen, Y.; Zhang, W.; Zhao, H.; Cao, Y.; Wang, F.; Jiang, N.; Lin, S.; Li, B.; Zhang, Z.; Wei, Z.; Fan, Y.; Jin, Y.; He, L.; Zhou, R.; Dekker, J. D.; Tucker, H. O.; Fisher, S. E.; Yao, Z.; Liu, Q.; Xia, X., y Guo, X., «Foxp2 regulates anatomical features that may be relevant for vocal behaviors and bipedal locomotion», en *Proc Natl Acad Sci USA*, 2018, 115(35): 8799-8804.